KB058601

미식가의 도서관

어떤 테이블에서도 나의 품격을 높여주는

미식가의 도서관

강지영 지음

21세기북스

"세상은 넓고 먹을 것은 많다."

　오래 전, 모 대기업의 회장님이 낸 책의 제목을 인용한 나의 좌우명이다. 한국인으로 태어나 지금은 한국에서 살고 있지만, 나는 어린 시절부터 세계 여러 나라의 문화와 역사에 유난히 호기심이 많았다. 그리고 나의 호기심을 책과 TV만으로 채우기에는 언제나 역부족이었다. 이러한 호기심은 여행을 하며 직접 체험하는 용기로까지 이어졌다. 각 나라가 가진 특성들을 알아 갈수록, 나의 열정과 욕심 또한 커져서, 급기야는 음식 문화를 배우기로 결정했다. 원래 전공은 언어학이지만, 언어의 근원을 연구하기보다는 음식의 뿌리와 어원, 각각의 음식 속에 담긴 재미난 일화에 더 집중하며 찾다 보니, 어느새 요리 학교와 와인 학교 그리고 음식 문화를 배울 수 있는 학교까지 다니게 된 것이다.

　학교를 졸업한 뒤, 동남 아시아와 유럽을 거치며 레스토랑과 와인 회사, 파티 업체에서 일을 시작했다. 내가 가진 열정과 자신감으로 더욱 열심히 배우고 익힌 시간이었다. 영국 런던에 위치한 세계 여성 CEO 사교 클럽의 매니저로 일할 때, 다양한 나라 출신의 클럽 멤버들과의 교류를 가지면서, 너무나 많은 소중한 정보들도 얻을 수 있었다. 하지만 그 당시에는 오로지 음식에만 열중했었기 때문에 음식 문화가 주는 진정한 깨달음을 제대로 이해하지는 못했었다.

인간이 살아 가면서 삶이 충족되려면 의·식·주가 뒷받침되어야만 한다. 거주 공간인 집은 인간을 날씨나 기타 환경에서 보호하는 중요한 역할을 하고, 우리의 몸을 가려 예를 갖추며 창피함을 없애는 옷 또한 필요한 요소이다. 미국의 정치가인 벤자민 플랭클린은 "먹는 것은 자신을 즐겁게 하기 위함이고, 입는 것은 남을 즐겁게 하기 위함이다"라는 말을 한 적이 있다. 그의 말을 빗대어 보지 않아도 의·식·주 중에 인간의 삶을 이어주는 가장 핵심적인 요소는 음식이라는 것을 우리는 다 알고 있다.

음식은 허기를 해결해주고 발육을 도우며 영양소를 제공하지만 음식이 단지 삶을 연장해주는 수단만은 아니다. 정신적 만족과 마음의 행복을 선사함과 동시에, 음식 문화를 통해 세계의 역사와 양상을 배우고, 자기 계발을 다지는 매체이기도 하다.

사회 활동을 하거나 비즈니스를 시도하면서 또 때론 단순히 사교를 즐길 때, 처음부터 무거운 주제나 본론으로 들어가면 서로 어색하다. 이때 자연스레 익힌 세계 음식 문화를 주제로 거래나 대화를 이끌어 가면 분위기도 한결 좋아지고, 세계 정세에 박식하고 문화적인 사람으로 인정 받게 된다.

정치나 외교 혹은 사업이나 무역을 하는 사람들은 물론이고 음식 문화에 대한 호기심을 지니고 있는 식도락가들 그리고 앞으로 국제 사회에서 경쟁을 하며 살아야 하는 어린 아이들조차도 세계의 음식 문화를 올바르게 하지만 재밌게 배웠으면 하는 취지에서 이 책을 쓰게 되었다. 각 장의 끝에는 음식 문화를 즐길 때 알아두면 좋은 정보들을 정리해 두었다. 음식을 진정으로 사랑하고 즐기고자 하는 사람들에게 흥미로운 읽을거리가 되길 바란다.

끝으로, 이 책이 나오기까지 내게 많은 쓴소리를 하며 오랫동안 인내를 갖고 도와준 나의 소중한 친구와 옆에서 칭얼거리며 엄마가 신경 써주기를 애타게 바랐던 딸 하나에게 고마움과 미안함을 전하면서 이 책을 바친다.

음식 평론가 **강지영**

차례

메뉴를 펼치며 5

PART 01

코끝을 자극하는 우아함과 웅장함의 아름다움, 오리엔탈 푸드

01 Thailand • 전 세계로 퍼져 나간 이국적인 향 13

02 Vietnam • 시련을 딛고 꽃핀 따뜻한 한 그릇 24

03 Turkey • 숨겨진 역사를 간직한 동서양의 교차로 34

04 China • 식탁 위에서 펼쳐지는 사계절의 향연 43

05 Japan • 눈으로 먼저 맛보는 신선한 세계 56

06 India • 몸과 마음, 정신까지 돌보는 여유로움 70

PART 02

과거와 현재, 미래가 어우러진 맛의 미학, 웨스턴 푸드

01 Italy • 사람들만큼이나 편안한 가정식 요리 91

02 France • 세계 음식 문화의 바이블 102

03 Swiss • 추운 겨울에 맛보는 따뜻하고 고소한 세계 114

04 England • 하루를 살아갈 힘의 원천 124

05 Spain • 한 알의 열매가 간직한 위대함 136

06 USA • 새로움을 추구하는 음식 문화의 보고 149

PART 03

시간이 빚어낸 흉내 낼 수 없는 깊은 풍미, 치즈&초콜릿

01 Cheese · 시간이 품은 걸작품 167
02 Chocolate · 모두가 사랑하는 신의 열매 180

PART 04

마음을 교류하는 즐거운 식사의 완성, 음료&술

01 Coffee · 대화의 문을 여는 쌉싸름한 한 모금 195
02 Tea · 마음을 다스리는 한 잔의 여유 205
03 Beer · 항상 곁을 지키는 친구 같은 음료 222

PART 05

당신의 품격을 한층 높여주는, 테이블 매너&상식

01 Truffle · 땅 속에 숨겨진 검은 보물 239
02 French Haute Cuisine · 테이블에서 처음 시작하는 교양 250
03 Mariage of Food & Wine · 입에서 풍기는 향긋한 조화 261

PART 01

코끝을 자극하는
우아함과 웅장함의 아름다움,
오리엔탈 푸드

전 세계로 퍼져 나간
이국적인 향

몇 해 전, 세계 각국의 여행객들에게 '여행' 하면 가장 먼저 떠오르는 여행지가 어디인지를 묻는 설문 조사 기사를 외국 신문에서 본 적이 있다. 아시아 중에서는 태국이 파리와 하와이에 이어 높은 순위에 올라 있었다. 여행객들이 태국을 방문하고 싶은 가장 큰 이유는 '동양의 이국적인 느낌과 향이 가득한 음식 때문'이었다. 음식에 끌려 여행지를 정하는 것이 우리에게는 일반적이지 않다. 하지만 음식이 단지 먹는 행위가 아닌 그 지역을 가장 쉽게 그리고 가장 가깝게 즐길거리가 되면서 점점 더 많은 사람이 음식 여행을 하고 싶어 한다.

　음식 관련 일을 해서이기도 하지만 같은 아시아인으로서도 태국 음식의 인기는 상당히 부럽다. 근래 들어 우리나라도 한식의 세계화를 내세우며 정부와 민간기업 모두 열의를 다하고 있지만 아직은 가야 할 길이 멀다. 태국은 어떻게 자신들의 음식 문화를 세계적인 수준까지 끌어올릴 수 있었을까?

뜨거운 태양 아래, 정신을 못 차릴 정도로 교통 체증이 심하고 시끌벅적하게 대화하는 사람들이 모여 사는 곳이라 해도 태국은 분명 매력적인 나라다. 태국에서는 동남아시아의 여느 나라들과 흡사하면서도 코끝을 자극하는 묘한 향이 느껴진다. 시장 근처에서 풍기는 피시소스 냄새가 아니다. 말로 표현하기는 힘들지만 매혹적인 감정에 사로잡히게 하는 무언가에 홀린 듯한 설레는 느낌을 불러일으켜 짜릿한 여행의 즐거움을 기대하게 한다.

이러한 기대감은 비단 겉으로만 보이는 태국의 향취에서 비롯된 것이 아니다. 독창적이면서 느긋한 그들의 문화에서 나타나는 현상이다. 태국은 지금도 왕정을 유지하는 나라로 몇 세기를 거치면서 왕권을 성공적으로 승계해 탄탄한 역사를 오랫동안 유지할 수 있었다. 화를 잘 내는 대머리 왕이 주인공인 영화 〈왕과 나(King and I)〉의 배경이 바로 태국이다. 영화에서는 태국의 또 다른 명칭인 시암(Siam) 왕국을 그렸는데 고집스럽고 강한 힘을 뿜어내던 태국 왕의 모습을 엿볼 수 있었다.

태국은 동남아시아에서 유일하게 서양 세계의 식민 지배에서 자유로웠기에 독자 노선을 걸을 수 있었다. 특히 북동 인도차이나 반도의 프랑스 세력과 남부 말레이 반도의 영국 세력을 서로 견제하게 만드는 완충 역할을 톡톡히 해내면서 나라를 평화롭게 이어왔다. 이런 역사적 배경 때문일까? 태국 사람들의 이미지는 부드럽지만 그들 깊은 곳에는 강인한 힘이 내재해 있다. 태국인은 부드러움과 강인함 그리고 긴장감과 평온함을 동시에 갖췄다.

독창적이면서도 다면적인 국민의 성격에 맞게 음식도 다양하게 발달했다. 음식의 기본 틀은 중국과 인도에서 가져왔지만 중식에 비해 기름기를 줄여 훨씬 가벼운 음식으로 변모시켰다. 가벼운 음식이라해도 태국 요리에는 인도 요리만큼이나 허브와 향신료가 많이 들어간다. 그렇기 때문에 향의 요리라 할 정도로 태국 음식에는 향이 가득하다.

태국 요리에서 빼놓을 수 없는 재료는 '고수(coriander)'라는 허브다. 태국 음식에서 나는 향의 절반 이상이 이 식물에서 난다고 해도 과언이 아니다. 태국에선 이 향을 선호하기 때문에 거의 모든 음식에 넣는데, 잎은 물론 줄기도 사용한다. 태국에서 '팍치'라고 불리는 고수는 기원전 5,000년 전부터 사용했는데 태국, 베트남, 중국 등 아시아는 물론이고 멕시코와 유럽에서도 즐겨 사용한다. 그러나 톡 쏘는 강한 향과 진드기가 있을 것 같은 꿉꿉한 냄새 때문에 고수를 싫어하는 이들도 적지 않다.

고수와 쌍벽을 이루는 다른 향은 피시소스인 '남플라'에서 풍긴다. 우리나라의 멸치 액젓과 비슷하지만 용도는 훨씬 다양해서 거의 모든 요리의 간을 맞출 때 사용한다. 이밖에도 고추, 생강, 레몬그래스(Lemongrass), 라임잎 등 여러 가지 스파이스를 넣어 음식의 향을 더욱 돋운다.

태국 음식의 또 다른 매력은 다채로움이다. 이 다채로움은 맛과 색감에서 두드러지는데 음식을 즐길 때 묘미를 더하는 중요한 요소다. 태국 음식의 다채로움은 네 가지 서로 다른 맛이 동시에 느껴진다는 데 있다. 조리를 할 때도 네 가지 맛이 조화롭게 배어나올 수 있도록 신경 써서 배합하고, 모자라는 향미는 항상 식탁에 올리는 네 가지 양념으로 채운다. 달콤한 맛을 내는 설탕, 짠맛을 더하는 남플라, 신맛을 내는 식초나 라임즙, 매운맛을 내는 고춧가루가 네 가지 기본양념이다. 이 네 가지 맛이 조화를 이루며 동시에 오감을 만족시킬 때 진정한 태국 음식을 맛보았다고 할 수 있다.

색감으로 보는 다채로움은 음식 재료와 식기, 장식에서 나타난다. 뜨거운 태양을 맞으며 재배되는 형형색색의 과일과 채소, 짙은 초록 허브들과 다양한 해산물은 특히 생채 위주의 조리법에서 더욱 빛을 발한다. 게다가 태국의 국화인 보랏빛의 오키드(Orchid: 난꽃)를 식용으로 사용해 식욕을 한층 불러일으킨다. 음식을 담아내는 그릇 역시 화려하고 호사스러운 전통 무늬와 색감을 자랑하며, 채소나 과일로 조각을 내어 음식을 꾸미는 장식들은 다채로운 식탁의 대미를 장식한다.

더불어 다채로운 식재료를 공급해주는 최적의 자연 조건과 음식 문화에 대한 사랑이 없었다면 매력 가득한 태국 음식은 세계 정상에 오를 수 없었을 것이다. 13세기 초, 수코타이 왕조 시대의 것으로 추정되는 돌조각에는 '물속에는 고기가 있고, 들에는 쌀이 자란다'라는 글이 새겨져 있다. 이는 태국의 풍요로운 식생활의 역사가 오래되었다는 것을 입증해준다.

이 풍요로움은 인근의 국가들이나 서양 세계와 교류하면서 더욱 다양하게 발전했다. 태국인 특유의 다양함을 추구하는 다면적인 성격과 새로운 변화에 거부감이 없는 사고방식이 이런 변화에 매우 중요한 역할을 했다. 아유타야 왕조 때인 16세기경부터 외국과 교류를 시작해 다양한 음식 문화에 지대한 영향을 받았지만, 특히 1970년대 이후 관광 산업이 활기를 띠면서 태국 음식 문화는 더욱 발전했다. 태국으로 밀려들어 오는 외국인 관광객들에게 전통 문화와 더불어 음식 문화를 알리는 데 주력해 친숙하면서도 이국적인 음식으로 인식될 수 있도록 만들었다.

사실 처음에 태국 음식이 전 세계로 소개되었을 때는 '냄새조차 역겨운 음식'이라는 오명을 입었다. 하지만 좌절하지 않고 꾸준히 노력한 결과, '색과 맛, 향의 반란'이라는 찬사를 들으며 많은 사람을 태국 음식 팬으로 만들었다. 세계에서 가장 유명한 여행 가이드북을 출간하는 '론리 플래닛(Lonely Planet)에 따르면, 전 세계 1,450개 여행사를 대상으로 '음식이 가장 맛있는 나라'를 묻는 설문 조사에서 태국 음식은 프랑스, 이탈리아, 홍콩에 이어 4위를 차지했을 정도로 성공을 거두었다.

태국은 관광의 천국이기에 이곳을 찾아오는 외국인만 공략해도 태국 음식을 세계에 알리는 데 부족함이 없다. 하지만 태국은 여기에서 그치지 않았다. 정부와 민간 기업은 태국 음식 홍보와 마케팅을 위해 힘을 합쳐 외국으로 나가 세계 유명 도시를 거점으로 음식점의 수를 점점 늘리고 있다. 또한 여기에 안주하지 않고 대사관과 관광청을 필두로 태국 요리 강연이나 태국 음식 시식회 등을 개최하면서 점점 더 많은 세계인들이 태국 음식을 친숙하게 느낄 수 있도록 유도하는 정책을 펴고 있다.

태국의 민간 기업들 중 세계적으로 명성이 자자한 식당으로 블루 엘리펀트(Blue Elephant)를 들 수 있다. 이곳은 현재 열세 곳이 넘는 세계 주요 도시에 분점이 있으며 두 곳에서는 요리 학교도 운영 중이다. 현지 태국 대사관이 국가 경제와 문화 관련 홍보 업무가 있으면 찾아와 협의할 정도로 태국 음식 문화의 선봉에 서 있는 중요한 기업이다. 이 식당은 특이하게도 1980년 벨기에의 브뤼셀에서 처음 문을 열었다.

태국인 아내 누로르 소마니 스테페와 그의 남편인 벨기에인 칼 스테페는 그로부터 4년 뒤에 요리 재료를 원활하게 수입하기 위해 방콕에 무역회사를 세웠다. 그 회사는 다른 기업들과 손잡고 분점을 더 많이 내었고, 2002년에는 방콕에 황실 요리 학교를 열어 직접 요리사들을 교육하고 배출함으로써 한결같은 맛을 고수하는 데 집중하게 된다. 또 외국 관광객들을 위한 단기 수업을 신설해 태국 음식의 세계화에 박차를 가하고 있다.

블루 엘리펀트 이외에도 각 나라에 자리 잡은 태국 음식점들은 저렴한 가격으로 승부하는 중국 음식점과는 차별화된 고급 식당의 형태로 자리를 굳히고 있다. 그들은 전통에 기반한 한결같은 음식 맛을 유지하기 위해 규격화된 조리법에 맞춤교육을 받은 셰프를 고용하고, 서비스에 있어서도 태국전통방식을 도입했다. 인사법에서부터 주문받는 자세와 태도, 태국 문화를 드러내는 인테리어와 음악까지 일일이 관리한다. 이런 노력이 벌써 30년도 넘었다.

몇 해 전, 세계 음식 문화를 논하는 세미나에 참석한 적이 있다. 그곳에서 태국 정부 관계자와 심도 있는 대화를 하게 되었는데, 화두는 자국 음식의 세계화였다. 한국보다 일찍 성공을 이룬 태국의 노하우를 묻자 그는 '세상 사람들이 태국을 사랑하게 만드는 것이었다'라는 간단명료한 답을 내놓았다. 하지만 그는 그렇게 되기까지 꽤 오랜 시간이 걸렸고 지금도 꾸준히 노력한다고 덧붙였다. 그의 말을 빌려 말하자면 성공의 기쁨을 맛보기 위해서는 미래를 내다볼 수 있는 체계적인 계획과 꾸준한 노력이 있어야 한다. 그리고 무엇보다 중요한 요소는 시간과 싸우는 일이다. 급하게 계획을 짜서 서둘러 일을 진행하면 언젠가는 허점이 드러나게 되어 계속해서 유지하기 힘들 뿐만 아니라 일 자체가 중간에 무산될 위험이 있다. 일단 성공했다 하더라도 그것에 안주하지 않고 지속적으로 관리해야 더 근사한 성공의 길을 걸어갈 수 있다. 태국의 성공은 장기적인 관점으로 다양하고 효과적인 시도를 한 결과물이다. 급하게 서두르기보다 세계인의 입맛을 사로잡을 수 있는 방법을 차근차근 실천하는 일이 무엇보다 중요할 것이다.

1. 태국의 대표 요리

톰얌쿵(Tom Yam Kung) 세계 3대 수프로 선정된 태국의 대표 음식으로 시큼하고 달달하면서도 칼칼한 국물이 특징이다. 레몬의 신맛을 진하게 간직하고 있는 레몬그래스라는 허브가 이 요리의 맛을 좌우한다. 레몬그래스는 시큼한 향미 이외에 꿉꿉한 향도 함께 가지고 있다. 생강보다는 크지만 맵기는 덜한 갈랑갈(Galangal)과 죽순, 가지, 당근 등의 야채 및 바질, 고수 같은 허브도 빠지지 않고 들어간다. 톰얌쿵에서 쿵은 태국어로 새우를 뜻하므로 이 요리는 새우 수프 내지는 새우국물 요리가 된다. 톰얌은 쿵 말고도 다른 주재료를 넣어 즐기는데 그때마다 이름이 바뀐다. 즉, 우리나라의 찌개처럼 주재료에 따라 이름이 달라진다.

타이 커리

타이 커리(Thai Curry) 커리 요리는 태국어로 캥(Kaeng)이라 발음하는데 타이 커리라고 해도 통한다. 인도 커리나 일본과 우리나라에서 흔히 말하는 카레와는 또 다른 맛과 향이 있는 요리로, 커리 페이스트와 코코넛 크림을 넣어서 만든다. 향신료와 허브, 야채를 갈아서 물기 있게 만든 페이스트를 사용하는데, 빨간색, 초록색, 노란색 세 가지가 있다. 색에 따라 매운 정도와 향미에서 차이가 난다. 부드럽고 진하며 지방분이 많은 코코넛 크림이나 코코넛 우유를 함께 넣는 것 또한 다른 커리들과 다른 점이다. 물론 인도 남부와 스리랑카의 몇몇 커리에 코코넛을 넣어 만드는 것도 있지만 타이 커리는 코코넛이 중요한 재료다. 야채와 함께 고기나 해산물을 넣고 요리해 쌀밥과 같이 먹는다.

카오 팟(위) 팟 타이(아래)

프릭 남플라(Phrik Nam Pla) 거의 모든 음식에 빠지지 않고 나오는 김치 같은 존재다. 피시 소스에 매운 태국 고추를 잘라 우리의 장아찌처럼 먹는다.

카오 팟(Khao Phat) 가장 흔한 요리의 하나로 볶음밥을 일컫는다. 소고기나 닭고기 같은 육류, 새우나 게살 같은 해산물에 야채와 과일을 넣고 볶아낸다.

팟 타이(Phat Thai) 쌀국수로 만든 볶음 국수로 피시 소스와 설탕으로 간을 맞춘다. 보통 야채, 닭고기와 새우, 튀긴 두부와 계란을 넣고 볶는데 땅콩 빻은 것을 뿌려 먹는다. 가장 인기 있는 국수 요리다.

팟 팍 루암(Phat Phak Ruam) 다양한 야채 볶음 요리다.

피시 케이크(Thot Man Pla) 부침개 같은 요리로 흰살 생선을 으깨 쌀가루와 커리 페이스트를 섞고 고추와 야채를 다져 넣은 다음 기름에 지져 먹는다.

촉(Chok) 아침식사로 가장 많이 즐기는 흰죽이다.

수키(Suki) 샤브샤브처럼 다양한 재료를 끓는 육수에 넣었다 건져먹는 가족 외식 요리다.

얌 운센(Yam Wunsen) 당면처럼 생긴 국수를 넣은 새콤달콤한 샐러드 요리다.

얌 탈레(Yam Thale) 해산물을 넣은 샐러드 요리다.

사테(Sate) 인도네시아 대표 음식이지만, 태국, 말레이시아, 싱가포르에서도 사랑받는 꼬치 요리다. 얇게 썰어 꼬치에 끼운 양고기나 닭고기를 숯불에 구워 땅콩, 삼발, 오이와 함께 먹는다.

사테

카오 만 카이(Khao Man Kai) 마늘을 넣은 닭 육수에 흰쌀로 밥을 지어 썰어 놓은 닭을 얹어 함께 먹는 일반적인 요리로 인삼을 뺀 삼계탕 느낌이 난다.

솜탐(Som Tam) 라오스 근접 지역인 북동부의 대표 음식으로 그린 파파야를 고추와 함께 빻아서 만든 매콤한 샐러드다. 때로는 마른 새우나 말린 생선을 함께 넣어 만드는데 대체로 찰진 밥과 함께 먹는다.

카오 소이(Khao Soi) 계란을 넣고 반죽한 국수를 커리 페이스트를 넣고 끓인 수프에 넣어 먹는 탕면으로, 특히 치앙마이에서 사랑받는 음식이다.

쿠아이 티아오 남(Kuai Tiao Nam) 센 야이(Sen Yai)라 불리는 넓적한 쌀국수와 고기, 야채를 넣고 끓인 탕면으로 매운 소스를 넣어 먹는다. 태국 사람들은 이 음식을 거의 매일 즐긴다.

2. 태국 요리 용어

쌀국수 퀘이 티아오(Kuai Tiao)

계란 국수 바미(Bami)

당면 운센(Wunsen)

쌀 카오(Khao)

재스민 라이스 카오 홈 말리(Khao Hom Mali)

찹쌀 카오 니아오(Khao Niao)

밥 카오 수아이(Khao Suai)

소고기 느아(Neua)

돼지고기 무(Muu)

닭고기 카이(Kai)

오리 펫(Pet)

생선 플라(Pla)

새우 쿵(Kung)

게 뿡(Pong)

해산물 탈레(Thale)

두부 타오후(Ttaohu)

야채 루암(Ruam)

가지 막훼(Makhuea)

숙주 추와 응옥(Thua ngok)

고추 프릭(Phrik)

라임 마나오(Manao)

코코넛 카놈(Khanom)

고수 팍치(Phak Chi)

샐러드 얌(Yam)

수프 톰 얌(Tom Yam)

피시 소스 남 플라(Nam Pla)

고추 페이스트 남 프릭(Nam Phrik)

새우 페이스트 카피(Kapi)

커리 페이스트 크루응 카웅(Khrueang Kaeng)

커리 파우더 퐁 카리(Phong Kari)

굴 소스 남 만 호이(Nam Man Hoi)

간장 시이오 카오(Si-io Khao)

볶다 팟(Phat)

샐러드(위) 게요리(아래)

시련을 딛고 꽃핀
따뜻한 한 그릇

베트남이라는 나라를 이야기할 때마다, 긴 생머리에 야자수 잎을 엮어 만든 베트남 전통 모자인 '논(non)'을 쓴 긴 생머리의 소녀 모습이 가장 먼저 떠오른다. 세계 4대 뮤지컬 중 하나인 '미스 사이공' 때문인지 아니면 월남전을 다룬 영화를 너무 많이 본 탓인지는 모르겠으나 애절한 표정을 짓고 서 있는 베트남 소녀의 이미지는 사라지질 않는다. 오래된 역사는 기억 속에서 가물거리지만, 역사로 이어지는 사건마다 지닌 인상이나 고정관념은 쉽게 잊히지 않는다. 식민지와 월남전이라는 비극을 겪은 베트남은 우리와 동병상련인 나라다. 하지만 일본의 오랜 지배와 6·25 전쟁을 경험한 우리보다 더 불운한 역사를 간직한 나라라고 해도 지나친 말이 아니다.

베트남은 1859년부터 1954년 제1차 인도차이나 전쟁이 막을 내릴 때까지 거의 100년에 달하는 긴 세월을 프랑스 식민통치 아래 있었다. 프랑스와 붙은 제1차 전쟁은 한층 더 비참한 제2차 인도차이나 전쟁인 월남전으로 이어졌다. 처절하게 실패한 월남전은 십 몇 년 동안 아무 의미도 가치도 없이, 대량학살과 고엽제 증후군 환자 그리고 보트 피플(boat people)만을 만들어냈다. 정당성을 상실한 전쟁이었기에 미국 정부는 여론의 거센 비난을 받았고 세계 도처에서 반전운동이 일어나면서 온 세상이 정치·경제적 혼란에 빠졌다.

전쟁이 끝난 인도차이나 반도 또한 걷잡을 수 없는 상태였다. 공산주의와 민족주의를 지향한 북베트남이 승리를 거두자, 남베트남의 반공인사와 고위 간부, 중국계 화교 위주의 부유층 등 수없이 많은 사람이 공산당의 강제수용과 재산몰수 같은 핍박을 받게 되었다. 이들은 혼돈의 소용돌이 속에서 살아남고자 탈출을 감행하게 되고, 망명도 도피도 아닌 단지 생존을 위한 탈출은 전쟁이 끝나고 통일이 된 후인 1980년 중반까지 계속되었다. 라오스와 캄보디아마저 공산화가 되다 보니, 바다와 근접해 있는 캄보디아 사람들까지도 보트 피플에 동참하게 되었다. 월남전으로 생겨난 보트 피플의 수는 대략 150만 명 정도로 추정하는데, 중도에 질병이나 영양실조, 배의 전폭과 해적들의 납치 등으로 사망하거나 실종한 사람들을 빼면 3분의 2 정도만 탈출에 성공해 이민 생활을 하고 있다.

그 당시 보트 피플의 생존을 위한 애절한 도움 요청과 타국에서의 고달픈 삶은 지켜보는 모든 이의 심금을 울렸다. 하지만 아이러니컬하게도 보트 피플이 있었기에 우리는 포(Pho)를 즐길 기회를 누리게 되었다. 포는 세계에서 가장 잘 알려진 베트남 음식으로 고기 육수에 쌀국수를 넣어 먹는 누들 수프(noodle soup)다. 1970년 이후 포는 그 지역에 정착한 베트남 보트 피플들이 미국과 캐나다에 소개했는데, 특히 해안에 위치한 대도시에서 인기를 끌었다.

1980년대부터는 오스트레일리아에 베트남 이민자들이 급증하면서 시드니나 멜버른, 캔버라 등지에 포를 판매하는 식당들이 생겨나고 인기도 점점 많아졌다. 포가 대중의 사랑을 받자 1980년대 중반부터 체계적인 시스템을 도입한 포 식당 프랜차이즈 브랜드들이 속속 등장해 세계 각국으로 진출했다. 글로벌 기업뿐만 아니라 나라별로 새로운 브랜드 역시 계속해서 쏟아져 나오고 있다.

포가 타지에서 사랑받을 수 있는 비결은 저렴한 가격과 빠른 서비스, 근면 성실한 베트남 사람들의 생활 태도, 전통 조리법으로 맛을 내건강에 신경 쓴 덕분이다. 요즘에는 포의 맛이 미국화되거나 평준화되어 그 특성을 잃어버린 프랜차이즈 체인점도 많지만, 아직도 곳곳에는 고향의 향수를 담아내는 개인 소유 포 식당들이 숨어 있다.

베트남 본토에서 포는 역사가 그다지 오래되지 않았다. 요리 학계의 의견에 따르면 100년 정도로 본다. 포는 매우 서민적인 음식이었기 때문에 주로 시장 한 모퉁이나 길거리 노점에서 팔았다. 그러다가 1920년경에 하노이에서 처음 포를 전문적으로 파는 식당이 문을 열었다. 포는 북부 지역에서 시작해 현재는 베트남 전체로 퍼졌는데, 거의 매일 쉽게 즐기는 친숙한 서민 음식으로 지역마다 조금씩 차이를 보인다.

포가 남부 지방까지 전파되어 국민 음식으로 자리 잡는 데는 30년 이상이 걸렸다. 가장 기본적이며 전통적인 포는 소뼈와 양지에 계피, 정향, 생강, 팔각, 고수 씨 등 여러 향신료를 넣고 장시간 우려낸 육수를 사용한다. 이 육수에 지역마다 각기 다른 재료들을 고명으로 얹거나 색다른 재료로 조금씩 변형해 오늘날 다양한 포를 만들었다. 요즘에는 소고기 육수 이외에 닭이나 해산물을 우린 국물로도 포를 만든다. 원조인 북부에서는 넓게 뽑은 쌀국수를 사용하고 쪽파를 넣어 기본 육수에 말아 먹지만, 남부에서는 폭이 다소 좁은 쌀국수를 선호하며 숙주, 라임, 허브 등을 첨가해서 먹는다. 호이신(hoisin: 해선장)이라는 고구마와 쌀, 고추 등을 넣고 만든 장은 원래 남부 지역에서 즐겼는데, 지금은 포를 먹을 때 없어서는 안 될 중요한 소스가 되었다. 쌀국수가 들어간 고기 국물에 숙주, 채 썬 양파 또는 쪽파, 다진 고추를 적당히 넣고 잘 섞은 다음, 라임을 짜서 시큼한 맛을 더한 뒤 호이신 소스나 칠리소스를 첨가해 매운맛을 조절해 먹는 것이 포를 즐기는 가장 보편적인 방법이다. 향이 강하고 독특한 고수에 거부감이 없다면 고수를 듬뿍 넣어 베트남의 향취에 흠뻑 취해보는 것도 좋은 방법이다.

역사가 그리 길지는 않지만 보트 피플이 전 세계로 전파한 포는 쌀을 이용해 만든 탕면이다. 베트남은 쌀의 나라답게 포 이외에도 쌀을 이용해 만든 음식이 무척 많다. 쌀 생산과 소비가 많은 아시아 여러 나라에서는 대부분 쌀을 주식으로 삼지만 베트남만큼 쌀 요리가 다양하게 발달한 곳도 별로 없다. 1년에 2모작을 할 수 있는 고온 다습한 기후 덕에 비교적 쌀이 많은 데다 쌀을 매우 중시하는 중국의 영향도 받았다. 프랑스 식민지가 되기 전에 1,000년 동안 중국의 지배를 받았으니 인도 요리의 영향을 받은 다른 동남아시아 국가와 다른 양상의 음식 문화를 보인다. 또 음식 문화가 도교에서 비롯된 음양오행을 바탕으로 하고 음양오행의 조화를 중시한다는 점을 봐도 중국의 영향이 뿌리 깊게 남아 있다는 사실을 알 수 있다.

화교들이 많이 살고 있는 베트남 남부에서는 쌀로 만든 요리가 더욱 발달했다. 화교들은 대부분 중국 남부의 차오저우 출신이다. 차오저우(Chaozhou, Teochew, 조주)는 광둥성 동쪽 끝, 푸젠성과 접경을 이루는 곳에 위치한 해안 지역으로, 쌀 곡창지여서 쌀을 소재로 한 요리가 다양하다. 쌀을 이용해 피를 만드는 딤섬이나 차오저우 만두는 상당히 유명하다. 차오저우 사람들은 중국 디아스포라 시기에 동남아시아로 많이 이주했는데, 특히 싱가포르와 태국 그리고 베트남 남부에 정착해 살고 있다.

국수는 밀로 만든 것보다 쌀국수를 선호하는 편이며, 탕면 이외에 볶음면이나 비빔면으로도 먹고, 볶음밥이나 덮밥, 죽 종류도 많다. 만두나 부침개 같은 팬케이크를 요리할 때도 쌀가루로 만들며, '라이스 페이퍼(rice paper)'로 잘 알려진 반 짱(Banh Trang Cuon)이나 우리나라 쌀 과자 같은 라이스 크래커를 만들 때도 사용한다.

우리나라와 일본, 중국 북동부에서 즐기는 작고 통통하며 점성이 많은 자포니카(Japonica)종 쌀과 달리 베트남은 길고 얇으며 무게가 가벼운 인디카(Indica)종인 안남미가 주를 이루지만, 찹쌀로도 요리를 해서 먹는다. 코코넛 우유에 찹쌀을 넣어 밥을 지어 먹거나 돼지고기와 녹두를 넣고 바나나잎에 싸서 쪄 먹기도 한다. 우리의 떡처럼 찹쌀로 만든 디저트도 많다. 하지만 베트남 사람들은 거의 매일 우리나라와 매우 흡사한 밥과 국, 야채나 고기로 만든 여러 가지 반찬으로 식사를 한다. 고추, 마늘 등을 넣은 피시 소스 또는 간장은 김치처럼 빠지지 않고 식탁에 오른다.

베트남 음식이 기본적으로는 중국의 영향을 받아 발전했지만 100년 가까이 통치한 프랑스의 영향 또한 무시할 수 없다. 베트남의 조리 기술은 서양에서 가장 뛰어난 요리 세계를 자랑하는 프랑스의 식민지배 아래에서 발달할 수 있었으며 음식 문화를 여유롭게 즐기는 자세를 갖추게 되었다. 프랑스는 베트남뿐만 아니라 인도차이나 반도의 캄보디아와 라오스에도 많은 영향을 주었기에 세 나라 어디를 가든 바게트를 쉽게 발견할 수 있다. 바게트는 그냥 먹기도 하지만, 대체로 바게트 안에 파테(paté: 고기와 지방을 갈아 만든 페이스트로 프랑스의 대표 음식)나 햄, 계란, 절인 야채 등을 넣어 즐기는 편이며, 간장이나 고수 등 베트남 고유의 재료를 첨가하기도 한다.

결결이 얇게 벗겨지는 페이스트리는 물론 닭이나 돼지고기로 속을 채운 파이와 달콤한 커스터드 타르트인 플란(Flan) 역시 프랑스 식민의 산물이다. 인도차이나 반도에서는 아침식사나 간단한 점심으로 바게트 샌드위치와 커피를 즐기는 사람들의 모습을 일상적으로 볼 수 있다. 프랑스를 대표하는 수프이자 프렌치 소스의 기본이 되는 콩소메(Consommé: 소고기 베이스의 맑은 수프)가 포의 육수를 만드는 기술을 이끌어냈다는 설도 있는데, 그만큼 프랑스 음식 문화가 베트남에 암암리에 영향을 크게 주었다는 것을 입증한다. 동서양의 음식 문화를 대표하는 중국과 프랑스 두 쌍두마차가 베트남의 음식 문화를 이끌었다 해도 무리는 아닐 것이다.

이렇게 중국과 프랑스의 오랜 식민 통치와 잊을 수 없는 잔혹한 월남전을 겪은 베트남 사람들이 모질게 버틸 수 있었던 것은 어쩌면 그들의 마음을 따뜻하게 해주고 힘을 불어넣어주는 포 한 그릇이 있었기 때문일지도 모른다. "매일 접하는 밥은 지겨운 일상이지만, 가끔 즐기는 포는 기쁨의 맛이다"라는 말이 있을 정도로 베트남 사람들의 포 사랑은 남다르다.

이 사실을 증명이라도 하듯 북미 지역으로 간신히 건너가 정착한 보트 피플조차도 향수를 달래며 포를 만들어 먹었고, 이로써 포가 베트남을 대표하는 전통 음식에서 세계적인 요리로 거듭날 수 있게 되었다.

타국에서 살아야 하는 이민자들에게 큰 위안이 되는 것 중 하나는 바로 고향 음식이다. 하물며 고달픈 생활을 하면서 어렵사리 정착해야만 했던 보트 피플은 일반 이민자들보다 훨씬 더 애끓는 서러움을 간직하고 있을 것이다. 대다수 이민자는 힘든 타향살이를 견디면서 삶에 원동력이 되는 추억의 음식을 간직한다. 그 원동력이 때로는 새로운 음식을 다른 세상에 전하기도 한다. 이렇게 다른 세계에 소개된 음식들 중 포는 상당히 성공한 편이다. 과욕으로 비참하게 끝난 전쟁에서 미국은 국제적 오명과 더불어 베트남 포의 침략을 받은 셈이다. 고대 그리스의 극작가 메난드로스는 "역경은 희망으로 극복된다"라고 말했다. 아무리 힘들어도 희망의 끈을 연결해주는 추억의 음식이 있다면 어려움은 반드시 이겨낼 수 있을 것이다.

1. 베트남의 대표 요리

포(Phở) 쌀국수 탕면

차조(Chả giò) 돼지고기, 새우, 목이버섯, 당면 등을 라이스페이퍼나 밀가루 페이퍼에 싸서 기름에 튀긴 요리다. 일반적으로 스프링 롤(Spring Roll)이라 하며, 샐러드 야채로 싸서 피시 소스 누억참에 찍어서 먹는다. 북부 지역에서는 넴(Nem)이라고도 한다.

고이쿠온(Gỏi Cuốn) 보통 차조와 비슷한 재료를 넣고 마는데, 기름에 튀기지 않고 라이스페이퍼를 물에 적셔 부드럽게 해서 싸 먹는다. 섬머 롤(Summer Roll)이라고도 한다. 건강과 다이어트에 좋은 음식으로 각광받는다. 라임 주스와 설탕을 넣고 간을 한 피시 소스 누억참 (Nước chấm)이나 땅콩 소스, 베트남식 된장 트앙 애(Tương a)에 찍어 먹는다. 우리나라 에서는 월남쌈이라 한다.

반 세오(Banh Xeo) 쌀가루를 물에 개서 부침개처럼 얇게 부친 요리로 새우, 돼 지비계, 양파, 버섯 같은 야채를 얹어 요리한다. 먹을 때는 상추에 싸서 고수 나 민트 같은 허브를 첨가해 누억참에 찍어 먹는다.

고이쿠온

보 비아(Bo Bia) 당근과 무를 볶은 다음, 중국식 소시지를 채 썰어 만든 스크램블드에그와 섞어 얇은 국수로 만 다음 라이스페이퍼로 싸 먹는 요리다. 매콤한 땅콩 소스에 찍어 먹는데, 호치민 시 같은 남부 도시에서는 차우저우 출신 화교 할머니나 할아버지가 노점에서 만들어 파는 것을 볼 수 있다.

콤 탐(Cơm tấm) 돼지고기와 돼지비계를 넣고 쌀을 으깨서 볶은 보편적인 요리로 새콤달콤한 피시 소스를 뿌려 먹는다.

분 차(Bún chả) 녹색의 야채와 숙주, 구운 돼지고기와 얇은 국수를 넣고 허브와 땅콩 부순 것을 첨가해서 누억참 소스를 뿌려 비벼 먹는 인기 국수 요리다.

반 미 켑 팃(Bánh mì kẹp thịt) 햄과 치즈 또는 파테로 속을 채우고 고수를 듬뿍 넣어 만든 바게트 샌드위치로 매우 인기 있는 간편 식사거리다.

고이 두 두(Gỏi đu đủ) 고기와 내장을 허브와 함께 넣고 식초를 많이 탄 피시 소스로 간을 한 베트남식 파파야 샐러드다.

고이 응 센(Gỏi ngó sen) 연꽃 줄기와 당근, 돼지고기 등을 설탕과 술, 간장, 식초로 만든 소스에 무쳐서 그 위에 잘게 부순 땅콩과 채친 고수를 얹은 것이다. 튀긴 새우가 함께 나온다.

차 루아(Chả lụa) 다진 돼지고기와 감자 전분으로 만든 중국식 소시지로 다양한 고기 속에 따라 이름이 다르며 자주 이용되는 요리다.

가 누옹 사(Gà nướng sả) 레몬그래스 향의 그릴드 치킨 요리로 소고기나 다른 고기로 만든 요리 또한 인기 있다.

차오 톰(Chạo tôm) 새우 다진 것을 사탕수수의 심에 말아서 숯불에 구운 것이다. 먹을 때는 오이, 야채샐러드, 고수와 함께 라이스페이퍼에 말아서 피시 소스에 찍어 먹는다.

카페 수아 다(Cà phê sữa đá) 연유를 넣고 만든 진한 베트남식 아이스커피다.

누옥 미아(Nước mía) 사탕수수를 바로 짜서 마시는 프레시 사탕수수 주스다.

수아 다우 난(Sữa đậu nành) 허기질 때 즐겨 마시는 두유다.

2. 포의 종류

포 보 타이(Phở bò tái) 살짝 익힌 안심을 넣은 포

포 보 친 낙(Phở bò chín nạc) 잘 익은 양지를 넣은 포

포 밥 보(Phở bắp bò) 등심을 넣은 포

포 간 보(Phở gân bò) 소고기의 힘줄을 넣은 포

포 보 비엔(Phở bò viên) 소고기 미트볼을 넣은 포

포 타이(Phở tái) 익히지 않은 소고기 안심을 넣은 포

포 카이(Phở cay) 매운 포

포 추아(Phở chua) 누옥 맘 파(Nuoc mam pha)라는 피시 소스를 넣어 시큼하게 만든 포

포 가(Phở gà) 닭고기로 만든 포

포 톰(Phở tôm) 새우가 얹어 나오는 포

포 하이 산(Phở hải sản) 다양한 해산물이 들어간 포

포 사오(Phở xào) 볶음 포

포보친낙

숨겨진 역사를 간직한
동서양의 교차로

유럽과 아시아를 이어주는 교량 역할을 하며 오랜 음식 문화를 자랑하는 터키인이 흉노족의 후예라고 하면 깜짝 놀라는 이들이 꽤 많다. 흔히 야만인으로 알려진 흉노족은 한때 말을 타고 달리며 아시아 뿐만아니라 유럽까지도 세력을 뻗어 지배한 기세당당한 민족이다. 이들 흉노족은 훗날 몽골 유역을 위주로 소아시아와 동부 유럽까지 장악했던 훈족을 낳았고 게르만 민족 대이동이라는 사건의 발단이 되기도 했다. 또한 훈족은 셀주크투르크에 이어 오스만투르크를 탄생시키면서 지금의 터키로 자리 잡게 되었다. 이 민족은 5세기 중반 경에 서쪽으로는 라인 강, 동쪽으로는 카스피 해에 이르는 대제국을 만들어낼 정도로 지칠 줄 모르는 힘을 과시했다. 오랜 전쟁을 겪으면서 터키인이 고안 해낸 음식들 역시 범상치 않을 것으로 추측해볼 수 있다.

6세기경부터 중국에서 구전된 시에 영감을 받아 월트 디즈니에서 제작한 〈뮬란(Mulan)〉이라는 만화 영화에는 만리장성을 넘어 중국 황실을 위협했던 훈족(또는 돌궐족)이 등장한다. 기원전 220년에 수립된 터키의 테오만 야브구 왕국을 중국인은 '흉노'라고도 불렀다. 터키 민족은 중세기에 아랍 지역을 횡단해 서쪽으로 이동하는 과정에서 대부분 이슬람교로 개종하고 아랍 문자를 도입해 사용했다. 그러다보니 서북아시아와 아랍권은 물론 그리스나 남부 이탈리아까지 터키의 문화적 영향이 합쳐져 다양한 음식 문화의 양상이 나타난다.

터키는 많은 사람이 생각하는 것과 반대로 거대한 초원 국가이며 유럽과 중동에서 큰 나라들 가운데 하나다. 예로부터 동서양의 접점이라는 지리상의 이점과 넓은 지형 덕분에 허브와 향신료를 쉽게 구할 수 있었다. 밀과 쌀 같은 곡류는 물론 양고기와 유제품, 생선과 야채 등 메제(Meze)라 불리는 그들의 상차림에서 볼 수 있듯이 풍부하고 다채로운 음식 재료를 만날 수 있다. 특히 오스만투르크 왕조 때는 근처 나라들에 조리법과 요리를 전할 만큼 음식 문화가 발달했다. "내가 맛본 음식들 중 기억나는 맛이 식탁에 오른다면 요리사를 죽여버리겠다"라고 공표한 황제가 있을 만큼 식탁은 늘 호사스러웠다. 오스만투르크 제국의 궁정문화가 고조에 달했을 때, 터키 요리는 프랑스 요리, 중국 요리와 함께 세계 3대 요리로 꼽히기도 했다.

유목생활을 하며 언제 어디서 전쟁을 치러야 할지 모르는 긴장감 속에서 끼니를 때워야 했던 그들은 이동하면서 사육하기 용이한 양과 염소 같은 가축을 주식량으로 삼았는데, 따라서 조리 방법 역시 복잡하지 않다. 빠르게 익혀 먹어야 했기에 고기를 얇게 잘라 칼과 창에 끼워 불을 피워 구워 먹었다. 일명 전투 식량이라고도 할 수 있는 이 음식이 바로 전 세계에서 인기를 끌고 있는 패스트푸드의 하나인 케밥(Kebab)이다. 전쟁 중에 병사들에게 필요한 힘을 길러주기 위한 단백질 공급원이기도 했던 케밥은 식사 도중에 적군의 공격을 받아도 쉽게 식사도구인 칼이나 창을 사용할 수 있다는 장점이 있다. 이것은 아마도 전쟁을 오래 겪으면서 자연스레 묻어 나온 그들만의 노하우가 아닐까 싶다. 이들은 이 음식을 전쟁 중에 허기를 달래는 끼니거리로만 여기지 않고 훌륭한 식사로 변모시켰다. 그리고 아랍 대부분의 나라와 인도, 파키스탄 등 서아시아에도 전파시켰다.

케밥은 이제 뉴욕, 런던, 파리, 시드니 같은 대도시의 길거리를 비롯해 전 세계 어디에서나 즐길 수 있는 먹거리로 자리 잡았다. 케밥은 오랜 세월 동안 여러 나라에서 발전한 결과, 종류는 수십 가지에 이르게 되었고, 나라마다 명칭도 달라졌다. 그중 가장 잘 알려진 것은 도네르 케밥(Doner Kebab)과 쉬시 케밥(Shish Kebab)이다.

도네르 케밥은 커다란 창에 다진 양고기를 붙이고 얇게 저민 고기를 여러 겹 반복해 덮어 큰 원통 모양으로 만든 후 천천히 돌려가며 굽는 음식이다. 익은 겉부분부터 칼로 저미듯이 잘라내 야채, 소스를 함께 넣고 얇은 빵에 감싸서 먹는 간편 음식의 대명사다.

쉬시 케밥은 원래 고기를 칼이나 창에 끼워 구워먹던 음식이었으나 지금은 쇠꼬챙이에 끼워 즐기는 가장 잘 알려진 터키 레스토랑 메뉴다. 우리나라의 꼬치구이와 흡사하게 고기를 썰어 서너 조각씩 끼워 구워내는데, 양반 문화가 중심이 된 우리나라에서는 나무 꼬치를, 10세기가 넘는 오랜 세월 동안 전쟁을 겪은 터키에서는 쇠꼬치를 이용한다. 이런 점에서 어떤 생활환경이 어떤 음식 문화를 뿌리 내리게 하는지 알게 된다.

터키의 전쟁 역사에서 고안된 또 하나의 대표 음식은 놀랍게도 크루아상이다. 크루아상은 버터를 잔뜩 넣어 부드럽게 결결이 찢어먹는 빵으로 현재는 우리에게도 인기 있는 프랑스 대표 음식 중 하나다. 십 몇 년 전, 음식 문화를 공부하던 나는 왠지 귀족적일 것만 같은 크루아상이 전쟁 과정에서 만들어졌다는 사실을 알고 놀라움과 경이로움을 금치 못한 적이 있다.

크루아상의 뿌리는 16세기, 오스만투르크 군대가 오스트리아를 침공했을 당시로 거슬러 올라간다. 새벽 일찍부터 빵을 만들기 위해 깨어 있던 오스트리아인 제빵사는 땅 밑에서 시끄러운 소리가 나는 것을 감지했다. 그는 몰래 땅굴을 파서 침공하려는 오스만투르크군의 계획을 군대에 알렸고 오스트리아 군대는 그들의 침략을 막을 수 있었다. 전쟁이 끝나고 오스트리아의 황제는 전쟁에 큰 공헌을 세운 제빵사를 불러 소원을 물었다. 그 제빵사는 기념으로 오스만투르크의 상징이자 아랍의 상징인 초승달 모양의 빵을 만들어 팔고 싶다고 했다.

황제는 그의 소원을 들어주었다. 하지만 그 당시 오스트리아에서 먹던 크루아상은 지금의 것보다 투박하고 세련되지 못했다. 물론 오스트리아도 제빵 대국이긴 하나 절정에 이른 18세기 초 프랑스식 빵들에는 미치지 못했다. 그럼 어떻게 오스트리아의 빵이 프랑스로 넘어오게 되었을까?

18세기, 어린 나이에 프랑스 황태자에게 시집을 온 그 유명한 마리 앙투아네트 덕이다. 평화와 국력 보강을 위해 한 나라와 다른 나라가 서로 정략결혼을 일삼던 유럽에서는 왕족이나 귀족에 딸린 식솔들에 의해 다른 나라의 음식이나 예법, 패션을 포함한 다양한 문화도 자연스레 전달되었다. 그로써 엉뚱한 곳에서 문화적 배경의 기원을 찾게 되는 경우가 무수히 많아졌다.

케밥과 크루아상은 역경을 이겨내고 더욱 단단해진 창조성이 만들어낸 음식이라 할 수 있다. 어쩌면 이러한 세계적인 음식들을 그저 허기를 채우던 전투 식량으로 또는 승리 기념용 빵으로 역사책과 박물관에서나 만나볼 수 있었을지도 모른다. 고생 중에 맛본 음식은 뇌리 한구석에 자리 잡아 추억만으로도 아련하게 마음을 채워주며 평생 잊지 못할 맛으로 기억된다. 그 지울 수 없는 맛을 끌어내 연구하고 개발해 세상의 많은 사람에게 먹거리의 기쁨을 선사한 이들이 있어 음식 역사는 세월의 흐름을 타고 이어져 간다.

1. 터키의 대표 음식

도네르 케밥(Doner Kebab) 커다란 고기 덩어리에 기둥을 끼워 돌려가면서 구워 그때그때 먹을 만큼 썰어서 내놓는다. 구워지면서 기름기가 빠지기 때문에 건강식이나 다이어트식으로 좋다.

쉬시 케밥

쉬시 케밥(Shish Kebab) 고기를 꼬치에 끼워 구운 것이다.

아다나 케밥(Adana Kebab) 아다나라는 지방에서 유래한 케밥으로 매운맛이 나는 게 특징이다. 케밥은 접시에 야채를 곁들여서 내놓기도 하고, 바비큐처럼 해서 먹기도 하며, 햄버거처럼 빵 사이에 끼워 먹기도 한다.

아이란(Ayran) 요구르트와 우유의 중간 정도의 묽기를 띠며 시큼한 맛이 나며 요구르트에 물을 섞어 희석한 뒤 소금을 넣은 음료라고 생각하면 된다. 아이란은 무더운 여름밤에 숙면을 하게 해준다고 해서 터키 사람들이 즐겨 마신다.

피데(Pide) 공갈빵처럼 부풀어 오른 밀가루 빵으로 그냥 뜯어 먹기도 하고 야채와 고기, 치즈를 얹어 피자처럼 구워 먹기도 한다.

돌마(Dolma) 밥을 포도잎이나 호박잎으로 싸서 찌는데 때로는 피망 속에 넣어 찌기도 한다.

할바(Halva) 밀가루, 기름, 설탕, 우유로 만든다. 할바는 장례식 때 문상객들에게 대접하는 음식이기 때문에, 터키 사람들은 누가 죽을 고비를 넘겼을 때 "하마터면 할바 먹을 뻔했네"라고 한다.

바클라바(Baklava) 가장 대표적인 터키 디저트로 페이스트리 반죽에 호두, 피스타치오 같은 견과류, 설탕 시럽 등을 얹어 만드는 매우 달콤한 파이다. 라마단 명절, 희생절 등 명절 때는 반드시 바클라바를 준비한다. 또 생일잔치, 집들이에 초대되어 갈 때도 손님들은 바클라바를 가지고 가며 가정에 따라서는 아들을 군대에 보낼 때 바클라바를 싸주기도 한다.

아슈레(Asure) 이집트 병아리콩, 흰색 강낭콩, 밀, 설탕, 말린 살구, 말린 무화과, 호두, 건포도, 계피, 생강 등을 넣어 수프처럼 끓인 푸딩의 일종이다. 특별한 행사가 있을 때 만들어 먹으며 라마단 기간 한 달 뒤, 일주일 동안 아슈레를 먹는 기간이 따로 있을 정도다. 영어로는 '노아의 푸딩(Noah's Pudding)'이라고 하는데, 노아의 방주 때 만들어 먹었다 해서 붙여진 이름이다.

마라쉬 돈두르마스(Maras Dondurmasi) 카흐라만 마라쉬(Kahraman Maras)라는 지역에서 처음으로 만들어졌고 역사도 꽤 오래된 아주 독특한 아이스크림이다. 터키에서 4대째 이어오고 있는 성공한 프랜차이즈 마도(MADO) 아이스크림이라는 이름으로 더 잘 알려져 있다. 차를 끄는 것은 물론이고, 그네를 만들어서 타도 될 정도로 아주 딱딱해서 칼로 잘라서 먹어야 하며, 녹으면 찐득찐득한 찰떡처럼 변한다.

카흐베(Cezve) 터키식 커피로 원두를 분말로 곱게 갈아 설탕과 함께 끓이며, 단 정도에 따라 여섯 가지로 나눈다. 커피를 끓인 다음에는 설탕을 넣지 않으며 남자들만 출입할 수 있는 커피하우스에서 마실 수 있다. 커피를 마신 뒤 커피잔을 받침 위에 엎어놓는데, 커피잔에 남아 있던 커피가 흘러서 생긴 흔적을 보고 손님의 운수를 읽어주는 관습이 있다.

차이(Cay) 리제 지방에서 재배된 터키식 홍차로 작고 예쁜 튤립 모양의 잔에 여러 번 나눠 마신

팔라펠

다. 보통 설탕을 넣어 마시며 특히 젊은 층에게는 커피보다 더 인기 있어 아침에 일어나서부터 잠자리에 들 때까지 지속적으로 즐기는 음료다.

라키(Raki) 우리의 소주처럼 터키의 대중적인 전통술이다. 투명하지만 물을 부으면 백색의 불투명한 색으로 변한다. 알코올 도수가 40도 정도로 독하고 허브와 향신료 향이 짙어 쉽게 맛을 들여 마시기는 힘들다. 유리잔에 조금만 넣고 물이나 얼음을 넣어 희석해서 마신다. 전통술이라는 이름으로 명맥을 유지하고 있지만, 터키의 국교인 이슬람교에서 술을 금기시하기 때문에 독실한 신자들과 함께할 때는 조심하는 것이 좋다.

2. 터키의 식사 습관

터키는 동서양의 중간에 끼어 있는 나라여서 식생활에도 두 문화가 섞여서 나타난다. 그들은 손님에게 음식을 접대하는 방법이나 식사 예법은 서양식을 따르지만 기본적인 마음가짐은 동양적이다. 친지들이나 친구들과 어울리며 식사하거나 밤에 음식을 즐기면서 대화하는 문화에도 매우 익숙하다. 또 정이 많은 민족이라 집으로 손님을 초대해 극진하게 대접하는 일도 있다. 초대를 받으면 음식 양을 잘 조절해가며 먹어야 한다. 초대를 받고 자리에 앉으면 향이 나는 물이나 향수를 손에 뿌려준 뒤 초콜릿이나 터키시 딜라이트(Turkish Delight: 세계적으로 유명한 터키식 젤리) 같은 달콤한 것을 먼저 권한다.

이는 단것을 좋아하는 터키인의 취향 때문에 맛봐야 할 디저트가 많기도 하고 디저트를 중시하는 습관에서 비롯되기도 한다. 식사는 가벼운 음료를 마시고 대화를 하면서 진행된다. 치즈나 콩, 야채 요리를 전식으로 하고, 메인 요리는 보통 양고기를 내는데 이슬람교의 특성상 돼지고기는 절대 먹지 않는다. 식사가 끝나면 다시 한 번 달콤한 디저트를 여러 종류 내오고 커피나 차로 마무리한다.

저녁식사에 초대받으면 대개 밤을 새워 즐기는데 터키인들은 결혼식, 돌잔치, 할례 축하연 등 여러 행사 역시 거의 밤을 새우며 진행한다. 이는 일몰을 하루의 시작으로 보고 다음 날 일출까지 손님과 함께하는 풍습과 뜨거운 태양을 피해 조용히 숨어 지내던 고대 서아시아 풍습에서 이어진 것이다. 특별한 이유 없이 초대에 응하지 않으면 대개 관계가 단절되기 때문에 초대받으면 반드시 지키는 것이 좋다.

3. 터키의 식사 예법

- 음식을 소리 내서 먹지 않는다.
- 음식에 코를 대고 냄새를 맡지 않는다.
- 음식을 식히기 위해 입으로 불지 않는다.
- 우리가 밥에 젓가락을 꽂지 않는 것처럼 터키인도 숟가락이나 포크를 빵 위에 놓지 않는다.
- 상대방 앞에 있는 빵조각을 먹지 않는다.
- 식사하면서 사망자나 환자를 언급하는 것을 달가워하지 않는다.
- 각자에게 덜어놓은 음식을 남기지 않는다.
- 식사가 끝난 뒤 감사의 말을 전하는 일은 잊지 말아야 한다.
- 보수적인 집에 초대받으면, 남녀가 아예 보이지도 않게 격리되어 식사해야 한다.
- 담배나 디저트처럼 터키인이 후한 인심을 보이며 권하는 것은 여러 번 거절하지 말아야 한다.
- 초대에 응했으면 반드시 가야 한다.
- 돼지고기는 물론 소시지처럼 돼지고기로 만든 음식은 절대 먹지 않으며, 언급하는 것조차 금기시하므로 화제로 삼지 않는다.
- 와인과 라키 같은 터키 술을 마시는 이들도 있지만, 독실한 이슬람교도들과 식사할 때는 술을 마시지 않는다.
- 될 수 있으면 오른손으로 식사한다.

04 CHINA

식탁 위에서 펼쳐지는
사계절의 향연

동양 최고의 음식을 손꼽으라면 단연 중국 음식이다. 중국 음식은 아시아 전역에 걸쳐 기반을 구축했고, 지금도 방대한 영향력을 발휘한다. 사람들은 보통 세계 4대 문명 발상지인 중국의 찬란하고 위대한 역사를 오랜 문화 유적들과 고서적 등을 통해 경험한다. 하지만 나처럼 음식에 빠져 사는 이들은 음식을 맛보고 연구함으로써 그들의 뛰어난 문화를 느낀다. 음식을 글로만 접했다면, 온몸으로 체험할 수 있는 순간순간의 행복과 다양한 경험으로 얻을 수 있는 인생의 즐거움을 알지 못했을 것이다.

　중국 음식을 맛보고 느끼다보면 중국인이 호기심이 무척 많다는 것을 깨달을 수 있다. 아무리 영토가 넓고 많은 민족이 모여 산다 해도, 어쩌면 이렇게 다양한 재료로 요리를 하는지 놀라울 뿐이다. 중국인의 음식 재료에 대한 호기심은 중국이 세계에서 가장 많은 요리를 만들어 내는 밑거름이 되었다. 인구가 너무 많아서 음식 재료를 가릴 여유가 없다는 말도 있지만, 그렇다 하더라도 중국에는 경이로울 만큼 화려하고 다채로운 요리가 정말 많다. 기나긴 역사의 흐름 속에서 다양하게 형성된 왕조와 문화 그리고 사상을 따라 발달을 거듭해 지금과 같은 위대한 음식 문화가 자리 잡게 된 것이다.

중국의 음식 문화는 5,000년이 훌쩍 넘는 탄탄한 역사의 힘을 바탕으로 완성되었다. 중국 문화에서 요리는 매우 커다란 위치를 차지한다. 중국인이 요리를 예술이자 과학으로 여기기 때문이다. 중국인에게 요리의 중요성을 일깨워준 중요한 사람 가운데 한 명은 바로 공자다.

공자는 음식의 담음새와 식탁 예절은 물론이고 음식을 즐기는 방법까지도 심혈을 기울여 연구했다. 그 당시에 공자와 그의 제자들이 확립한 요리 기준은 지금도 중국 음식 문화의 기초가 되고 있다. 특히 식탁에서 젓가락을 사용하는 것은 중국뿐만 아니라 유교 사상을 토대로 하는 우리나라와 일본, 베트남과 라오스 등 여러 아시아 국가에 전파되었다.

원래 젓가락은 상나라 때부터 요리 도구로 사용되었다. 그러다가 노나라의 공자가 쓰기를 권장해 한나라 때 일반화되었다. 젓가락은 식탁에서 칼을 덜 사용하게 하려고 유교 사상가들이 애용하고 권장한 도구다. 그런데 젓가락을 원활히 사용하기 위해 음식 재료들을 잘라 요리하다보니 지금과 같은 빠른 요리법이 만들어진 것이다. 공자는 또한 가족과 지인들이 모두 모여 음식을 나눠 먹는 형태의 식사법을 권해 사회생활을 하는 사람들의 조화와 예의를 중시했으며, 음식 재료끼리의 색의 조화와 궁합에도 신경을 많이 썼다.

후한시대 이후에는 유교사상과 더불어 무속신앙과 철학 사상이 합쳐진 도교가 성행했다. 자연에 중점을 두고 인간과 우주 만물의 관계를 중시하는 도교의 영향을 받으면서 사람들은 무병장수를 지향하게 되어 건강한 음식을 찾게 되었다. 음식의 역할이 질병을 예방하고 심신에 영양을 주는 것으로 바뀌면서, 허브와 향신료, 약초와 뿌리 식물, 씨앗과 버섯 등 여러 가지 야채와 곡물에 대한 연구가 늘어났다. 근대로 오기 전, 중국의 전통 음식은 기름기와 칼로리가 적은 채식 위주의 식단이 주를 이뤘으며, 고기는 간을 맞추거나 향미를 돋우기 위한 재료로 가끔 사용했다. 도교가 대중화되면서 건강 음식은 물론이고 풍수지리, 기공, 무술 등 심신을 연마하는 정신과 운동도 퍼져나갔다.

당나라와 송나라 때에는 음양오행(陰陽五行)을 바탕으로 한 좀 더 체계적인 건강 음식이 중국인의 마음을 끌면서 가정에서도 자리를 잡았다. 음양오행은 도교와 마찬가지로 우주만물에 근거를 두고 오랜 세월에 걸쳐 자리 잡아온 중국의 철학 사상이다. 과학과 의학은 물론이고 생활 속에도 깊이 뿌리를 내리고 있기에 음식 세계에서도 그 힘을 보여준다. 음식 재료를 준비하고 조리하는 과정에서 음양의 궁합을 맞추고 오행을 조화시키는 습관은 오늘날 중국인에게도 자연스레 나타난다. 사람의 체질에 따라 음식 재료의 궁합을 맞추고, 어울리는 약초를 더해 천천히 조리해서 내는 이러한 음식들이 바로 진정한 슬로푸드다.

오늘날 우리에게 익숙한 중국 음식은 명나라의 것과 가장 근접하다. 근대화가 시작되면서 외국과의 교류가 왕성했던 이 시기에는, 외국의 음식 재료들이 중국의 풍요로운 재료들과 섞이면서 다채롭고 이색적인 요리로 탄생했다. 게다가 만주족이 들어와 마지막 통일 왕조인 청나라를 세우면서 다양한 음식 재료를 사용해 고급스러운 요리들이 왕족과 특권층 사이에서 더욱 발달했다. 특히 동물의 식재료화가 유행처럼 번졌다. '동물의 특정 부위로 요리하면 먹는 이의 같은 부위가 좋아진다'는 속설이 널리 돌면서, "중국인은 책상 다리를 제외한 네 발 달린 짐승과 비행기를 제외한 날짐승을 다 먹는다"라는 말이 나오게 되었다. 청나라 전성기인 건륭황제 때 나온 역사책에는 '만한취엔시(滿漢全席)'가 언급되어 있으며, 이두(李斗)가 쓴 『양주서방록(楊州書舫錄)』에도 만한취엔시 요리가 기록되어 있는데 이것이 만한취엔시에 관한 최초의 기록이다.

만한취엔시란 만주족과 한족 요리를 결합해 만들어낸, 중국 역사상 가장 호사스럽고 진귀한 산해진미다. 모든 요리는 한 세트씩 정해진 순서에 따라 나오는데, 음식은 하루에 두 차례 나온다. 하루 동안 이뤄지는 두 차례의 연회는 사흘에 걸쳐 진행되는 것이 보통이다.

한 차례의 음식은 네 세트로 구성되어 있으며, 세트마다 주 요리 하나와 보조 요리 네 개가 나오는데 냉채, 전병, 말린 과일, 생과일 등 후식까지 합쳐 한 차례에 20~30여 가지의 요리를 맛볼 수 있다. 이렇게 사흘 동안 수백 가지의 진귀하고 사치스러운 최상의 음식을 모두 경험하게 된다.

어떠한 식재료든 먹을 수 있는 것을 맛있게 조리하는 창조적 능력이 뛰어난 중국인은 소스, 양념 등에 다양한 조리방식을 더해 세계 최고의 진미를 내놓으며 무한한 도전을 계속 했다. 이미 청나라 때부터 요리사들은 향과 맛 그리고 식감과 색감의 조화를 이루며 기대를 불러일으키는 흥미롭고 경이로운 요리를 만들기 위해 끝없는 호기심을 이용해 요리를 완성해왔다.

만한취엔시에서 사용하는 식재료는 들짐승, 날짐승, 해산물, 야채류 네 가지이며 각각은 다시 여덟 가지 진귀한 것으로 나뉜다. 들짐승은 곰발바닥, 원숭이골, 코끼리 코, 낙타 혹, 사슴 힘줄, 표범 태반, 코뿔소 꼬리, 오랑우탄 입술이며, 날짐승은 백조, 들꿩, 붉은 제비, 메추라기, 비룡 등이다. 해산물로는 바다제비집, 상어 지느러미, 전복, 말린 해삼, 물고기 부레 등이고 야채는 죽순, 표고버섯, 원숭이머리버섯, 흰 참나무버섯, 그물주름버섯 등으로 희귀 식재료들이 주를 이룬다.

하지만 이러한 사치스러운 생활로 나라는 점점 부패와 타락 속으로 빠져들었다. 결국 외세의 침공에 점점 국력이 약해지다가 신해혁명으로 인해 청나라는 끝을 맞았다. 그렇지만 다채로운 식재료와 무궁무진한 조리법, 음식에 대한 열정은 전 세계로 퍼져 중국 음식의 위대함을 전하고 있다. 특히 청나라 말기, 남동부의 수많은 중국인이 해외로 이민을 가면서, 세계 도처에 중국 식당이 생겨나 가장 대중적이고 익숙한 외국 음식점으로 자리 잡게 되었다.

각 나라에 토착화된 중국 음식은 조금씩 차이를 보이지만 대부분 광둥 지방 음식이 기본을 이룬다. 그렇지만 우리나라는 산둥과 북동부 지방에서 건너온 화교의 영향으로 현지와는 차별화된 메뉴가 매우 많다. 짜고 강한 소스가 약간 곁들여지는 중국의 짜장면과 완전히 다른 한국식 짜장면은 단연 으뜸 메뉴로, 외국인에게도 인기가 많으며, 짬뽕처럼 한국인 입맛에 맞춰 개발한 독특한 음식도 사랑 받고 있다. 배달 서비스 역시 중국에서는 볼 수 없는 한국만의 독특한 특징이다. 이러한 지역화 과정을 거쳐 한국 화교식 중국 음식은 하나의 장르로 자리 잡았다. 10여 년 전부터는 새롭게 북미식 중국 음식점이 시내 중심가에 문을 열면서 중국 음식은 다양한 메뉴로 우리에게 다가서고 있다.

나는 유난히 중국 음식을 좋아한다. 말레이시아와 영국에 사는 동안 매일 먹어도 물리지 않았을 정도로 중국 음식 마니아다. 지금도 마찬가지이지만, 콸라룸푸르와 런던 시내 중심가에 있는 웬만한 중국 음식점은 넘쳐 나는 외국 관광객들로 늘 만원사례다. 그렇지만 가격도 비싼 편이고 맛도 서비스도 맘에 들지 않아, 중국인 친구들과 맛나고 특색 있는 중식당 찾기에 푹 빠진 적이 있다. 그러다가 자금성이나 만리장성, 홍콩 파크나 오션 파크 같은 관광 명소 대신 진정한 본토 맛집 탐험을 계획하게 되었다. 친구들과 두 달 일정으로 자린고비 맛집 기행을 시작했는데, 20년 전의 일이지만 아직도 기억에 그 추억이 생생하게 남아 있다.

기억에 남는 몇 가지 가운데 하나는 바로 만한취엔시 저녁식사다. 청나라의 만한취엔시와는 엄청난 차이가 있었지만, 여섯 시간이 넘게 축소판 만한취엔시를 즐기며 진귀한 식재료를 경험해보는 것만으로도 만족스러웠다. 살아 있는 원숭이골 대신 따끈하게 쪄서 나온 양의 골은 생각보다 어렵지 않게 먹었는데, 마치 부드러운 두부 같았다. 족발이나 도가니와 흡사한 느낌이 드는 코끼리 코는 기름기가 꽤 있지만 부드러웠다. 오리는 통째로 구워 나오는데, 바삭하고 고소한 머리가 가장 인기 있었고, 푹 고아 낸 자라탕과 화려하게 장식한 각종 요리는 모두 신기하면서도 맛있었다.

또 하나 특이하면서도 잊을 수 없는 음식은 풍뎅이 튀김이다. 항저우

시후 호수 근처 식당에서 아침을 먹는데, 흰죽과 함께 반찬처럼 새카맣게 생긴 벌레가 딸려 나왔다. 아침식사에 나온 것을 보고 같이 간 중국 친구들도 먹기를 주저해 호기심 강한 내가 먼저 맛을 보았다. 모양새와 달리 한 번 튀긴 다음 간장에 조린 맛과 식감은 환상적이었다. 바삭하면서도 짭조름한 풍뎅이 튀김은 밋밋한 흰죽과 아주 잘 어울렸다.

광동 미트 마켓에서 경험한 일도 인상적이었다. 시장 초입은 우리네 시장과 마찬가지로 돼지, 닭, 오리, 개 등의 일반고기를 파는 상점과 노점이 즐비했는데, 안으로 들어갈수록 요지경 세상이 눈앞에 펼쳐졌다. 작은 도마뱀을 나무꼬치에 끼워 말린 것은 우리네 쥐포와 비슷했다. 매대에는 고양이 고기와 정체불명의 고기 덩어리가 잔뜩 진열되어 있었다. 커다란 고무 대야에 담겨 미꾸라지처럼 꿈틀거리는 뱀들은 계속 탈출을 시도했고, 그 바로 옆에는 상인이 탈출한 뱀들을 주워 담고 있었다. 독사만 모아놓았다며 우리나라 횟집에 있는 수족관처럼 생긴 탱크로 손을 잡아끄는 아줌마도 있었다.

골목과 골목 사이 음침한 곳에 숨겨둔 철창에 갇힌 원숭이들과 강아지만 한 식용 쥐를 보았을 때는 무척 놀랐다. 세상 모든 동식물이 우리가 즐기는 음식의 재료가 될 수 있다고는 하지만, 원숭이들의 눈망울이 너무 슬퍼 보여 인간의 식탐에 혐오감이 들면서 잠깐 후회스럽다는 생각이 들기도 했다. 그렇지만 세계음식연구가의 시각에서 다양한 음식 재료로 음식을 만든 중국인의 뛰어난 호기심과 음식에 대한 열정만큼은 인정한다. 철학이 담긴 실험 정신을 바탕으로 다채롭게 개발한 무수한 중국 요리는 그들만이 간직한 특색 있는 음식 문화로 뿌리내렸다.

중국 고서 중 하나인 『한서(漢書)』에는 백전노장 장수인 '조충국' 이야기가 나온다. 전한(前漢)의 제9대 황제인 선제가 통치하는 동안 서북 변방에 사는 티베트 계통의 강족(羌族)이 반란을 일으키자, 장수 조충국은 선제 황제에게 "백 번 듣는 것이 한 번 보는 것보다 못합니다. 무릇 군사란 작전 지역에서 멀리 떨어진 곳에서는 전술을 헤아리기 어려운 법이므로, 바라건대 신을 반란군 기지 근처인 금성군으로 보내주시면 현지를 살펴본 다음 방책을 아뢰겠습니다"라고 말한 뒤 실행에 옮겨 큰 성과를 이뤘다는 내용이다. 이때 조충국이 황제에게 말한 내용 중 백문불여일견(百聞不如一見)은 깊은 뜻이 담긴 고사성어로 남았다. 그의 말처럼 어떤 일을 계획하고 실행할 때 직접 부딪쳐 경험해보지 않고 탁상공론만 한다면 성공할 확률이 적다. 중국인은 이런 이론을 바탕으로 다채롭고 방대한 음식 문화를 이끌어내 우리의 오감을 만족시키고 있다.

기원전 7세기경부터 중국 요리는 북부와 남부로 구별되었다. 초창기에는 밀을 위주로 하는 북부와 쌀을 주식으로 하는 남부로 간단히 나뉘었지만 지역은 더욱 작게 나뉘었다. 현재 중국의 행정 지역은 28개 성(省)으로 나뉘는데, 그중 음식 문화가 발달한 지역을 중심으로 네 개로 분류해서 사성 요리라고 한다.

1. 베이징 요리

황허 강 유역을 중심으로, 북으로는 랴오닝성에서 동으로는 산시성, 산둥성과 수도 베이징을 아우르는 중국 동북부를 대표하는 지역의 요리를 말한다. 요나라가 송나라를 정복한 뒤 수도를 난징에서 베이징으로 옮기면서 문화와 교역의 중심지가 됨으로써 다양한 요리가 발달했다. 게다가 왕궁이 있었기에 중국 여러 지역에서 황제에게 진상하는 특산물이 들어오고 내로라하는 요리사들이 모이면서 고급 요리가 만들어졌다. 역사상 최고의 만찬이라는 만한취엔시도 황실 요리가 발달한 베이징 요리에 속한다.

붉은색 양단이나 술 장식이 달린 랜턴,

불도장

래커를 칠해 광택이 나는 식탁과 의자 등 화려한 가구도 황실 음식 문화의 영향을 받은 것으로 오늘날 중국 식당 인테리어에 영감을 제공했다. 특히 가장 화려한 음식 문화를 꽃피운 청나라 덕분에 '청요리'라는 별칭도 갖고 있다. 황제에게 요리를 선보이며 행한 모든 기술 중 국수를 뽑는 장관 또한 베이징 요리에서만 볼 수 있다. 북부에 위치한 지리적 특성으로 쌀보다는 밀이나 잡곡이 많이 생산되어 면 요리와 빵 그리고 남부의 딤섬과는 다른 투박하고 피가 두꺼운 만두가 식탁에 오른다. 게다가 바로 북쪽 위에 있는 몽골 회교도들의 유입으로 양고기는 익숙한 식재료가 되었다. 양꼬치와 샤브샤브를 연상케 하는 몽골리안 핫폿(Mongolian Hot Pot)이 유명한 양고기 요리다.

그래도 베이징 요리하면 제일 먼저 떠오르는 음식은 베이징 덕이다. 베이징 덕은 겉껍질이 노릇해지도록 바삭하게 구운 오리고기에 파채, 오이를 넣고 해선장 소스를 곁들여 밀전병으로 싸먹는 음식으로, 코스 요리로도 즐길 수 있다. 베이징 덕은 세계 도처에서 몰려든 관광객들에게 매우 인기 높은 음식이다.

이 밖에도 요리 재료로 가금류를 많이 사용해 다른 오리 요리나 닭고기 요리 등이 발달했다. 베이징 덕에 버금가는 거지의 닭(Beggar's Chicken)은 말 그대로 거지들이 훔친 닭을 진흙에 굴려 땅에 묻었다가 구워 먹었다는 유래가 있다. 규화자계(叫化子鷄)라고도 하는데 닭을 연잎으로 싸서 다시 진흙에 넣고 구워내므로 향이 그윽하고 담백하다.

2. 상하이 요리

양쯔강과 황해가 만나는 곳에 자리 잡은 지역의 요리를 일컫는다. 장쑤성의 성도인 난징 요리에서 안후이성과 후베이성 그리고 허난성이 있는 중부 내륙을 포함해 바닷가에 자리 잡은 저장성과 상하이 요리까지를 통틀어 말한다. 이 지역 요리의 가장 큰 특징은 간장과 설탕을 쓴다는 것이다. 서양과 교역이 활발했던 항구인 상하이로 들어온 조미료가 이 지역 요리에 깊이 스며들었고, 이로써 음식이 대부분 진하고 풍미가 강한 경향을 보인다. 또 저장성 특산물인 샤오싱주(소흥주, 紹興酒)를 넣고 조리하는 음식들도 많아 향이 깊고 부드럽다.

중국 8대 명주 중 하나인 샤오싱주는 서양에서도 오리엔탈 요리를 할 때 주로 사용하는 술로, 말린 매실과 설탕을 넣어 마시면 더욱 맛있다. 상하이가 바다와 강, 호수가 만나는 지역이므로, 요리에 생선과 해산물을 유난히 많이 사용한다. 부위별로 조리법과 양념을 다르게 해 맛을 낸 생선 요리가 일품이며, 상하이의 게 요리도 세계적으로 잘 알려져 있다.

이 지역은 국물 요리, 찜 요리, 조림 요리와 같이 오래 조리해 내놓는 슬로 푸드가 잘 발달했는데, 돼지고기에 진간장을 넣고 오래 쪄서 만드는 홍사오러우(홍소육, 紅燒肉)가 대표 요리다. 홍사오러우처럼 붉은색이 감도는 화려하고 선명한 색상의 음식이 유독 많아 식탁이 더욱 풍성해 보인다. 돼지고기와 육즙을 함께 넣어 찐 만두인 샤오룽바오(소룡포, 小籠包)는 상하이 근처 난시앙(남상, 南翔)이 원조인데, 입안에 넣었을 때 터지는 뜨겁고 진한 고기즙이 맛있어 근래 들어 우리나라에서도 유행하고 있다.

소룡포

3. 광둥 요리

남부 바닷가를 중심으로 광둥성, 푸젠성, 학카족이 인구의 10%가 넘는 타이완과 홍콩, 마카오 그리고 하이난성이 포함되는 지역의 요리를 말한다. 일찍부터 서양 세력이 들어와 자리 잡았기 때문에 동서양의 음식 문화가 섞였다. 하지만 이 지역 음식의 기본은 베이징 요리에 두는데, 그 이유는 이곳이 무역항으로 교역이 활발해지자 베이징 관리들이 이 지역으로 발령받을 때 수하에 있던 요리사들을 데려왔기 때문이다. 따라서 광둥 요리는 전

굴소스 야채볶음

통 요리의 특성과 국제적인 요리의 특성이 조화를 이루면서 독특하게 발달했다. 이 지역은 사시사철 따뜻한 날씨와 긴 해안선 그리고 넓은 평야를 지닌 최적의 조건으로 식재료의 신선함과 다양성 면에서 최고를 자랑한다. 과일과 야채, 곡류와 고기, 생선과 해산물뿐 아니라 곤충과 진귀한 재료들까지 두루 섭렵 가능한 무궁무진한 식재료의 보고다. 그래서 광둥 사람들이 "살기 위해 먹는 것이 아니라 먹기 위해 산다"는 말을 하는 것도 당연하다. 어디에서든 쉽게 얻을 수 있는 넘쳐 나는 식재료로 신선하게 조리해내는 것이 가장 큰 특징으로, 가벼운 소스를 이용해 빠르게 요리해냄으로써 각각의 재료가 지니는 향과 맛, 식감 등을 잘 살린다. 또 더운 날씨 탓에 신속하고 빠른 조리법이 필요했기에 볶음과 튀김이 주를 이룬다.

프랑스 요리와 쌍벽을 이룰 만큼 세계적인 음식으로 명성을 떨치게 된 배경에는 광둥 지역 출신 화교들이 있다. 북미와 유럽, 동남아시아 등 세계 곳곳에 자리 잡은 화교들은 중국 식당을 경영하면서 자연의 맛을 살린 담백함과 서양의 소스를 섞은 익숙함으로 중국 음식을 대중화하는 데 기여했다. 탕수육(Sweet & Sour Pork)과 딤섬은 광둥 지역을 대표하는 가장 유명하고 인기 있는 요리다. 이제 탕수육은 세계 어떤 중국 식당을 가도 단골 메뉴로 올라가 있으며, 딤섬은 슈퍼마켓에서도 구입할 수 있을 정도로 대중적이 되었다.

원래 딤섬은 '마음에 점을 찍는다'는 뜻의 점심(点心)을 의미하는데, 광둥에서는 간식이나 에피타이저로 먹는 편이다. 피를 얇고 조그맣게 만들어 찌거나 튀겨냈으므로 만두소가 잘 살아 있으며 기름진 음식이다. 새우나 바닷가재를 넣은 딤섬은 담백해서 우리나라 사람들에게 인기가 많고, 고기와 야채가 들어간 딤섬은 보통 차를 곁들여 먹는다. 홍콩이나 싱가포르에서는 얌차(음차, 飲茶)라고 해서 오전과 점심시간에 주로 딤섬을 즐기는데, 다양한 종류의 딤섬이 담긴 수레를 밀고 다니는 종업원들을 불러 딤섬을 골라 먹는 재미가 있다.

4. 쓰촨 요리

중국 중앙에 위치한 쓰촨성, 윈난성, 산시성, 구이저우성, 장시성, 후난성과 충칭 지역의 요리가 여기에 해당된다. 해안가가 전혀 맞닿지 않은 중부 내륙이기에 생선과 해산물 요리가 거의 없지만, 고기와 야채 요리는 약초와 나물 그리고 향신료를 더해 특색 있게 발달했다.

사천식 닭볶음

산세가 높은데다 무더운 여름과 추운 겨울이 반복되어 고추, 생강, 마늘, 계피, 고수, 후추 등 강한 향신료가 많이 생산되다보니 음식이 매운 편이다. 중국 음식 중 주목을 늦게 받긴 했지만, 20세기 후반부터 매운 음식 열풍으로 전 세계적으로 인기를 얻게 되었다. 베트남과 국경을 이루는 따뜻한 남부의 과일들과 산림이 우거진 중부의 대나무, 버섯, 야채 등에 맵고 강한 향신료, 돼지고기, 오리, 닭, 두부를 주재료로 개성 만점의 쓰촨 요리를 만들어냈다. 두부와 다진 돼지고기를 넣고 볶아낸 마파두부, 쓰촨식 신선로 핫폿인 휘궈(화궈, 火鍋), 매콤하고 새콤한 산라탕(Hot & Sour Soup), 고추를 잔뜩 넣고 튀긴 닭과 함께 볶아 먹는 라조기(辣椒鷄) 등이 주요 쓰촨 요리다.

05 JAPAN

눈으로 먼저 맛보는
신선한 세계

인간의 가장 절실한 염원은 '장수'다. 그저 오래 사는 것에 그치지 않고, 건강하고 행복하게 오래 사는 것이 모두의 숙제이자 희망이다. 더군다나 날로 고령화되고 있는 현대 사회에서는 건강하게 오래 사는 것에 대한 관심이 날로 커지고 있다. 사실 장수 비법을 찾는 연구는 여러 나라에서, 수많은 사람이 지속적으로 해온 프로젝트 중 하나다. 심지어 기원전에 연구가 시작되었다는 보고서도 있다. 세계적으로 이미 잘 알려진 장수 마을은 여러 곳이 있지만 OECD 회원국 중 장수 인구도가 매우 높은 나라는 일본이다. 게다가 일본은 회원국 가운데 비만도가 가장 낮아 건강하게 장수하는 곳임을 증명하기도 했다.

한국과 중국, 일본은 통틀어 동북아시아라고 한다. 이 세 나라는 지리적으로도 워낙 가깝지만 문화가 흡사해 흔히 비교 대상이 된다. 그럼에도 음식의 기본 틀은 나라마다 확연히 다르다. 중국 음식은 불의 요리라 불리고, 한국 음식은 손의 요리로 대표되는 데 반해, 일본 음식은 칼의 요리라 일컫는다. 칼을 이용해 요리할 때 가장 중요한 것은 음식 재료의 신선함이다. 오래 조리해 음식이 무르거나 재료가 부실해지면 칼 요리의 진수를 보여주지 못하기 때문이다. 신선한 음식을 먹기 위해 일본인은 최소한만 조리하거나 생식을 즐기는데, 이는 그들의 종교적인 배경과 더불어 역사 흐름이 주요인이다. 재료의 향과 맛, 식감을 그대로 살려 신선함이 강조된 일본 요리는 요즘 가장 각광받는 세계인의 음식 중 하나로 자리매김했다.

일본 음식 문화는 그들의 지리적 여건과 관계가 상당히 깊다. 네 개의 커다란 섬과 수천 개의 작은 섬으로 이루어진 지형의 특성상 생선과 해산물이 좋은 대표적인 나라가 되었고 화산과 숲으로 이뤄진 내륙 지형은 수렵과 채집을 활성화시켰다. 기원전 3세기에 벼농사가 소개된 이후 최근 50년 전까지 쌀은 일본의 주식으로 가장 중요한 식재료였다.

나라 시대부터 헤이안 시대를 거쳐 오랫동안 편찬된 역사책 『육국사』 중 한 편인 「니혼쇼키(日本書紀)」에는 할선이라 해서 신선한 어패류를 생식하는 방법이 적혀 있는데, 오늘날 일본 요리학계에서는 이것을 최고 조리법으로 평가한다. 하지만 종교적 이유로 육식을 금기시하기도 했는데, 특히 일본 40대 황제인 나라 시대의 덴무천황(天武天皇)은 육식 금지령을 내리기도 했다. 이 시기부터 일본식 불교가 국교가 되면서 거의 1,200년 동안 육식이 금지되었다.

무로마치 시대에는 요리 기술과 조리법이 두드러지게 발전했다. 사조류, 대초류, 진사유, 생간류 등 여러 요리 주류 세력이 유파로 나뉘어 일본 요리계에 전국시대를 열었다. 무엇보다 칼을 이용해 식자재를 자르는 고도의 기술을 연구하고 심화시킨 점이 특징적이다. 이는 바로 전, 무사 전성기인 가마쿠라 시대의 비문화적 생활에서 벗어나고자 했던 바람이 음식 문화에도 나타난 것으로 보인다.

17세기 초인 에도 시대에 들어서는 중국을 통해 간장과 국수, 젓가락 사용법과 차 문화가 들어오고, 튀김과 볶음 조리법 등 다양한 요리 방식이 소개되었다. 그 유명한 일본의 덴푸라 역시 이 시기에 포르투갈로부터 전달받아 일본 고유의 색이 덧입혀졌다. 일본인들은 설탕과 옥수수, 감자와 담배 등 새로운 식재료가 물밀듯이 들어오던 이 시기부터 조금씩 육식을 하게 되었다. 이때 편찬된 요리책에는 칼 사용법을 그림으로 표현해 한 가지 음식 재료를 가지고 수십 가지 요리를 만들어내는 기술을 소개했다.

메이지 유신 이후 군사정권은 식습관 개선을 장려했다. 그 결과 온 국민이 칼로리 계산에 익숙할 정도로 규율에 따른 비슷한 식생활을 국가 전체가 공유하게 되었다. 일본에 급격히 밀려들어 온 서양음식은 외식 산업에 커다란 변화와 다양성을 가져다주었지만, 건강에는 좋지 않은 영향을 주었다. 그럼에도 소식 습관, 생식 위주의 신선한 음식 섭취는 여전히 일본의 장수 비결로 세계 여러 나라에 소개되고 있다.

그렇다면 일본인처럼 소식하는 것이 진정 장수로 가는 열쇠일까? 노화와 수명연장에 대한 연구가 가장 활발하게 이루어지는 미국에서 큰 이슈가 되는 것은 '적게 먹는 것'이다. 미국 캘리포니아 주립대학교의 스핀들러 박사는 쥐 실험을 통해, 적게 먹인 쥐가 마음껏 먹인 쥐보다

수명이 1.5배 길 뿐 아니라 더 건강하다는 것을 입증해냈다. 심지어 늙은 쥐에게 소식을 시켜도 즉각적인 수명연장 효과를 나타낸다는 것이다. 소식을 한 쥐는 질병이나 스트레스 관련 유전자가 젊은 상태의 기능을 유지하기 때문이라는 학설이 주장된다. 최근 미국국립보건원(NIH)에서는 인간과 같은 영장류인 원숭이를 대상으로 약 15년간 계속된 소식실험을 일단락 지었는데, 그 결과 역시 그동안의 숱한 소식실험 결과를 입증하는 것으로 밝혀졌다.

그렇지만 소식이 영양실조와 에너지 부족으로 연결될 수 있다는 또다른 학설이 나오면서, 세계 여러 학자는 소식보다는 신선하고 질 좋은 식재료의 섭취와 균형 잡힌 식생활에 더 큰 관심을 두고 연구 중이다.

일본 음식은 움직이는 몸의 리듬감을 통합해주는 역할을 한다. 신선하고 산뜻하며 지방과 칼로리가 낮은 일본의 건강식은 재료가 결정된 순간 만들어진다고 볼 수 있다. 불필요한 양념을 제한하고, 식재료 자체가 지니고 있는 맛을 그대로 즐기는 단순함이 일본 음식의 핵심이다. 그러다보니 음식을 준비할 때 가장 중시하는 것은 각 지방 고유의 신선하고 질 좋은 식재료를 제철에 구하는 것이다. 사계절이 뚜렷한 산지에서 생산되는 가장 싱싱한 재료가 깔끔하면서도 멋스러운 요리로 변신해 식탁에 올랐을 때가 일본 음식의 정수를 맛보는 순간이다.

일본 요리는 '눈으로 보는 요리'라는 별칭이 있을 정도로 푸드 스타일링과 테이블 세팅에서 강세를 보인다. 음식 하나하나마다 아기자기한 장식과 그에 맞는 식기를 사용해 공간의 미를 살린다. 또 거의 모든 요리를 쌀밥과 사케가 조화를 이루도록 만드는데, 그만큼 쌀의 종류도 많고 술을 빚는 기술도 발달했다. 쌀의 향미와 다양한 사케는 양질의 식수가 뒷받침한다. 양질의 식수는 싱싱한 음식 재료를 만들어내는 데도 큰 역할을 한다.

사케는 원래 일본에서 술을 총칭해서 쓰는 말이지만 근래에는 일본 술이라는 뜻으로 통용된다. 사케는 '니혼슈(日本酒)'라고도 하는데, 쌀을 누룩으로 발효시켜 맑게 여과해서 만든 청주다. 흔히 우리나라에서 부르는 명칭인 정종(마사무네, 正宗)은 사실 일제 강점기에 일본인이 부산에 세운 사케 브랜드의 이름일 뿐이다.

사케를 만드는 쌀은 별도로 재배하는데, 누룩 역시 쌀로 만들어서 맛이 깔끔하고 향이 좋다. 사케는 원료의 질, 제조 방법 그리고 풍기는 향미에 따라 등급이 나뉘는데, 모두 5등급이다. 쌀의 정미 비율이 50% 이하인 것은 다이긴조슈(大吟醸酒), 60% 이하인 것은 긴조슈(吟醸酒), 70% 이하인 것은 준마이슈(純味酒)라 하며, 정미 비율 70% 이하에 알코올 도수 25% 이하인 것은 혼조조슈(本醸造酒), 알코올을 25% 이상 첨가한 것은 후츠우슈(普通酒)라 한다. 사케를 담은 병의 색이 짙을수록 향미가 그윽하고 마신 뒤 여운이 길지만 그만큼 값이 비싸다. 추운 날씨에는 천천히 데워 마시기도 하지만 사케는 대체로 차게 해서 마셔야 제대로 된 향미를 느낄 수 있다.

사케와 쌀이 지역마다 확연히 구분되고 차이가 나는 것은 지역마다 흐르는 식수가 달라서다. 그렇지만 일본 음식은 지역별로 뚜렷이 구분되지 않는 편이다. 국토의 면적이 작고 시대를 거슬러 가면서 큰 변혁기를 많이 거치면서 향토 음식들이 서로 섞였기 때문이다. 그럼에도 일본의 음식은 크게 두 지역으로 나뉘는데, 하나는 간사이(관서) 요리이고, 다른 하나는 간토(관동) 요리다. 간사이는 전통을 중시하고 사찰

이 많은 만큼, 음식도 재료 자체의 맛을 살려 조리함으로써 담백한 맛과 부드러운 식감을 자랑한다.

내륙의 분지에 위치해 있어 생선과 해산물이 흔치 않은 교토에서는 고기와 말린 생선 그리고 채소를 이용한 요리가 발달했다. 강의 하구와 만이 연결되어 있어 교역이 빈번하고 사람들의 왕래가 잦은 오사카는 식도락이 발달한 도시로 서민 요리가 다양하게 발달했다. 대부분 삼삼하면서도 은은한 풍미가 느껴지는 국물로 간을 하기 때문에 국물 만들기를 중시한다.

간토 요리는 간사이 요리에 비해 맛이 진하고 달며 짠 편이다. 일본을 천하 통일한 도쿠가와 이에야스가 에도(江戸, 지금의 도쿄)에 에도 막부(江戸幕府)를 세운 뒤 세력이 강해진 간토 지방은 간장이나 설탕 같은 중국의 귀한 식재료를 얻을 수 있었다. 그래서 음식의 간이 대체로 세고 맛도 진하다.

일본은 음식의 특징이 간단하고 지역도 두 곳으로 분류될 뿐이지만 식사 예절만큼은 복잡하다. 제2차 세계대전이 끝난 20세기 중반까지도 꽤 오랫동안 군사정권이 통치했기 때문에 식사 예절을 매우 엄격하게 지킨다. 식사를 시작할 때는 '잘 먹겠습니다'라는 의미의 '이타다키마쓰(戴きます)'라는 말을 서로 주고받으며 젓가락을 들어야 한다. 내륙에다 숲이 우거져 나무가 많아, 예부터 식기와 젓가락 또한 목기를 주로 사용했다. 더군다나 생식 위주의 식단 때문에 열전도율이 낮은 목기를 선호하게 됐는데, 이것이 지금까지 이어지고 있다. 소식을 하다 보니 음식은 주로 작은 나무그릇에 담아내고 젓가락만 사용해 식사하기 때문에 되도록 그릇을 들어 입 가까이에서 먹는다. 먹기 전에는

밥, 국, 조림 그릇의 순으로 뚜껑을 여는데 상의 왼쪽에 있는 것은 왼쪽으로, 오른쪽에 있는 것은 오른쪽으로 내려놓는다. 뚜껑을 내릴 때는 손을 받쳐 물기가 떨어지지 않게 상 밑으로 내려놓는다. 같은 쪽에 뚜껑이 둘 있을 경우에는 큰 것을 밑에 놓고, 작은 것을 그 위에 겹쳐 놓는다.

양손으로 밥공기를 들었다가 왼손 위에 올려놓고, 오른손으로 젓가락을 잡고, 젓가락 끝을 국에 넣어 조금 축인 다음 밥을 한 입 먹는다. 젓가락을 처음과 같이 상의 제자리에 놓고 두 손으로 밥그릇을 놓는다. 국그릇 역시 두 손으로 그릇을 들어 앞에서와 같이 젓가락을 들고 건더기를 먹은 뒤 국물을 한 모금 마시는데, 이때 젓가락으로 건더기를 누르고 마신 뒤 놓는다. 그다음 밥이나 조림을 먹으며, 조림은 그릇째로 들어서 먹어도 좋고 국물이 없는 것은 뚜껑에 덜어서 먹는다.

회는 나눔 젓가락으로 접시 가장자리에서부터 차례로 작은 접시에 덜어 고추냉이, 즉 와사비를 곁들인 간장에 찍어 먹는다. 생선을 먹을 때는 머리 쪽의 등살에서부터 꼬리 쪽으로 먹는다. 달걀찜(자왕무시)은 젓가락으로 젓지 않고 앞에서부터 떼어 먹으며, 뜨거울 때는 그릇 밑의 종지를 받쳐 들고 먹는다. 절임 야채인 고노모노는 식사 후에 더운 물을 마실 때 입안을 개운하게 하기 위한 것이므로, 그때까지 손을 대지 않는다. 밥이나 국은 세 번까지 받아도 되고, 다 먹으면 물을 밥공기에 붓는다.

젓가락 끝은 물에 씻어 제자리에 놓는다. 차를 마실 때는 찻잔을 두 손으로 들어 왼손은 찻잔 밑에 받치고 오른손으로 찻잔을 쥐고 마신 다음 뚜껑을 도로 덮는다. 식사하는 동안에는 무릎을 꿇고 앉거나 정

자세로 앉으며, 음식 먹는 소리를 내지 않으려고 노력해야 한다.

물론 오늘날에는 일본의 식사 예절 역시 간편해지고 서구화되고 있다. 하지만 아직도 대다수의 일본인이 좋은 식사 매너와 예절을 따른다. 신선한 최상의 식재료를 소식하는 식습관만큼이나 중요한 것이 바로 바른 자세로 식사하는 식탁 매너다. 자연에서 얻는 양질의 재료를 식사 습관과 식사 매너의 절제 없이 탐닉했다면, 지금 일본이 자랑스럽게 내세우는 건강한 고령화 시대는 없었을 것이다. 인간의 장수 비결은 이 삼박자를 함께 지켜나가야만 찾을 수 있을 것이다.

1. 일본 지역의 대표 요리

1) 간사이, 주고쿠, 시고쿠 지역: 담백하고 전통적인 국물이 강세며, 가다랑어를 많이 사용하는 지역이다.

오코노미야키 우리나라의 빈대떡과 흡사하다. 고기나 해산물을 야채와 함께 부친 것으로 오사카의 대표 요리다. 말린 가다랑어인 가츠오부시를 뿌려 먹는다. 히로시마에서는 소바를 넣고 부친다.

타코야키 다진 문어를 밀가루 반죽에 넣고 구운 요리로, 우리나라의 길거리에서도 많이 볼 수 있다. 이것 또한 오사카의 대표 요리다.

사누키 우동 시고쿠의 사누키 고장에서 만든 전통적인 우동이다.

유토푸 교토를 대표하는 두부 요리다. 다시마를 끓인 물에 데쳐 토핑을 올려 먹는다.

도테나베 미소 된장 국물에 두부와 야채 그리고 굴 같은 해산물을 넣은 냄비 전골 요리로, 히로시마의 대표 요리다.

가츠오 노 타다키 다진 가다랑어를 다진 쪽파와 섞어 식초로 간을 해 먹는 요리다.

2) 규슈 지역: 포르투갈이나 외국과 교류가 왕성했던 지역으로, 혼합된 음식 스타일을 보인다. 특히 튀김 종류가 많다.

하카타 라멘 돼지뼈를 고아낸 육수에 넣어 먹기 때문에 돈코츠 라멘이라고도 한다. 절임 생강을 올려 먹는 것이 특징이다.

미츠타키 닭고기와 야채를 넣은 냄비 요리로, 유자를 넣은 폰즈 소스에 찍어 먹는 후쿠오카 대표 음식이다.

나가사키 짬뽕 다양한 해산물을 넣고 끓인 맵지 않은 국물 면 요리다.

단고 지루 메밀 소바를 간장이나 미소 국물에 넣어 먹는 요리다.

돈코츠 가고시마를 대표하는 돼지고기 요리로, 삼겹살과 갈비를 곤약과 함께 미소에 넣고 오래 조려 낸다.

가쿠니 삼겹살을 달콤한 간장에 넣어 조린 요리다.

도리 텐 닭고기 덴푸라다.

도리 남반 미야자키현의 음식으로, 반죽을 넣어 튀긴 닭고기 요리다.

사케즈시 스시를 만들기 위해 밥에 식초 대신 사케를 넣어 만든 독특한 요리다.

카스텔라 16세기 말경 포르투갈에서 전수받은 스펀지케이크다. 나가사키의 유명한 디저트로, 우리나라에서도 사랑받는 요리다.

3) 간토, 주부, 도호쿠 지역: 태평양 근해 지방에서는 생선 요리가 발달해 스시와 생선을 넣은 국물 요리가 많다. 떡을 이용한 요리도 꽤 많은데, 대체로 풍미가 진하고 강한 편이다.

스시 에도 시대에 막부가 있던 도쿄에서 만들어 먹기 시작한 일본의 대표 음식이다.

테코네즈시 간장에 재운 참치를 초밥에 올려 김을 뿌려 먹는 스시 요리다.

마쓰츠시 밥과 송어를 넣고 대마누 잎에서 쪄낸 토야마의 요리다.

하라코 메시 간장과 연어를 넣은 국물로 밥을 해서 연어알을 얹어 먹는 요리다.

몬자야키 오코노미야키와 흡사한 도쿄의 서민 음식이다.

스시

돈돈야키 오코노미야키를 나무젓가락으로 형태를 만들어 포장하기 좋게 만든 것이다.

호토 나베 우동 야채를 넣은 미소 국물 우동으로, 뜨겁게 달군 강철 냄비에서 바로 끓여 먹는다.

미소 니코미 우동 나고야현 근방에서 즐기는 미소 국물 우동이다.

미소 갓츠 튀긴 돈까스에 미소 소스를 얹어 먹는 요리다. 나고야의 미소 된장이 유명하여 미소를 기본으로 하는 요리가 발달했다.

이치고니 성게와 전복을 넣은 맑은 국이다.

자파 지루 연어나 대구의 내장을 야채와 함께 넣어 끓인 맑은 국물 요리다.

센베이 지루 구운 떡과 야채를 넣고 간장 국물에 끓인 요리다.

키리탄포 꼬치에 끼운 떡을 구워 미소 또는 간장으로 간한 전골에 찍어 먹는 요리다.

왕코 소바 작고 오목한 그릇에 메밀을 넣어 먹는 형태의 소바다.

모리오카 레이멘 많은 한국 교포가 모리오카에 냉면 식당을 열어 이곳의 냉면이 유명해졌다.

4) 오키나와 지역: 열대 기후 덕에 독특한 채소들이 많다. 채소를 이용해 볶은 요리가 주를 이루며, 오랫동안 미군 기지가 있었기 때문에 통조림을 활용한 요리나 퓨전 요리가 발달했다.

찬푸루 오키나와식 볶음 요리를 말한다.

소키 돼지갈비 찜 요리다.

라푸테 돼지삼겹살 찜 요리다.

오키나와 소바 우동 면처럼 두꺼운 국수를 소바처럼 먹는데, 일반적으로 돼지갈비찜인 소키를 얹어 먹는다.

타코 라이스 멕시코 요리인 타코에 들어가는 고기, 토마토 살사, 양상추와 양배추, 치즈 등을 한꺼번에 넣어서 쌀밥 위에 얹어 먹는 오키나와식 퓨전 요리다.

5) 홋카이도 지역: 일본식 라멘으로 유명하며, 연어 요리가 발달했다. 음식이 대체로 기름지고 근채류, 특히 생강이 유명하다.

홋카이도 라멘 일본식 라멘 식당이 모여 있어 라멘 요리가 대표 음식이 되었다. 특히 삿포로는 맥주와 라멘 요리가 잘 알려져 있다.

이카 소멘 오징어를 소면 국수처럼 얇게 채쳐서 소스에 찍어 먹는다.

루이베 아이누인이 즐기는 얼린 연어 사시미다.

산베이 지루 연어와 근채류를 넣고 끓인 미소 국물 요리다.

이시카리 나베 미소 국물에 토막 낸 연어와 야채를 넣어 먹는 전골 요리다.

찬찬 야키 미소 된장에 재운 연어를 구워 야채와 숙주를 곁들여 먹는 요리다.

징기즈칸 야채와 양고기를 식탁 위에서 또는 커다란 불판에서 구워 먹는 외식 위주의 요리다.

라멘

2. 일본 정찬 요리 분류

행사 형식이나 정해진 주제에 따라 그 식사의 순서, 반찬의 수, 질 그리고 식재료와 먹는 방법까지도 달라진다.

본선요리 혼센료리(本膳料理)라고도 하며, 관혼상제, 정월, 탄생, 절구, 제사, 불사 등 의식에 쓰이는 요리다. 상차림과 먹는 방법이 복잡해 점차 간소화되고 있다. 가이세키 요리의 기본이다.

회석요리 가이세키료리(會席料理)라 발음하며 에도 시대부터 혼센료리를 간소하게 변형한 정식 요리다. 처음부터 모든 음식을 다 차려 내는 혼센료리와 달리 음식을 차례대로 낸다. 식재료, 조리 방법, 색감과 식감까지도 겹치지 않게 신경 써서 차려 내는데, 심지어 그릇과 담는 모양까지도 음식에 맞춘다.

다회석 요리 차가이세키료리(茶懷石料理)라 하며, 다도의 예의범절에 따라

오차즈케(위) 시라아에(아래)

음식을 맞춰 내는, 가장 잘 알려진 일본 정식이다. 손님을 접대할 때 가장 많이 사용되며, 생선과 해산물, 식물성 재료가 주를 이룬다. 음식의 양보다 질을 우선으로 꼽으며, 요리사의 기술과 최상의 식재료가 고스란히 표현되는 동양의 오트 퀴진(Oriental Haute Cuisine)이다.

정진요리 불교 승려들이 의식을 치를 때 차리는 식사로, 식단은 본선요리 형식을 취한다. 종교의 특성상 채소 위주로 차린다. 쇼진료리(精進料理)라 불린다.

보차요리 중국식의 소찬요리로, 후차료리(普茶料理)라고도 하며, 육식을 피한 요리를 말한다.

탁복요리 싯포쿠료리(卓袱料理)라 하며, 일본화된 중국식 요리다. 특히 나가사키 지방에서 발달한 정식 요리로, 나가사키는 서양과 교류가 많았기에 서양식 식탁에서 의자에 앉아 먹는 요리다.

종합요리 일본 음식을 비롯해 일본화된 중국식, 한국식, 서양식을 혼합한 요리다. 지인들과 격의 없이 편하게 식사할 때 낸다.

생식요리 말 그대로, 날것으로 먹는 요리를 일컫는다.

가정요리 가족모임을 할 때 그 집안의 요리나 그 지역의 요리를 내는데, 가정에서 흔히 먹는 음식들로 차려 낸다.

향토요리 각 지방 고유의 음식으로 차린 요리를 말한다.

3. 조리 방법에 따른 명칭

나베모노 냄비 요리

스이모노 국을 의미하는데, 맑은 국은 스마시지루라 하며, 된장국은 미소시루라 한다.

시루모노 국물이 많은 요리

야키모노 구이 요리로 소금구이는 시오야키, 간장구이는 데리야키라 한다.

아게모노 튀김 요리로 덴푸라가 가장 유명하고 모토아게는 재료를 통으로 튀긴 것이다.

이타메모노 볶음 요리

니모노 조림 요리

무시모노 찜 요리로, 술로 찐 요리는 사케무시, 계란찜은 자왕무시라 한다.

스노모노 초회 요리

아에모노 무침 요리

히타시모노 데쳐 낸 채소에 간장을 뿌린 것이다.

무코즈케 사시미나 생채소처럼 날로 먹는 음식이다.

즈케모노 우메보시, 랏교, 다쿠앙 같은 절임 음식을 일컫는다. 미소 된장 절임은 미소즈케, 소금 절임은 시오즈케, 술지게미 절임은 가스즈케, 현미 겨 절임은 누카즈케, 누룩 절임은 고우지즈케라 부른다.

고노모노 야채를 미소에 절인 것이다.

오차즈케 녹차에 밥을 말아 먹는 간단한 음식으로, 김, 다시마, 가다랑이포, 생선 등을 함께 넣어 먹기도 한다.

돈부리 덮밥

고항 공기밥

사시미 생선회. 통사시미는 스가다 모리라 하며, 얇게 썰어낸 회는 우스츠구리라 한다.

스시 초밥. 노리마키는 김초밥, 니기리스시는 생선초밥, 하코스시는 상자 초밥이다.

몸과 마음, 정신까지 돌보는
여유로움

누구나 살면서 꼭 한 번쯤 가보고 싶은 곳이 있기 마련이다. 그곳은 따뜻하고 편안한 휴양도시일 수도 있고, 세련되고 문화적인 관광지일 수도 있다. 그런데 의외로 많은 젊은이가 인도를 꿈의 여행지로 손꼽는다. 예상 밖의 조사 결과였지만, 곰곰이 짚어보면 절로 고개가 끄덕여진다.

볼리우드(Bollywood) 영화와 떠오르는 IT 강국으로 유명한 인도는 사실 무척 복잡한 나라다. 다양한 인종이 모여 12억에 달하는 인구를 이루는데다 넓은 영토만큼이나 숭배하는 신도 많다. 공용어인 영어를 포함해 공식 언어만 20개에 달하며, 전 지역에서 사용되는 언어를 합치면 1,000개가 넘는다. 여전히 카스트제도의 잔재가 남아 다른 계급의 다양한 문화가 공존한다. 이러한 인도인이 한 나라에 모여 사는 것만으로도 신기할 따름이다.

인도에 갔다 온 이들의 태도가 둘로 나뉘는 것 또한 매우 신기하다. '반드시 다시 가고 싶다'는 반응과 '절대로 다시 가지 않겠다'고 외치는 매우 극단적인 대답이 나온다. 더러운 거리와 가난한 천민들, 정신없고 복잡한 나라지만 막상 그 속에서 생활하는 사람들은 그들 나름의 규율을 가지고 행복하게 살아간다. 그렇다면 항상 "I am happy"라고 말하는 인도 사람들의 행복 비결은 무엇일까?

15세기, 아니 그보다 훨씬 전부터 유럽인에게는 인도에 대한 무한한 갈망이 있었다. 그래서 인도로 향하는 탐험대 행렬은 끊이지 않았다. 하지만 인도는 그 모습을 쉽게 드러내지 않았다. 그 대신 아메리카 대륙과 아프리카의 희망봉이 발견됐다. 이후에도 스페인, 포르투갈, 네덜란드, 이탈리아, 영국, 프랑스 등 유럽 여러 나라에는 인도에 대한 막연한 꿈 있었다.

그들이 그토록 인도를 탐한 이유는 이국적이며 색다른 나라에 대한 호기심 때문만은 아니었다. 당연히 영토 확장이니 천연 자원 보급이니 하는 정치적·경제적인 요인이 더 컸겠지만, 그 당시 대부분의 유럽인은 인도에 묘한 설렘을 갖고 있었고, 인도의 자연에서 얻을 수 있는 향신료(Spices)에도 욕심을 품었다. 급기야 인도는 18세기 유럽 여러 열강의 식민지 주도권 경쟁의 희생양이 되어 결국 영국의 오랜 통치를 받게 되었다. 그럼에도 인도는 여전히 그들만의 고유한 색을 잃지 않았다.

인더스 문명지는 서양의 이집트와 메소포타미아 문명, 동양의 황하 문명과 더불어 4대 문명 발상지로 과거의 찬란했던 영광과 문화적 가치는 지금까지도 인도인에게 영향을 미친다. 동양과 서양 그리고 중동을 모두 아우르는 지역적 위치, 그로써 형성된 다양한 생활 습관과 음식 문화는 개성 넘치는 인도만의 특색으로 남았다. 더군다나 세계 7위인 광활한 영토는 눈 덮인 히말라야 산맥에서부터 타르 사막, 갠지스 강과 인더스 강 주변의 대평야, 울창한 숲의 고원에 이르기까지 다양한 지리적 조건을 품고 있다. 그러다보니 지역마다 매우 판이한 생활 식상을 보여준다.

음식 문화도 마찬가지다. 인도가 이렇게 각각의 개성을 지닌 다양하고 복잡한 곳이라 하더라도 사람들의 마음을 편안하게 해주는 중심점이 있다. 바로 종교와 음식이다. '정신을 풍요롭게 하는 종교를 통해 몸과 마음을 치유하고, 음식을 통해 영혼을 맑게 한다', 이것이 바로 아유르베다(Ayurveda) 정신이다. 아유르베다는 인도 의학의 기본 바탕이자 그들의 식습관을 규정하는 하나의 문화로 생활 속에 뿌리 깊게 자리 잡고 있다. 고대 아유르베다인의 속담에 "식사법이 잘못되었다면 약이 소용없고, 식사법이 옳다면 약이 필요 없다"라는 말이 있을 정도로 인도인은 식습관을 중시한다. 올바른 식습관, 절제된 음식 섭취, 숙면과 바른 성 생활 등을 행하며 아유르베다 정신에서 가장 강조하는 조화로운 밸런스를 몸소 실천한다.

아유르베다는 역사가 5,000년이나 된, 세계에서 가장 오래된 인도 의학이다. 산스크리트어로 지혜로운 생명을 의미하는데, 처음에는 질병을 완화하고 원기를 회복하며 정신과 영혼을 맑게 하기 위한 목적으로 등장했다. 오늘날에는 의학뿐만 아니라 심신수양이나 미용 관리에도 널리 이용된다. 불교에 근거를 둔 한의학에서 강조하는 "약과 음식은 근원이 동일하다"라는 의미의 약식동원(藥食同源)과도 일맥상통한다.

한의학과 아유르베다는 자연의 질서에 따라 생활해야 몸과 마음이 조화롭게 균형을 유지할 수 있다는 원리 아래 올바른 음식으로 사람을 치유한다는 공통점을 지닌다. 건강을 유지하기 위해서 자연과 완벽하게 조화되는 생활보다 더 좋은 방법은 없다. 자연과의 조화로운 생활이란 결국 스스로 자연과 조화롭게 살면서 말하고 행동하는 것을 의미한다.

인도인이 자연과의 조화로운 삶에서 가장 중시하는 것은 식습관이다. 특히 천연 재료인 향신료 사용에 중점을 둔다. 건강을 위해 특별히 어떤 보양식을 챙겨 먹기보다는 향신료로 몸과 마음 그리고 정신까지도 보살핀다.

향신료, 즉 스파이스는 주로 열대지방에서 많이 난다. 나무에서 얻는 열매, 씨앗, 뿌리, 껍질, 꽃술 등 향이 나는 자연물이 모두 포함된다. 잎은 허브(Herb)라 하는데, 허브는 향신료와 거의 같은 역할을 하지만 확연하게 구분해야한다. 허브를 포함한 향신료는 각각 따로 사용하기도 하지만 궁합이 맞는 것끼리 섞어 사용하기도 한다.

허브는 요리할 때 향미를 돋우고, 음식을 오래 보관할 수 있도록 해줄 뿐 아니라 소독 효과가 있고 방부제를 대신하며 소화를 돕기 때문에 음식이자 약으로도 사랑받는다. 감기에 걸렸을 때는 끓인 물에 고수를 넣어 차처럼 마시고 각종 향신료에서 추출한 오일로 아픈 곳을 마사지하기도 한다. 또 십여 가지의 향신료와 허브를 섞어 만든 천연 조미료인 가람 마살라(Garam Masala)는 여러 요리에 다양하게 쓰이는 한편, 만병통치약으로 여기는데, 배가 아플 때 우유를 탄 차에 가람 마살라를 넣어 마시면 효과 만점이다. 근래에는 우리나라에서도 마살라

차이(Masala Chai: 마살라 티)가 인기리에 판매되고 있다.

인도는 세계 향신료 총생산량의 90%를 생산할 정도로 향신료 강대국이다. 인도인이 음식에 사용하는 향신료의 종류도 무척 많은데, 향신료는 인도 음식의 영혼이라 할 정도로 인도 요리에서 빼놓을 수 없는 재료이자 음식이다. 향신료는 고대에서부터 음식뿐 아니라 종교 의식이나 주술, 방향제와 방부제 등으로도 널리 사용해왔는데, 오늘날에도 그 인기는 사그라들 줄 모른다. 향긋하고 달콤하며 톡 쏘는 듯한 날카로움이 느껴지고, 매콤하고 자극적이지만 그윽하게 다가오는 향신료에는 강함과 부드러움이 공존한다. 마치 변화무쌍한 만화경(萬華鏡)을 들여다보는 것 같다.

인도에서 유래했거나 인도를 대표하는 향신료는 꽤 많지만, 그중 후추는 으뜸으로 꼽힌다. 후추는 인도 남서부 말라바르 해안에서 주로 재배되는 열매인 페퍼콘(Peppercorns)을 통으로 사용하거나 가루를 내서 사용한다. 소금과 함께 세계에서 가장 많이 쓰이는 향신료로 '향신료의 왕'이라 불린다. 후추는 요리 전과 후는 물론이고 요리하는 중간에도 어느 때나 사용할 수 있는 유일한 향신료다. 고대에는 미라 보존을 위한 방부제로 사용했으며, 중세에는 무역 전쟁의 원인이 되기도 했다. 식민 전쟁을 초래한 결정적인 원인도 바로 후추다. 무역에 없어서는 안 될 주요 물품이자, 한때 화폐로도 사용될 만큼 상품 가치가 높아서 '검은 황금(Black Gold)'이라 불리기도 했다.

후추는 말레이시아, 인도네시아, 베트남 등지에서도 생산되는 후추가 가장 질이 좋다. 특히 말라바르의 텔리체리(Tellicherry 또는 탈라셰리 Thalassery) 산에서 재배한 것 중 상위 10%에 속하는 가장 잘 익은 통후추를 세계 최상급으로 친다. 후추는 수확 후 가공방법에 따라 다양한 색을 띤다. 검정 통후추는 덜 익은 열매를 따서 햇볕에 바짝 말릴 때 색이 변한 것이고, 하얀 통후추는 겉껍질을 벗겨내서 햇볕에 말린 것이다. 또 초록색과 빨간색, 오렌지색 통후추도 생산되는데, 색깔과 크기뿐 아니라 맛과 향에서도 차이가 난다.

후추에 버금가는 또 하나의 향신료는 시나몬(Cinnamon), 즉 계피다. 인도 남부와 스리랑카가 고향인 계피는 성경에 등장하며, 고대 문헌에 산스크리트어로도 적혀 있을 만큼 오래된 향신료다. 계피는 어린 나무의 연한 껍질을 벗겨 궐련처럼 말아 쓰거나 가루를 내서 사용한다. 얇고 부드러운 갈색이 골고루 퍼져 있는 것이 정품이며 색이 연할수록 양질에 속한다. 계피는 아열대 기후 지역, 특히 바다 근처에서 재배된 것이 상급이다.

계피는 달콤하면서 톡 쏘는 듯한 향이 나며 몸을 따뜻하게 하는 성분이 있어 겨울에 더 많이 사용된다. 특히 생강과 함께 섭취하면 감기 예방과 치료에 도움이 되므로 건강 음료를 만들 때 종종 쓰인다. 또 고기, 과일과도 잘 어울리며 술, 디저트 등에도 사용되는 등 범위가 매우 넓은 향신료다. 우리나라와 중국에서는 카시아(Cassia)를 계피로 종종 사용하는데 카시아는 시나몬보다 두껍고 덜 미세하며 향이 훨씬 강하다. 그 밖에 인도 요리에 흔히 사용하는 향신료와 허브는 엄청 많으며 배율과 혼합에 따라 각각 특색이 달라지면서 더욱 다양한 맛과 향을 보여준다.

인도 요리도 향신료 종류만큼 다양하다. 향신료의 균형적인 배합이 중요한 것처럼 인도 요리를 할 때 음식 재료끼리의 조화도 무시할 수 없다. 인도 음식은 여섯 가지 맛으로 구분하는데, 단맛, 짠맛, 신맛, 쓴 맛, 매운맛, 톡 쏘는 듯한 상큼한 맛이 서로 조화를 이루는 것이 제대로 된 맛이다. 배합과 조화를 중시하지만 그리 엄격하지는 않으며, 매우 융통성 있는 자유로운 모습을 보인다. 처트니(Chutneys)나 피클, 커리(Curry) 같은 컨디먼츠(Condiments: 양념과 소스가 되는 밑반찬 종류)를 더해 먹음으로써 주 요리에 향과 맛 그리고 텍스처를 높이면서 조화로운 균형을 맞추는 경향을 띤다.

음식 재료와 향신료를 선택할 때 특별한 기준은 없지만 지방마다 고유한 요리법이 있으며 지형의 영향을 받는다. 반면 힌두교도와 독실한 불교 신자에게는 소고기가, 회교도에게는 돼지고기가 금기시 되며, 매우 엄격한 채식 위주 식단은 남부 지역 일부에서만 지켜진다. 지역마다 독특한 음식 문화가 퍼져 있지만, 인도 음식은 크게는 두 지역으로 나눠 살펴볼 수 있다.

파키스탄을 포함한 북부 지역 음식은 중동과 중앙아시아 같은 무굴(Mughal) 스타일로 잡곡과 빵 위주이며, 고기를 주로 먹고 많은 향신료를 사용하는 것이 특징이다. 스리랑카를 포함한 남부 음식은 쌀이 주식이며 커리가 다양하고 다소 매운 것이 특징이다. 채식을 주로 하는 남부 사람들은 대체로 손으로 식사하는 데 반해 북부 사람들은 포크와 숟가락 등 집기를 사용한다. 수많은 민족이 살다보니 인도에는 지역 특산 요리가 많고 다양하다.

또 오랫동안 영국의 통치를 받아서인지 서로 음식 문화를 주고받은 흔적도 찾아볼 수 있다. 인도인이 컨디먼츠를 첨가해 식사하는 방법을 영국인에게서 받아들였다면, 영국인은 감자튀김인 영국식 칩스(Chips)

를 커리에 찍어 먹는 것을 받아들였다. 프랑스, 중국, 이탈리아 요리와 함께 세계 4대 요리로 꼽히는 인도 요리는 영국은 물론이고 동남아시아와 카리브 해 근방의 나라들에게도 영향을 미쳤다.

우리나라에서는 인도 음식 하면 흔히 커리를 떠올리지만 사실 인도에는 커리가 존재하지 않는다. 커리란 향신료를 넣은 인도 음식을 영국인이 총칭해 붙인 이름이다. 수십 가지 향신료를 배합해 무수히 많은 요리를 만들어내는데, 주요 음식 재료나 지역 이름 또는 향신료에 따라 각기 다른 이름이 붙는다. 이때 만들어지는 대부분의 요리에서 카리 푸타(Kari Putha)라 불리는 커리 나뭇잎 향이 나기에 '커리'라는 명칭이 나온 것이다.

인도인은 대체로 향신료를 요리에 넣기 직전에 갈아서 쓰는 방법으로 신선한 향을 낸다. 인도 요리를 즐기는 다른 나라 사람들이나 인도의 대도시에 사는 젊은 층은 갈아서 파는 시판용 향신 배합을 쓰기도 하지만 일반 가정에서는 작은 절구나 향신료 전용 믹서를 사용해 요리법에 따라 다양한 향신 배합을 만든다. 인도를 돌아다니거나 인도인이 주로 거주하는 다른 나라의 거리를 가보면, 저절로 식욕이 생길 만큼 맛난 향신료 냄새가 강렬하게 풍긴다.

인도인의 건강한 삶이 향신료의 조화로 이어진다면 그들의 행복한 정신은 음식을 나누는 마음에서 비롯된다. 종교 의식도 많지만, 기념일과 축제가 유난히 잦은 인도인은 행복과 슬픔을 가족과 친지 그리고 친구들과 나누기를 좋아한다. 화려한 장식과 꽃으로 집 안팎을 꾸미고, 다양한 음식을 정성껏 많이 준비해 나눠 먹는 행동 하나하나가 관용과 자비를 베푸는 마음에서 시작되었으며, 이것이 바로 미덕이자 생활 자체라 여기기 때문이다. 인도의 아버지로 여겨지는 간디는 "행복은 생각과 말 그리고 행동이 조화를 이룰 때 얻는 것이다"라고 했다. 그의 말처럼 인도인은 대부분 음식 문화를 온몸과 마음으로 담아내기에 조화를 이룰 수 있는 것 같다. 이러한 이유로 우리는 '인크레더블 인디아(Incredible India)'의 매력에 빠지는 것이 아닐까?

1. 인도의 대표 음식

탈리(Thali) 우리나라의 식판과 비슷한 식사
형태이자 음식을 일컫는다. 구분되어 있는
칸에 밥이나 빵, 달이나 야채, 커리 등 여러
가지 요리를 각각의 그릇에 담아 먹는다. 특
히 점심에 인기 있는 세트 메뉴다.

탄두리(Tandoori) 인도 북서부와 파키스탄
의 대표 음식으로, 점토로 만든 오븐에서 굽

탄두리 치킨

는 요리를 일컫는다. 닭, 양, 생선과 야채 등을 향신료와 요거트를 섞어 재
운 다음 구워 낸다. 맵지도 않고 BBQ이기에 개운하고 담백하다.

비리아니(Biryani) 모굴 스타일의 요리로 향신료와 견과류, 말린 과일을 쌀
과 함께 볶듯이 익히는 음식이다. 일반적으로 닭이나 양을 넣어 만들며, 향
신료나 허브잎이 꽤 많이 들어 있다.

풀라오(Pulao) 향신료만 조금 들어간 간단한 비리아니다. 커리 같은 소스가
있는 음식과 함께 먹는다.

바스마티 라이스(Basmati Rice) 인도 북부에서 자라는 쌀로 지은 밥이다. 색
이 약간 노랗고 그윽한 꽃향기가 풍긴다. 쌀이 얇고 길며 점성이 적어 국물
을 넣어 먹기에 좋다.

차파티(Chapatti) 가장 간단한 빵으로 밀가루에 물만 넣어 반죽해 팬에서 구

난

운 것을 말한다.

로티(Roti) 인도의 빵을 총칭하지만 특히 밀가루에 물을 넣고 반죽한 것을 강철로 만든 뜨거운 타바(Tawa) 팬에서 구운 것을 말한다. 글루텐이 잘 형성될 수 있도록 반죽을 잘하는 것이 관건이다.

파라타(Paratha) 로티에 버터나 기(Ghee: 인도 정제 버터)를 넣어 풍미를 더한 것이다.

난(Naan) 세계적으로 가장 유명한 인도의 빵이다. 탄두리 화덕에서 구워 담백하며, 인도의 것은 길게 꼬리 모양이 있고, 파키스탄의 것은 두껍고 소다 맛이 강하다.

도사(Dosa) 인도 남부에서 발달되었지만 인도 전역에서 즐기는 빵으로 쌀과 검은 녹두를 갈아 만든다. 커리를 넣어 만든 야채를 싸서 간식으로 먹는 인기 음식이다.

파파돔(Papadom) 녹두가루로 만든 얇고 바삭한 빵으로 향신료를 섞어 굽거나 튀겨낸다. 식사 전에 처트니와 함께 식욕을 돋우기 위해 먹는다.

카초리(Kachori) 속을 채워 기름에 튀긴 빵이다.

팔락 파니르(Palak Panner) 시금치와 코티지치즈를 넣어 만든 요리로, 은은한 향의 부드러운 채식 요리다. 초록 색감을 띤다. 요즘 우리나라에서도 인기를 끌고 있다.

알루 고비(Aloo Gobhi) 감자와 콜리플라워에 가람 마살라를 넣어 만든 요리다.

로간 조슈(Rogan Josh) 카슈미르 지역에서 유래한 북부 요리이지만 세계직으로도 잘 알려져 있다. 커리향이 강한 양고기 요리다.

빈달루(Vindaloo) 서부 고안 지방의 유명한 요리로, 보통 돼지고기를 사용하지만 양고기나 닭고기로 대체하기도 한다. 매우 매운맛이 특징이다.

팔(Phaal) 인도의 전통 음식은 아니고, 영국에 이민 온 인도 사람들이 개발한 커리다. 빈달루보다 몇 배나 더 강하고 세계에서 가장 매운맛으로 악명이 높다.

코르마(Korma) 요거트와 크림을 넣고 만들어서 순하고 부드러운 커리 종류다.

봄베이 덕(Bombay Duck) 이름만 들으면 오리 요리 같지만 실제로는 물고기 요리다. 말린 생선 커리라고 보면 된다.

티카(Tikka) 인도어로 티카는 작은 조각의 고기를 뜻하는데, 일반적으로 닭으로 요리한다. 향신료에 재워 야채와 함께 꼬치에 끼워 탄두리에서 구워낸다. 티카 마살라는 영국에서 고안된 커리 요리다.

사모사(Samosa) 커리에 감자, 완두콩 등의 야채로 속을 채워 튀긴 페이스트리다. 매우 인기 있는 간식이자 전식 요리다.

바지(Bajji) 양파와 야채를 채 썰어 튀긴 요리다. 사모사처럼 간식이나 에피타이저로 먹는다.

달(Daal) 여러 종류의 콩으로 만든 수프 형태의 요리다. 녹두를 주로 사용하며 부드럽고 풍부하면서 전혀 맵지 않아 쉽게 즐기는 채식 음식이다.

코프타(Kofta) 녹두가루 반죽을 향신료와 함께 둥글게 빚어 기름에 튀긴 채식 요리로, 다진 양고기를 넣어 만들기도 한다.

벨푸리(Bhelpuri) 수레에 놓고 파는 야식용 간식이다. 다양한 야채를 넣은 쌀 요리로 새콤한 타마린드 소스와 함께 즐긴다. 인도 여러 도시에서 볼 수 있다.

차나(Chana) 향신료를 넣고 요리한 병아리콩으로, 부풀어 오른 모양의 퓨리(Puris)빵과 함께 먹는다. 길거리에서 아침식사나 간식으로 주로 먹는다.

굴랍 자문(Gulab Jamun) 요거트와 아몬드가루를 밀과 섞어 반죽한 도넛으로 매우 단 설탕 시럽에 절여 낸다.

사모사

쿨피(Kulfi) 아이스크림과 요거트의 중간 형태로 얼려 먹는 디저트다.

라스굴라스(Rasgullas) 장미향 시럽을 넣은 크림치즈 디저트로 작은 공처럼 동그랗게 만들어서 낸다.

바르피(Barfi) 우유를 끓여서 물기를 없애고 아몬드, 피스타치오, 코코넛 등을 넣어 만든 우유 푸딩이다.

파야삼(Payasam) 우유에 설탕, 캐슈너트, 곡류를 넣고 끓여 만든 푸딩으로 건포도로 장식해서 내놓는다.

키르(Kheer) 우유와 말린 과일을 넣은 인도의 대표적인 쌀 푸딩이다.

피르니(Firnee) 아몬드, 피스타치오, 건포도를 넣고 쌀과 우유로 끓여 낸 푸딩이다.

치브라(Cheewra) 말린 과일과 잡곡을 섞고 아위가루와 다른 향신료를 넣어 만든 인도의 유명한 과자다.

이마르티(Imarti) 녹두가루를 개서 만든 반죽을 튀긴 디저트다. 설탕 시럽에 재워 먹는데 매우 달며 오렌지색이다.

할바(Halwa) 통밀 빻은 것을 물에 끓인 뒤 견과류와 설탕을 첨가해 빚어낸 끈적거리고 단 디저트다.

마살라 차이(Masala Chai) 카다몸, 정향 등의 향신료를 넣고 우유와 함께 끓인 대표적인 인도 차이다. 하루에 여러 잔을 마신다.

라시(Lassi) 시원하게 마시는 요거트 음료로 소금을 넣거나 과일을 넣어 달게 마신다.

샤르밧(Sharbat) 과일이나 꽃잎으로 만든 시원하고 달콤한 음료수다. 농축된 형태로 떠먹기도 하고, 물을 섞어 마시기도 하는 인기 음료다.

판(Paan) 소화를 도우며 입냄새를 제거하기 위해 식사가 끝난 뒤 씹는 것을 의미한다. 향신료나 베텔(betel)나무 잎을 사용한다.

술(Alcohol) 물이 비싸고, 종교적인 이유 때문에 가격은 비싼 편이다. 그럼에도 맛있는 인도 맥주가 많은 편이며, 독주는 그리 많지 않다. 세계적인 브랜드는 다 있다.

2. 인도의 대표 향신료

아위(Asafoetida) 파슬리과 나무에서 얻는 천연 수지로, '악마의 분뇨'라는 별명이 있다. 대부분 가루 형태를 띠며 톡 쏘는 강한 향이 있다. 주로 콩이나 녹두 요리에 넣는데, 송로버섯이나 구운 마늘향이 난다. 생선이나 야채를 요리할 때는 기름에 아위 가루를 조금 넣어 먼저 향을 낸다. 소화를 돕는 효과가 있다.

바질

바질(Basil) 인도에서 유래했고 힌두교에서 신성시하는 허브로, 소화제 같은 약용으로 많이 쓴다. 특히 마른 잎은 아니스 씨앗의 알싸한 향을 내뿜는다. 차에 넣어 마시면 진정 효과가 있으며, 마늘과 토마토 같은 야채와 궁합이 잘 맞아서 이탈리아 사람들에게 더 큰 사랑을 받는다.

월계수잎(Bay leaf) 지중해 동부에서 토착화된 허브다. 항상 초록을 잃지 않는 특성상 고대에서는 명예와 영광, 용맹을 상징했고, 영웅, 학자 등 공을 세운 이들에게 월계수관을 만들어 머리에 얹어줬다. 주술에 사용했으며 미신적인 의미도 있다. 하급의 후추향이 나며 소스나 스튜, 육수 등 국물을 낼 때 많이 넣는데, 잎이 두껍고 단단해서 잎을 먹기는 힘들다. 진한 초록색을 띤 큰 잎사귀가 좋은 것이며 말린 것도 많이 사용한다.

캐러웨이 씨(Caraway Seed) 말린 씨앗을 주로 사용하며 톡 쏘는 듯한 깨끗한 향이 난다. 빵을 구울 때 많이 뿌린다. 기름은 술, 향수, 구강 청정제에 쓰이는데 소화흡수를 돕는다.

카르다몸(Cardamom) 생강과에 속하며 덜 익은 열매를 따서 말린 것으로 인도 남부와 스리랑카가 원산지다. 향신료의 여왕이라 불리며 몸을 식혀주는 효과가 있다. 씨앗을 씹으면 알코올 냄새가 풍기고 감귤류와 박하, 꽃내음이 강하게 나며 정력제로 익히 알려져 있다. 청정 효과가 있으며 레몬 같은 시원한 맛이 있다.

계피(Cinnamon) 스리랑카가 원산지인 계피는 오래된 향신료다. 어린 나무의 연한 껍질을 벗겨 궐련처럼 말아 쓰거나 가루를 내서 사용한다. 얇고 부드러운 갈색이 골고루 퍼져 있는 것이 정품이며 색이 연할수록 양질에 속한다. 고기, 과일, 술, 디저트 등 사용 범위가 넓다. 특히 달콤하면서 몸을 따뜻하게 하는 성분이 들어 있어 감기에 좋은 음료에 주로 사용된다. 생강과 궁합이 잘 맞는다.

고추(Chilies) 중남미에서 유래한 매운 야채이자 허브다. 향과 매운 정도가 천차만별이어서 종류가 200가지 정도 된다. 캡사이신(Capsaicin)이라는 성분이 들어 있어 통각에 자극을 주어 식욕을 돋운다.

정향(Clove) 향신료의 섬 인도네시아에서 유래했으며 모양은 못처럼 생겼다. 후추, 육두구, 계피와 함께 식민 전쟁을 일으킬 만큼 유럽에서 탐냈던 향신료다. 주 생산지인 인도네시아에서는 정향을 넣은 담배도 만드는데, 향이 매우 독특하다. 고대 중국에서는 황제를 알현하기 전에 관료들이 정향을 입에 물어 입냄새를 없애기도 했다. 달고 강하며 톡 쏘는 향이 있다. 우스터(Worcestershire) 소스나 돼지고기에 사용하며 디저트와 술 등 음료를 만들 때도 쓰이지만 너무 많이 넣으면 음식 재료 본연의 향을 잃게 한다.

고수잎(Coriander Leaf) 중국 파슬리(Chinese Parsley)라고도 하며 미국 대륙에서는 실란트로(Cilantro)라고 한다. 톡 쏘는 강한 향과 진드기가 있는 것 같은 꿉꿉한 냄새가 있어 싫어하는 이들도 적지 않다. 하지만 한 번 맛들이면 중독될 정도로 매력이 있다.

고수씨(Coriander Seed) 잎보다 강한 향은 덜하며 탄 듯한 오렌지향이 은은히 풍긴다. 씨앗은 아시아 요리, 특히 인도 커리에 아주 중요하다. 흠이 없이 고른 크기에 연한 갈색을 띤 것이 양질이다.

큐민(Cumin) 중동에서 유래했으며 우산처럼 생긴 식물에서 추출한 씨앗으로, 북부 아프리카, 인도, 중동, 멕시코 요리에서 흔히 사용한다. 매운맛은 없지만 매콤한 요리에 강한 향을 돋우는 성분이 있으며 씁쓸하고 향이 깊으면서 따뜻한 향신료다. 로마인은 후추 대신 사용했으며 13세기 영국에서 특히 사랑을 받아 관세가 붙기도 했다. 노란색이 도는 갈색으로 가루를 내면 꿉꿉한 향이 짙어진다.

커리가루(Curry Powder) 요리하기 편하도록 향신료들
을 배합하여 갈아놓은 가루로, 여러 종류가 시판되
고 있다. 향이 우리에게 친숙하며 인도뿐 아니라
세계 여러 나라에서 인기가 있다.

회향씨(Fennel Seed) 달고 시원한 향을 지닌 향신
료로 작은 타원형에 연녹색에서 갈색이 도는 노란
색을 띤다. 인도나 이집트 등지에서 종종 사용되며 생

커리가루

선 요리나 커리가루의 주재료다. 중세기에는 악령을 물리치기 위해 문에
걸어두기도 했으며 그리스의 운동선수들은 체중 감량과 체력 강화를 위해
섭취했다. 힌두교도와 불교도는 뱀에 물렸거나 전갈에 쏘였을 때 치료제로
사용했다. 지금도 인도인들은 식사가 끝나면 소화제와 구강청결제로 씹어
먹는다.

가람 마살라(Garam Masala) 여러 향신료를 섞어 갈아놓은 천연 조미료다.
요리하는 사람이나 지역에 따라 배합이 다르며 조리법에 따라 다른 향신료
를 섞기도 한다.

마늘(Garlic) 백합과의 일종으로 파와 양파 등도 이 부류에 속한다. 향이 강
하지만 힘을 돋워주고 독성을 없애는 성분이 들어 있어 세계적으로 사랑받
는다. 혈압을 낮춰주고 호흡 곤란을 극복하는 데 도움이 되며 두통이나 상
처를 소독하는 데도 좋다. 불에 익히면 맛과 향이 순해진다.

생강(Ginger) 섬유질이 많고 따뜻하며 달콤하고 톡 쏘는 향이 있어 감기나
멀미, 소화불량에 좋다. 유럽에서는 과자나 케이크, 음료에 주로 사용하고
동양에서는 다양한 요리에 골고루 쓴다.

카리잎(Kari leaves) 오렌지과에 속하는 작고 회색빛을 띤 초록 잎사귀다.
열과 수분에 따라 향이 나오며 인도 요리에서 많이 사용한다. 먼저 기름에
볶아 향을 내거나 국물 요리에 향을 돋우기 위해 사용한 다음, 먹기 전에 빼
낸다.

망고가루(Mango Powder) 덜 익은 망고를 갈아 만들어서 신맛이 매우 강하

며 끝맛은 달다. 인도의 망고 처트니의 주재료이자 야채나 수프, 디저트에도 사용한다. 타마린드, 라임이나 레몬 대신 사용하기도 한다.

민트(Mint) 종류가 매우 다양하지만 식용으로는 특히 스피어민트(spearmint)와 페퍼민트(peppermint), 애플민트(applemint)가 대표적이다. 알싸하고 시원하면서도 달콤한 향내가 나므로 노린내를 없애는 데 쓴다. 여러 요리에 사용하지만 유난히 양고기와 잘 맞는다. 미백 효과와 청정 효과가 있어 치약과 껌의 주재료로 쓰인다.

겨자씨(Mustard Seed) 흰색과 노란색, 갈색과 검은색으로 나뉘어 있다. 씨 자체는 향이 없지만 볶거나 으깨거나 더운 물에 넣으면 매운 향이 살아난다. 고대에는 관절염이나 류머티스의 고통을 덜어주는 의학용으로 사용했지만 인도에서는 빼놓을 수 없는 향신료로 쓰인다. 18세기 초, 미국에서 머스터드 파우더가 개발되면서 유럽 전역과 미국에서 가장 인기 있는 소스로 자리 잡게 되었다.

육두구(Nutmeg) 몰루카 섬, 즉 인도네시아에서 유래했고 서인도 제도에 위치한 카리브 해의 그레나다 섬도 너트맥 아일랜드로 알려져 있다. 씨는 너트맥이고 씨를 감싸고 있는 레이스처럼 생긴 껍질이 메이스(Mace)다. 육두구는 통째로 쓰거나 가루를 내서 사용하며 메이스는 보통 갈아서 쓴다. 더 강하고 단맛이 나는 육두구가 잘 알려져 있으며, 씨는 꽤 크고 선명한 빨간색인데 말리면 황금빛이 나는 갈색으로 변한다. 서양에서는 주로 디저트에, 인도와 아시아에서는 여러 요리에 사용한다.

양파(Onion) 매우 오래된 허브로, 허브라기보다는 야채로 세계에서 아주 많이 사용되는 식재료 중 하나다. 적양파, 하와이의 마우이 양파 등 여러 종류가 있지만 옐로 양파가 세계 생산량의 75%를 차지한다. 종류에 따라 매운맛과 향에 차이가 있지만 열을 가하면 달고 순해지는 경향이 있다.

양파씨(Onion Seed) 인도에서 자라는 양파 식물의 씨로, 불규칙한 모양에 작고 검은색을 띤다. 야채나 피클 종류를 만들 때 주로 사용한다.

오렌고(Oreango) 통후추와 아니스의 강한 향을 지녔으며 티몰 성분의 기름을 함유하고 있다. 마른 듯한 상큼함과 개운함이 허브 타임(Thyme)과 흡사한 향미를 풍긴다. 녹두, 야채, 고기 요리 등에 사용한다.

통후추(Peppercone) 세계 열강이 식민 전쟁을 벌일 정도로 탐냈던 최고의 향신료다. 소금과 함께 우리 식탁에서 빼놓을 수 없는 주요 양념으로 자리 잡았다. 현재 베트남과 다른 동남아시아에서 더 많이 생산하지만 인도 후추가 상급이다.

양귀비씨(Poppy Seed) 지중해, 터키, 이란 등 메소포타미아 문명 발상지와 인도, 중국처럼 아시아 문명 발상지에서 유래했지만 지금은 네덜란드와 캐나다가 주요 생산국이다. 검은색처럼 보이지만 사실은 남색이 도는 회색으로 고소한 견과류 맛이 난다. 유럽과 중동에서는 빵, 케이크, 쿠키 등에 뿌리며, 터키에서는 가루를 내 디저트에, 인도에서는 소스의 농도를 맞추는 데 주로 사용한다.

사프란(Saffron) 세계에서 가장 비싼 향신료로 특유의 꽃내음과 꿀향이 짙게 난다. 실고추 같은 모양으로 물에 타면 오렌지빛 진노란색으로 변한다. 스페인산이 가장 유명한데 특히 라만차 지방의 것을 양질로 꼽는다. 해산물과 쌀 요리에 잘 어울리며 은은한 향과 색을 낼 때 주로 사용한다. 인도에서는 비리아니(Biryani)라는 쌀 요리에 색과 향을 내기 위해 쓴다.

타마린드(Tamarind) 끈적거리는 반건조 상태의 갈색 깍지 식물로 레몬처럼 매우 신 향미가 있다. 사용하기 전에 물에 불리는데, 시원한 느낌을 주기 때문에 고기나 콩 요리, 처트니 등에 많이 사용한다.

강황(Turmeric) 생강과에 속하지만 매운맛은 없다. 인도 사프란이라고 할 만큼 짙은 오렌지색이 나며 모든 음식의 색을 내는 데 사용한다. 인도에서 결혼식을 할 때, 신부와 신랑의 팔과 얼굴에 물을 들여 황금을 상징하며, 화장품 역할도 한다. 위와 간에 좋아서 의약용으로 쓰이며 맛은 쌉쌀하고 흙이나 뿌리 냄새가 난다.

사프란

PART 02

과거와 현재, 미래가
어우러진 맛의 미학,
웨스턴 푸드

01 ITALY

사람들만큼이나 편안한 가정식 요리

식사시간의 편안한 분위기는 최상의 음식 재료와 최고의 요리 기술 못지않게 중요하다. 오죽하면 고대 그리스 우화 작가인 이솝이 "안심하며 먹는 빵 한 조각이 근심하며 먹는 만찬보다 더 낫다"라는 말을 남겼을까? 마음의 평온을 유지하며 식사할 때, 사람들은 그저 허기를 채우는 행위에서 벗어나 진정한 행복을 만끽할 수 있다. 음식을 즐기는 것과 먹는 것은 이런 점에서 확연히 구분된다.

지구상에서 음식을 제대로 즐기는 민족을 딱 하나만 꼽으라면 단연 이탈리아인이다. 이탈리아 인구의 대부분은 라틴계로 이루어져 있는데, 그 덕분에 선천적으로 활발하고 낙천적이며 느긋한 데다 솔직할 정도로 감정 표현을 잘 한다. 삶의 질적 수준이 세계 10위 안에 들 정도로 인생을 즐기는 데도 많은 시간을 보낸다. 그 중에서도 식사시간은 특히 중요하게 꼽힌다.

가족이나 친구들과 함께 식사할 때는 메뉴를 고르는 것만큼이나 중요하게 편안한 마음으로 즐겁게 대화하는 것에 신경을 쓴다. 편한 자세로 식탁 주위에 둘러앉아 시끌벅적하게 대화를 주고받는 그들의 식사시간은 언뜻 남을 배려하지 않는 듯하지만, 즐거움과 행복을 추구하는 그들의 삶의 태도를 단적으로 보여준다. 눈살을 찌푸리며 눈치를 주는 옆 테이블 사람들에게 와인을 한 잔 따라주며 말을 걸고는 금세 일행으로 만들어버리는 그들의 친화력은 이탈리아 음식에서도 고스란히 드러난다.

세계의 수많은 음식 중 사람들에게 제일 인기 있는 음식으로 꼽히는 것은 단연 이탈리아 음식이다. 맛도 보장할 수 있고 누구나 쉽게 접근할 수 있는데다 금세 좋아지는 편안하고 친숙한 요리이기 때문이다. 까다로운 프랑스 정찬은 아니지만 서양식 코스 요리를 즐길 수 있고, 동양 요리만큼 건강에도 좋을뿐더러 패스트푸드처럼 빠르게 만들 수도 있다. 가정에서 만들어 먹든 레스토랑에서 즐기든 남녀노소를 막론하고 접근하기 쉬운 요리로 사랑받는다.

이탈리아 음식의 역사는 기원전 4세기로 거슬러 올라갈 만큼 오래되었다. 하지만 우리에게 익숙한 음식으로 재탄생된 시점은 외국과의 교역으로 다양한 음식 재료가 들어온 18세기부터다. 로마 시대부터 뛰어난 음식 문화를 보여준 이탈리아 요리는 르네상스 시대에 이미 절정에 달했다. 유럽 대부분의 나라에도 큰 영향을 끼쳤다. 16세기에는 현재 서양요리의 최고봉임을 자랑하는 프랑스보다 훨씬 세련되고 발달된 음식 문화를 자랑하며 직접 전수하기도 했다.

이탈리아 요리의 발달 과정에서 메디치 가문은 빠지지 않고 등장한다. 13세기부터 17세기까지 피렌체를 통치한 권력자 집안인 메디치가는 예술과 문학, 건축 등을 장려해 르네상스에 지대한 공헌을 했다. 이 가문의 딸 카테리나 데 메디치는 프랑스 왕자 앙리 2세와 결혼하면서 디저트를 만드는 요리사를 포함해 수많은 요리사, 향수 제조인, 자수 공예인, 불꽃 제조인, 배우, 곡예사, 무용수 등 음식과 문화에 종사하는 수행인을 프랑스로 데려 갔다. 심지어 하이힐과 포크 사용법도 전달했다. 마르세유에서 열린 결혼 피로연에서는 그녀의 이탈리아 요리사들이 만든 그라니타(Granita: 이탈리아 빙과)를 선보였는데, 이 요리는 오늘날 프랑스를 대표하는 디저트인 소르베(Sorbet)로 자리 잡았다.

이탈리아는 이렇게 르네상스를 거쳐 18세기로 오면서 발달된 식탁 매너와 조리법을 간직하고 있었지만, 이탈리아 요리의 정수를 보여주는 다양한 음식 재료는 없었다. 18세기 중반이 되어서야 대표 식재료인 토마토를 비롯해 감자, 피망, 옥수수, 마늘, 오렌지 등이 이탈리아에 소개돼 풍요로운 식탁을 만들게 되었다.

이탈리아 음식의 특징은 다양하고 이채롭다. 이탈리아는 북쪽 끝에서 남쪽 끝까지 위도가 10도나 차이 날 만큼 남북으로 길게 뻗은 장화 모양이다. 1861년 통일을 이룰 때까지 국토가 여러 국가로 나뉘어 있었던 까닭에 "이탈리아 요리는 없고 향토 요리만 있을 뿐이다"라는 말이 있을 만큼 지방마다 특색이 뚜렷하다.

북쪽 지방은 버터와 쌀, 고기로 만든 요리가 발달했고, 남쪽 지방은 올리브유와 파스타, 해산물을 이용한 요리가 많다. 향토색 짙은 요리를 고집해 음식 자체는 전통성과 보수성이 담긴 가정 요리에 기본을 두고 있지만, 국경이 프랑스, 스위스, 오스트리아, 슬로베니아와 접해 있어 타국 요리의 영향도 무시할 수 없다. 가정 요리는 가족 중심의 식사 형태를 중시하는 그들의 생활에까지 이어졌다. 그들은 지금도 적어도 하루에 한 끼는 가족이 함께 식사하는 경우가 많다. 올리브유와 신선한 야채를 주로 이용하며 와인을 곁들이는 건강식 위주의 음식을 간편하고 빠른 조리법으로 만들어내는 것 역시 이탈리아 음식의 특징 중 하나다. 행복하고 편안한 마음으로 식사하는 태도도 빼놓을 수 없는 특징이다.

고집스러울 만큼 전통을 지키며 발달한 이탈리아의 향토 음식들은 놀랍게도 세계 곳곳에서 찾아볼 수 있다. 그들의 대표 음식인 피자는 이제 전 세계 패스트푸드의 대명사가 되었다. 피자가 가장 인기 있는 음식으로 국제적 명성을 얻은 데는 19세기 말부터 20세기 초반에 걸쳐 외국으로 간 이민자들의 영향이 크다. 이민자들 대부분은 경제 사정이 열악한 나폴리와 시칠리아 같은 남부 지역 출신이었는데, 이탈리아 통일 이후 파생된 정책 때문에 여러 나라로 옮겨 갈 수밖에 없었다.

이들은 특히 브라질과 아르헨티나 등의 남미와 미국에 많이 정착했다. 미국에서 새로운 삶을 시작한 이민자들은 주로 시카고, 뉴욕, 필라델피아, 보스턴, 마이애미 같은 동부 지역에 '리틀 이탈리아(little Italy)'를 조성했다. 리틀 이탈리아를 중심으로 이탈리아 음식 재료를 파는 상점들과 레스토랑이 생겨났으며, 미국식 피제리아 브랜드도 속속 문을 열면서 국제적인 프랜차이즈로 발을 넓히게 되었다.

영화 〈빅 나이트(Big Night)〉를 보면 이탈리아 이민자들이 미국에서 식당을 운영하며 사는 모습이 코믹하게 등장한다. 영화에는 미국인의 입맛을 사로잡으려고 새로운 요리법을 개발하며 어렵사리 살아가는 이탈리아 요리사와 지배인 형제의 이야기가 펼쳐진다. 가족 중심의 경영 방식과 고집스럽고 보수적인 그들의 마인드를 엿볼 수 있는 영화다.

이탈리아 사람들이 경영하는 레스토랑은 대부분 사람 냄새가 물씬 풍기는 정겨운 곳이다. 특유의 오픈 키친에서 음식을 만들면서 나는 소리와 와자하게 떠드는 그들의 표현 방식이 한층 더 친근감을 느끼게 한다.

20년 전쯤, 이탈리아를 여행할 때 훈훈한 경험을 한 일이 있다. 풍경에 심취해 운전하다 낯선 시골 마을에 이르게 되었다. 머물던 호텔까지 돌아가서 식사하기에는 너무 배가 고파 일단 그 마을에 있는 한 식당으로 들어갔다. 중년 부부가 운영하는 그 식당은 뒤뜰에 심어놓은 야채와 허브를 따서 요리를 만드는 깨끗하고 아담한 곳이었다. 여러 음식을 시켜 먹는 동안 주인은 친절하게 이런저런 설명을 해주었다. 비록 말은 잘 통하지 않았지만 농담까지 해가며 즐겁고 편안한 시간을 보냈다. 만난 지 몇 시간 되지 않았지만 반가운 친척이나 오랜 친구처럼 느껴질 정도로 정감이 갔다.

문제는 음식을 다 먹은 후 계산을 할 때쯤 생겼다. 현금이 부족해 카드로 결제를 하려 했으나 카드는 받지 않는다는 말에 난처하게 된 것이다. 그러자 주인 부부는 미소 띤 얼굴로 다음 날 아무 때나 돈을 가져오라고 했다. 차로 적어도 한 시간 이상 걸리는 다른 마을에 묵고 있는 관광객을 어떻게 믿고 그냥 가라고 하느냐며 담보라도 맡기겠다고 했다. 하지만 부부는 자신들의 음식을 맛있게 먹어준 우리 마음을 믿는다며 그냥 보내주었다.

다음 날, 돈을 가지고 다시 그 식당을 찾아갔고, 그 일은 우리에게 이탈리아에서의 소중한 추억과 함께 그 나라 사람들의 훈훈한 마음씨를 충분히 느낀 잊을 수 없는 일이 되었다. 유럽에서 살 때는 몇 년에 한 번씩 그 식당을 찾아가곤 했는데 지금은 그렇지 못해 안타깝다. 하지만 지금도 그 식당이 여러 사람에게 온정이 느껴지는 곳으로 기억되었으면 좋겠다.

무슨 일을 어떻게 하든, 어떤 곳에서 누구와 살든, 지구상에 있는 모든 사람은 자기만의 방식으로 각자의 삶을 꾸려 나간다. 누구나 한 번뿐인 인생에 이왕이면 즐겁고 여유롭게 살고 싶은 바람이 있다. 그리고 이 희망 사항은 어떤 자아를 갖느냐에 따라 실현 가능성이 달라진다. 좀 더 여유롭고 편안한 마음으로 다른 이들을 대할 때, 상대는 그 마음을 느끼고 따르게 된다. 이탈리아 사람들은 낙천적인 성격만큼이나 친화력 넘치는 그들의 요리 세계로 전 세계 사람들을 사로잡았다. 편안한 마음으로 말과 행동을 하면 주위 사람들 또한 그 마음을 느끼게 되고, 그 기운은 돌고 돌아 마지막에는 자신에게 되돌아온다. 그래서 유명한 정신과 의사이자 저자인 시오도어 아이작 루빈은 이렇게 말하지 않았던가. "행복은 입맞춤과 같다. 행복을 얻기 위해서는 누군가에게 행복을 주어야만 하기 때문이다."

1. 이탈리아의 대표 음식

피자(Pizza) 밀가루 반죽 위에 치즈와 토핑을 올려 구운 빵이다.

파스타(Pasta) 이탈리아 국수를 총칭한다.

리조토(Risotto) 와인이나 육수 등을 사용해 만든 쌀 요리다. 보통 치즈와 크림을 섞어 만든다. 파스타와 함께 메인 요리 전에 먹는 프리모 피아토(primo piatto)의 코스다. 재료와 소스에 따라 종류가 꽤 많다.

리조토

브루스케타(Bruschetta) 빵 위에 원하는 재료를 얹어 먹는 이탈리아식 오픈 샌드위치다. 에피타이저나 파티용 핑거 푸드로 즐긴다.

포카치아(Foccacia) 올리브유와 꽃소금, 로즈마리가 어우러진 스펀지 형태의 두꺼운 빵이다.

치아바타(Ciabatta) 크러스트가 바삭한 흰 빵으로, 보통 토스트 샌드위치인 파니니를 만들 때 사용한다.

인살라타 카프레제(Insalata Caprese) 바질잎으로 만든 페스토 소스의 모차렐라 치즈와 토마토 샐러드다.

프로슈토 에 멜로네(Prosciutto e melone) 멜론과 함께 먹는 생햄이다.

미네스트로네(Minestrone) 쌀이나 작은 파스타를 넣어 먹는 야채 수프다.

폴로 알라 카치아토라(Polo alla Cacciatora) 야채를 넣은 토마토소스 베이스의 닭 요리다.

오소 부코(Osso Buco) 송아지 정강이의 연골을 넣고 오래 조린 스튜다.

카르파치오(Carpaccio) 루콜라 잎사귀와 파르메지아노 치즈를 곁들인 이탈리아식 소고기 육회다. 생선회는 카르파치오 뒤에 생선을 의미하는 페세(pesce)가 붙는다.

티라미수(Tiramisu) 가장 유명한 이탈리아 디저트로 크림치즈와 커피를 넣어 만든다.

젤라토(Gelato) 이탈리아 아이스크림이다. 티라미수만큼 유명하다.

그라니타(Granita) 이탈리아식 셔벗이다.

세미프레도(Semifreddo) 휘핑크림을 얹은 아이스크림 케이크다.

파나 코타(Panna Cotta) 우유를 넣어 하트 모양으로 만드는 푸딩이다.

비스코티(Biscotti) 두 번 구운 쿠키로 보통 진한 커피를 찍어 먹는다.

파네토네(Panettone) 건포도, 레몬 껍질, 절인 오렌지 껍질을 넣고 구운 케이크로 명절이나 크리스마스에 주로 먹는다.

에스프레소(Espresso) 이탈리아인이 일상적으로 즐기는 진한 향미의 커피로 작은 잔에 마신다.

카푸치노(Cappuccino) 에스프레소에 우유와 우유 거품을 넣고 계피가루나 코코아가루를 뿌려 내는 커피다.

카페라테(Caffelatte) 에스프레소에 스팀한 우유를 넣은 것이다.

카페마키아토(CaffeMacchiato) 에스프레소에 우유를 넣고 무늬를 만들어 서빙한다. 요즘은 카페라테에도 무늬를 넣는 것이 유행이다.

2. 피자의 종류

피자의 기원은 고대 그리스에서 찾을 수 있지만 오늘날과 같은 형태의 피자는 이탈리아 남부 캄파냐 지방에 있는 나폴리에서 개발되었다. 피자를 만들 때 가장 중요한 소스인 토마토소스는 18세기 중반이 되어서야 첨가되었으며 그전까지는 치즈와 허브 정도만 넣어 구워 먹었다. 피자 전문 식당을 피제리아라고 하는데 최초의 피제리아는 1830년경에 나폴리에 생긴 안티카 피제리아 포르트 달바(Antica Pizzeria Port D'Alba)다. 피자는 재료, 지역, 개발된 사연 등에 따라 종류가 다양하면서도 매우 많다.

피자 마르게리타(Margherita) 이탈리아 여왕의 이름을 따서 만들었다. 이탈리아 국기색인 빨간색(토마토), 하얀색(모차렐라 치즈), 녹색(바질)이 주재료다.
피자 비안카(Bianca) 토마토소스 없이 페스토소스나 사워크림으로 만든다.
피자 나폴리타나(Napolitana) 토마토와 모차렐라 치즈, 바질과 파르마지아노 치즈, 올리브유가 토핑이다. 피자의 원조격이다.
피자 콰트로 포르마지오(Quattro Formaggio) 토마토는 물론이고 모차렐라 치즈 이외에 고르곤졸라, 폰티나, 리코타 같은 치즈가 네 가지 들어간다.
피자 콰트로 스타지오니(Quattro Stagioni) 사계절 피자로 토핑이 카프리치오사와 흡사하지만 피자를 네 등분하여 토핑을 구분한다.
피자 로마나(Romana) 토마토, 모차렐라 치즈, 안초비, 오레가노, 올리브유가 토핑이다.
피자 카프리치오사(Capricciosa) 토마토, 모차렐라 치즈, 버섯, 아티초코, 햄, 올리브와 올리브유를 넣는다. 때로는 생햄과 계란을 얹기도 한다.
피자 아이 프루티 디 마레(Frutti di mare) 해산물과 올리브를 넣은 피자다.
칼초네(Calzone) 반달 모양으로 접어 토마토소스, 모차렐라 치즈, 버섯과 햄, 때로는 계란을 넣어 구운 피자다.

3. 파스타의 종류

파스타는 아랍 지역이 기원이며 실크 로드를 통해 시칠리아와 중국 등으로 전해졌다. 시칠리아의 몇몇 파스타는 아직도 아랍의 영향을 받은 조리법으로 만든다는 점으로 미루어 볼 때, 이탈리아에서는 시칠리아 섬이 가장 오래된 파스타 원조 지역이다. 13세기에 무역 중심지인 제노아에 등장하면서 유럽 각국으로 소개되었다. 하지만 파스타 발전에 가장 크게 공헌한 지역은 피자의 본고장인 나폴리다. 중세에 나폴리에서 드라이 파스타가 개발되어 서민 음식으로 자리 잡았다. 18세기에는 라자냐처럼 고기를 넣는 파스타가 만들어지면서, 손으로 먹기 힘들었던 고충을 페르디난드 2세가 포크를 개발해 해결했다. 19세기 초·중반에는 제노아에 최초의 파스타 공장이 설립되고 토마토소스가 사용되기 시작했다. 파스타는 모든 이탈리아 국수를 총칭하는 말이며 그 종류는 수도 없이 많다. 간편한 서민의 대표 요리지만 파스타 모양에 따라 소스와 조리 시간, 먹는 방법이 다르기 때문에 알고 먹으면 파스타를 더 맛있게 즐길 수 있다.

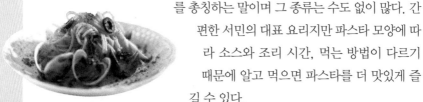
파스타

1) 긴 파스타: 가장 일반적인 올리브유 소스나 토마토소스가 맞는다.

스파게티(Spaghetti) 가장 일반적이고 보편화된 파스타로 세계에서 제일 많이 알려져 있다.

부카티니(Bucatini) 가운데에 구멍이 나 있는 두꺼운 스파게티로 파이프 관처럼 생겼다.

베르미첼리(Vermicelli) 매우 얇은 파스타다.

카펠리니(Capellini) 베르미첼리보다 더 가늘다.

2) 리본 모양 파스타: 파스타가 둥글게 말려 나오기 때문에 크림소스나 육수 베이스의 소스가 좋다.

라자니야(Lasagne) 넓고 긴 납작 파스타다. 속을 채워 넣고 켜켜이 쌓아 구워 먹는 것이 일반적이다.

링귀네(Linguine) 납작하게 편 파스타다.

페투치네(Fettuccine) 칼국수처럼 납작하고 넓은 편이다.

탈리아텔레(Tagliatelle) 페투치네보다 얇은 납작 파스타다.

파파르델레(Pappardelle) 2cm 정도로 굵은 파스타다.

3) 짧은 파스타: 장식 모양 파스타와 비슷하지만 좀 더 단순하다. 토마토
소스, 오일소스, 다양한 재료로 맛을 낸 소스가 어울린다.

푸실리(Fusilli) 꼬불꼬불하게 생겼고 일반적으로 3색으로 판매된다.

펜네(Penne) 펜이라는 뜻으로, 끝이 사선으로 뾰족한 관 모양이다.

리가토니(Rigatoni) 펜네보다 크고 곡선이 잡혀 있는 파스타다.

4) 장식 모양 파스타: 짧은 파스타와 마찬가지로 토마토소스, 오일소스,
다양한 재료로 맛을 낸 소스가 어울린다.

파르팔레(Farfale) 나비 모양이다.

피오리(Fioli) 꽃 모양이다.

콘킬리에(Conchiglie) 소라 모양이다.

오레키에테(Orecchiette) 작은 귀 모양이다.

로텔레(Rotelle) 작은 바퀴 모양이다.

5) 만두 형태 파스타: 고기나 해산물, 버섯 등의 다양한 속재료로 채웠기
때문에 소의 향미를 느끼기 위해 크림소스로 요리하는 것이 일반적이다.

라비올리(Ravioli) 가장 유명한 파스타로 만두처럼 속을 채워 만든다.

토르텔리니(Tortellini) 작고 둥글게 만 파스타다.

토르텔로니(Tortelloni) 토르텔리니보다 큰 파스타다.

6) 기타: 파스타라고 하기에는 불분명한 모양이거나 쌀알같이 작아 보통
수프나 샐러드에 넣는 파스타들이 있다.

뇨키(Gnocchi) 밀가루와 감자가루를 섞어 반죽한 작은 매듭 모양이다.

슈패츨(Spatzle) 작은 참새라는 뜻으로 수제비와 흡사하다. 독일과 오스트
리아 근접 지역에서 주로 먹는다.

세계 음식 문화의 바이블

영국 근대 철학의 창시자인 프랜시스 베이컨은 "느닷없이 떠오르는 습관이 가장 귀한 것이며, 보관해야 할 가치가 있는 것이다. 그러니 메모하는 습관을 갖자"라고 말했다. 사람은 각자 기억력의 한계가 다르다. 머리가 좋아 아이디어가 많고 모든 것을 다 기억해낸다고 자부해도, 시간이 오래 지나면 완벽한 기억력을 끄집어내기가 여간 힘들지 않다. 가령 커플끼리 예전 일을 놓고 말다툼을 하거나, 인간관계에서 잘잘못을 가려야 할 때는 일기를 쓰거나 메모하는 습관이 있는 쪽이 우세한 경우가 더 많다.

여러 사람을 상대해야 하는 직업을 가진 사람들은 시시비비를 가려야 하는 경우가 더 많기에, 메모의 중요성은 두말할 필요도 없이 훨씬 크다. 메모하는 습관은 원만한 인간관계를 형성하는 데도 도움을 준다.

거래처 손님이나 사업상 도움을 주고받아야 하는 누군가를 좀 더 세심하게 기억해 둠으로써 좋은 인상을 심어줄 수 있기 때문이다.

미식의 나라이자 서양음식에서 으뜸을 자랑하는 프랑스는 바로 이 메모하는 습관 덕분에 세계 음식 문화를 바꾸어놓게 되었다. 사실 프랑스는 유럽의 다른 나라들에 비해 뚜렷한 음식 문화를 보유하지는 못했다. 그런데 중세기부터 음식에 관한 여러 가지 기록을 요리사들이 집대성하면서 오늘날 세계 최고라는 찬사를 받게 된 것이다. 요리사들은 새롭게 개발한 아이템이나 잊지 말아야 할 중요한 아이디어를 메모하는 습관을 들여 음식 역사를 뒤집어놓음과 동시에 주방 시스템을 체계적으로 개선했다. 그래서 프랑스 음식을 논할 때면 으레 빠지지 않는 점이 바로 요리사들의 업적을 통한 음식 문화의 발달 과정이다. 훌륭하고 맛있는 요리를 만들어내기 이전에 먼저 기록하고 메모하는 습관을 만들어냈기에, 우리는 기쁨과 행복으로 가득한 프랑스 정찬을 만끽할 수 있게 되었다.

중세가 되기 전까지 프랑스 음식은 고기와 생선 심지어 야채까지도 소금에 절여 먹는 저장 음식이 주를 이루었다. 식탁에서는 매너를 찾아볼 수 없는 야만적인 문화였다. 하지만 넓은 영토와 훌륭한 자연 조건을 바탕으로, 다양하고 우수한 먹거리 재료를 얻을 수 있다는 점에서 운이 좋은 편이라고 할 수 있다. 환상적인 재료들 덕분에 시장이 발달하고 먹거리를 공급하는 재료 상과 장인들 사이에 길드(Guild: 같은 일에 종사하는 동업자들의 조합)가 생겨났다. 시장을 통제하는 길드 시스템은 고대에도 존재했지만, 중세에 더욱 발전해 프랑스 요리에 중요한 요소인 재료들을 관리하고 음식을 만드는 직업군의 체계에 영향을 미쳤다. 바로 이 시기에 프랑스 요리의 아버지 기욤 티렐이 등장했다.

타이유방이라는 예명으로 더 잘 알려진 기욤 티렐은 14세기에 백년 전쟁을 겪은 발루와 왕가 소속 요리사로 중세기와 그 이전의 레시피를 수집해놓은 『르 비앙디에르(Le Viandier)』라는 책을 편찬했다. 이 책은 중세기 음식 문화를 세밀하게 묘사해 음식 역사학자들에게 매우 중요한 자료가 됨과 동시에, 훗날 프랑스 요리책에 지대한 영향을 주었다. 그는 또한 보르도와 부르고뉴에서 생산하는 레드 와인의 사용에 주력해 이들 와인이 이 시기부터 왕가의 단골 와인으로 자리 잡을 수 있게 했다.

17세기에는, 아시아의 강한 허브와 향신료 대신 좀 더 자연적인 향미를 내는 자국의 허브와 향신료를 사용했고, 크림 같은 유제품도 이전에 비해 자유롭게 사용했다. 고기와 생선의 싱싱함이 그대로 살아있는 요리들이 등장하는가 하면, 오이, 완두콩, 아스파라거스, 콜리플라워 같은 야채들도 소개되었다. 이즈음 프랑수와 피에르 라 바렌느라는 요리사가 등장해 프랑스 요리법의 기초를 마련했다. 그는 『르 퀴지니에르 프랑수와(Le Cuisinier Francois)』라는 최초의 프랑스 요리책을 펴내면서 근대 프랑스 요리의 토대를 만들었고, 그전까지 프랑스 왕실에 혁신을 일으켰던 이탈리아 스타일 요리 방식을 무너뜨렸다. 또 조리 준비 과정을 체계적으로 정리해 문서화하고, 페이스트리 작업에도 많은 영향을 주는 등 프랑스 요리를 더욱 다채롭게 변모시켰다. 현재 프랑스 레시피의 기초가 되는 소스와 조리법도 그의 손으로 만들어졌다. 후세에 카렘이 완성한 오트 퀴진(정찬 코스로 즐기는 고급 프랑스 요리)의 초기 모습도 바렌느에게서 찾아볼 수 있다.

17세기 말부터 18세기 초, 바렌느의 뒤를 잇는 프랑수와 마시알로가 등장했다. 그는 레시피를 알파벳 순서에 맞게 정리한 요리책을 출간했는데 이 책은 최초의 요리 사전으로 알려져 있다. 그는 고기와 생선을 양념이나 밑간에 재우는 마리나드 방식을 전파했고 생선 육수에 와인을 첨가하는 새로운 기술을 보여주었다.

18세기 말부터 19세기는 '셰프들의 왕'으로 알려진 페이스트리 셰프, 마리-앙투완느 카렘(Marie-Antoinne Careme)이 사랑받은 시기였다. 그는 바렌느가 기초를 다진 오트 퀴진을 현대 방식으로 풀어낸 창시자로 프랑스 왕실뿐만 아니라 파리의 신흥 부유층에게도 가장 촉망받는 셰프이자 국제적으로도 유명한 최초의 세레브리티 셰프(Celebrity Chef: 세계적으로 명성이 있는 요리사)다. 그는 셰프의 상징인 토크(Toque: 하얀 셰프 모자)를 만들어냈고, 한꺼번에 요리가 나오는 서빙 방법을 메뉴에 적힌 순서대로 요리가 나오는 서빙 방법으로 변화시켰다. 그가 체계적으로 정리한 소스 분류법은 지금까지도 셰프들이 참고하는 방법이다. 요리 백과사전인 『라르 드 라 퀴진 프랑세즈(L'Art de la Cuisine Francaise)』에서는 수백 가지 조리법은 물론 프랑스 요리 역사와 메뉴 구상 방법, 주방 정리 정돈 지침, 심지어 호사스러운 테이블 세팅 방법에 이르기까지 모든 것을 정리해 프랑스 음식 역사에 큰 획을 그었다.

19세기 말부터 20세기 초에는 '셰프들의 제왕'이자 '현대 프랑스 요리의 아버지'로 칭송받는 조르주 오귀스트 에스코피에가 새로운 역사를 다시 시작한다. 그는 모던 오트 퀴진과 현재의 주방 시스템을 재정리함으로써 프랑스 요리계의 핵심인물이 되었고, 호텔 레스토랑 발전에도 큰 공헌을 했다. 그가 창조한 주방 체계 덕분에 조리 시간은 현저하게 줄어들었고, 향미를 잘 유지할 수 있게 되었다. 주방의 섹션을 다섯 개로 나

뭐 한 가지 요리를 만드는 데 동시에 다섯 명의 요리사를 담당시켜 각자 맡은 부분을 효율적으로 처리해 빠른 서비스를 이끌어냈다. 이는 유럽과 미국 등에서 문을 연 호텔과 레스토랑의 대형화와 경영 확장다. 에스코피에는 묵직한 맛의 소스를 음식 재료의 향미를 살리는 가벼운 소스로 대신했고, 값비싼 재료보다 보편적인 재료를 사용하면서 오트 퀴진의 섬세한 요리 기술을 이용해 서민 음식을 고급스럽게 탈바꿈했다. 그의 요리 세계는 타이유방이나 카렘 같은 선배 요리사들에게서 영감을 받아 탄탄하고 무궁무진한 레시피를 담은 책의 발간으로 이어졌다.

하지만 안타깝게도 프랑스 요리의 아버지인 에스코피에가 오트 퀴진과 도시 부유층을 위한 요리에 치중하는 바람에 프랑스 지방의 요리들은 홀대를 받았다. 20세기 이후 《가이드 미슐랭(Guide Michelin)》의 등장으로 다행히 프랑스 전역의 전통 음식 역시 전 세계적으로 알려지게 되었다. 이 책은 푸드 크리틱(Food Critic: 음식과 레스토랑의 객관적 평가)의 시초로 평가받는다. '미슐랭 가이드'로 더 잘 알려진 이 책자는 1895년에 설립된 프랑스의 유명 타이어 회사 미슐랭이 자동차 여행 산업을 발전시켜 그들의 타이어 판매를 늘릴 목적으로 1900년에 출간했다. 이 가이드북은 오늘날까지 계속 발간되면서 전 세계의 관광 문화와 외식 산업의 발전에 기여하고 있다.

20세기 중반으로 접어들어 '누벨 퀴진(Nouvelle Cuisine)'이 등장하면서 프랑스 요리 세계는 획기적인 혁신 바람이 불었다. 누벨 퀴진은 에스코피에의 요리 세계에 저항했던 젊은 셰프들이 탄생시킨 요리를 일컫는다. 1970년대 해양 왕국으로 군림하던 포르투갈이 아프리카 식민지와 전쟁을 치르면서, 포르투갈 이민자들은 대거 프랑스로 들어오게 되었다. 이 시기에 그들의 새로운 요리법과 조리 기술이 도입되었다. 이들은 오트 퀴진보다는 서민 요리를 선호하며 코스 메뉴를 간소화시켰을 뿐 아니라 단순한 조리법으로 음식 재료 본연의 맛을 살리는 찜 요리를 내세우면서 고객의 영양까지 고려한 음식을 선보였다. 게다가 수작업이 대부분이던 프랑스 주방에 현대식 조리 도구를 도입해 조리 기술의 변화를 꾀하고, 재료끼리의 조화에 중점을 둠으로써 창조성이 강조된 요리를 개발했다. 1990년대에는 단순화된 프랑스 요리에 회의를 느낀 많은 요리사가 다시 오트 퀴진으로 돌아섰지만 누벨 퀴진의 영향을 받아 새로운 방식의 요리는 지금까지도 속속 개발되고 있다.

프랑스 음식 문화를 체계적으로 구축하고, 그들의 요리와 조리법을 세계적으로 인정받게 만든 가장 중요한 부류는 요리사다. 오늘날 그들이 세계 음식 문화에 이바지하게 된 것은 창조적인 아이디어와 연구하는 자세 그리고 생각에 그치지 않고 매 순간을 기록하는 습관 덕분이다. 맛과 멋이 살아 있는 프랑스 요리와 셰프들의 메모 습관은 프렌치 퀴진(French Cuisine)을 세계에서 가장 위대하고 체계적인 음식의 반열로 끌어 올렸고 프랑스 음식은 이제 세계 음식 문화의 정상을 차지했다.

뛰어난 정치가인 샤를 드골은 대통령 취임식에서 "치즈가 246가지나 있는 나라를 어떻게 다스려야 한단 말인가?"라는 재치 있는 발언으로 주목을 받았다. 그는 프랑스 사람들이 제일 좋아하는 음식인 치즈를 빗대어 취임사를 만들어냈는데, 이 기발한 착상 역시 평소 사소한 것도 놓치지 않고 메모하는 그의 습관에서 나온 것이다. "성공으로 가는 열쇠는 바로 좋은 습관에서 비롯된다"라는 빌 게이츠의 말처럼 메모 습관이 바로 프랑스 음식을 최고 경지에 이르게 한 첫 단추는 아닐까.

1. 프랑스의 대표 요리

현재 프랑스를 대표하는 요리는 대체로 파인 다이닝을 영위했던 왕족과 귀족의 식사 형태에서 발전한 '오트 퀴진'이다. 하지만 지방색을 띤 서민 요리들 중 몇 가지 요리 또한 자국에서는 물론 세계적으로도 인기를 끌며 유명해졌다.

부야베스(Bouillabaisse) 항구 도시 마르세유 지방의 명물 요리로, 다양한 생선과 해산물에 야채와 허브를 넣고 끓여 익힌 것이다. 처음에는 국물이 먼저 나오는데 크루통(Crouton)이라는 구운 바게트와 고추, 마늘, 사프론을 올리브유에 넣어 만든 루이유(Rouille)라는 소스를 곁들여 먹는다. 곧이어 생선과 해산물을 즐기면 되는데, 양이 많아 두세 사람이 나눠 먹을 수 있다. 전문식당이 아닌 이상 예약을 해야 한다.

물르 마리니에르(Moules Mariniere) 홍합을 백포도주에 찐 것으로 노르망디 지방의 전통 음식이다. 홍합을 국물 없이 바짝 졸여서 바게트나 감자튀김과 함께 먹는다. 벨기에의 대표 음식이기도 하다.

브랑다드 드 모뤼(Brandade de Morue) 프랑스 동부와 남부 해안 지역에서 주로 먹는 요리로 소금에 절인 대구를 물에 담가서 소금기를 빼고 감자와 크림을 넣어 먹는다.

앙코르네 파르시(Encornets Farcis) 스페인 접경 지역의 요리로, 허브와 소시지를 갈아 넣고 속을 채워 구운 오징어다.

에스카르고 드 부르고뉴(Escargots de Bour-gogne) 다진 파슬리를 넣고 만든 버터와 함께 달팽이를 껍질째 구운 대표적인 프랑스 요리다.

스테이크 프리트(Steak Frites) 감자튀김이 함께 나오는 소고기 스테이크다.

코코뱅

코코뱅(Coq au Vin) 300년 전통의 이 요리는

닭고기에 레드 와인을 듬뿍 넣고 각종 야채를 넣은 다음 바짝 졸여 만든 스튜다. 백년전쟁이 끝난 뒤 국민의 영양 상태를 고려해 국왕이 정해놓은 대로 일요일에는 닭을 먹는 관습에서 만들어졌다는 설이 있다. 양질의 레드 와인 생산지인 부르고뉴의 대표 음식이다.

콩피 드 카나르(Confit de Canard) 소금에 절여놓은 오리를 구워 오렌지소스와 곁들여 내는 요리다.

푸아그라(Foie Gras) 거위나 오리의 간으로 만든 지방이 많은 음식이다. 프랑스 남서부의 페리고르와 알자스에서 주로 생산한다. 헝가리도 유명 생산지다.

포토페(Pot au Feu) 소고기 양지와 무, 당근, 대파, 양파 같은 뿌리채소를 넣어 만든 맑은 스튜다. 갈비탕과 흡사하다.

뵈프 부르귀뇽(Boeuf Bourguignon) 부르고뉴 지방의 전통 음식으로 소고기를 먹기 좋은 크기로 잘라 당근, 양파 등의 야채를 넣고 푹 익힌 요리다.

퐁뒤 부르귀뇨느(Fondue Bourguignonne) 냄비에 올리브유를 넣고 끓인 다음, 잘게 썬 소고기를 넣어 익혀 가며 먹는 요리다.

슈크루트(Choucroute) 잘게 채 썬 양배추를 식초에 절인 사워크라우트(Sauerkraut)와 돼지고기 무릎살, 감자, 여러 종류의 훈제 소시지 등을 넣어 익힌 것으로 알자스 지방의 전통 음식이다. 캔 제품으로도 판매되며 머스터드를 곁들여 먹는다.

앙두이에트(Andouillette) 돼지 위장의 안부분인 양(트라이프, tripe)으로 만

라타투이

든 소시지로, 생산 지역에 따라 속재료가 조금씩 차이가 난다.

카술레(Cassoulet) 돼지고기로 만든 소시지와 콩, 거위 또는 오리를 넣어 만든 스튜 요리의 일종으로 도기 그릇에서 오랫동안 조리해 먹는 남부 툴루즈 지방의 전통 음식이다. 맛이 매우 진하며 요즘에는 캔으로도 나온다.

키슈 로렌느(Quiche Lorraine) 베이컨, 계란, 양파, 우유와 크림을 넣어 구운 로렌 지방의 파이다.

살라드 니수와즈(Salade Niçoise) 니스에서 유래한 샐러드로 채소 잎과 삶은 감자, 계란 완숙, 안초비 그리고 참치와 블랙 올리브가 빠지지 않고 들어간다. 니스를 찾는 관광객들에게는 물론이고 세계 여러 레스토랑에서 인기 메뉴다.

그라탱 돌피누와(Gratin Dolphinois) 알프스 근처 북부 론 지방의 감자 요리로 슬라이스한 감자를 켜켜이 쌓고 크림, 계란, 우유와 치즈 등으로 만든 소스를 부어 오븐에서 천천히 굽는다.

오믈렛(Omelette) 계란 요리의 대명사다. 속재료를 다양하게 넣어 만든다. 보통 그린 샐러드나 감자튀김을 곁들인다.

라타투이(Ratatouille) 프로방스의 전통 음식으로 호박, 가지, 양파, 피망 등 여러 가지 야채를 올리브유에 볶다가 토마토를 썰어 넣어 특유의 풍미가 느껴지는 시골풍의 야채 스튜다.

크로크 무슈(Croque Monsieur) 식빵에 햄과 치즈를 넣고 모네이나 베샤멜소스를 얹어 구운 뜨거운 샌드위치다. 주로 카페 스낵 음식으로 인기가 있다.

크레이프(Crepes) 밀가루 반죽을 둥그런 모양으로 종잇장처럼 얇게 철판에 구운 뒤 원하는 속재료를 넣고 잘 접어 싸서 먹는 음식이다. 초콜릿 시럽이나 바나나, 사과 같은 달콤한 재료를 넣으면 디저트로 먹기 좋고, 햄, 계란, 치즈 등을 넣으면 간식이나 메인 요리로도 먹을 수 있다. 다양하게 변형 가능한 브르타뉴 대표 음식이다.

크레이프 쉬제트(Crepe Suzette) 크레이프에 오렌지 알갱이, 오렌지즙, 설탕과 오렌지향 브랜디를 넣고 불을 붙여 향을 더 강조한 디저트다. 영국 황태자에게 서빙하던 어린 웨이터의 실수로 자연스레 만들어졌다. 그 뒤 요리사들이 손님 테이블 앞에서 불을 붙여 서빙하는 것이 관례가 되었다.

타르트 타탱(Tarte Tatin) 사과와 시드르(cidre, 사과주)가 특산물인 브르타뉴의 디저트로 사과를 얇게 썰어서 설탕을 뿌린 뒤 노릇하게 구운 파이다.

타르트 오 프뤼(Tartes aux Fruits) 여러 가지 과일을 넣고 만드는 다양한 타르트다.

무스 오 쇼콜라(Mousse au Chocolat) 초콜릿과 크림, 계란노른자 등을 넣어 만든 무스다.

마들렌(Madeleine) 조개 모양의 틀에서 구워 독특한 무늬가 있는 작은 스펀지케이크다. 로렌 지방에서 유래했다.

크렘 브릴레(Crème brûlée) 계란, 우유, 설탕으로 만든 커스터드를 굳힌 다음, 맨 위에 설탕을 뿌려 바삭바삭한 캐러멜로 덮어 만든 디저트다. 기원은 정확하지 않지만, 18세기 유명 셰프인 프랑수와 마시알로(François Massialot)의 요리책에 소개되어 있다.

슈(Choux) 양배추 모양이라는 뜻의 페이스트리로 작은 구멍을 내거나 반으로 잘라 속을 원하는 재료로 채워낸다.

밀 페이유(Mille-Feuilles) 여러 겹으로 나뉘는 퍼프 페이스트리를 구워 중간중간에 커스터드 크림과 과일 등을 넣어 만든 파이다. 천 겹의 나뭇잎이라는 뜻을 지닌 만큼 가벼운 텍스처이며 미국에서는 나폴레옹이라 한다.

페슈 멜바(Peche Melba) 셰프 에스코피에가 오스트레일리아의 오페라 가수인 멜바 부인을 위해 만든 디저트다. 설탕 시럽에 졸인 복숭아에 아이스크림을 얹고 산딸기 시럽을 뿌려 낸다.

포드 크렘

웨프 알 라 네주(Oeufs a la Neige) 계란 흰자를 이용해 만든 머랭을 커스터드 크림을 담은 그릇 안에 띄워 내는 디저트다. '흰 눈 속의 계란'이라는 뜻인데 가끔 일 프로탕트(Lle Flottante)와 혼용한다. '떠다니는 섬'이라는 의미의 일 프로탕트는 때로 알코올에 적신 비스킷으로 머렝을 대신한다.

2. 프랑스 식당의 종류

프랑스 레스토랑은 18세기경 길드의 회원들이 시장이나 그들의 상점을 찾아온 손님들에게 회원들의 주방에서 만든 가정 음식들을 판매한 데서 유래했다. 1782년, 그랑드 타베른느 드 롱드르라는 이름의 레스토랑이 최초로 문을 열었는데, 이 레스토랑을 오픈한 사람은 앙투완 보비에르로 나중에 루이 18세의 페이스트리 셰프가 되었다. 그 무렵 프랑스대혁명이 일어나면서 왕족과 귀족 소속이던 수많은 셰프가 하나둘 레스토랑을 열기 시작했다. 대혁명이 종지부를 찍고 길드가 폐지되자 합법화된 레스토랑이 운영되기 시작하여 큰 수익을 벌어들이는 비즈니스의 모델이 되었다. 프랑스 식당은 프랑스 요리 세계와 마찬가지로 세분화되어 분류된다.

프랑스 식당

레스토랑(Restaurant) 가격이 다소 비싸고 점심이나 저녁을 일품요리나 코스로 예약해야 되는 곳이 많다. 전문적인 서빙을 받을 수 있으며 지역 전통 요리나 현대화된 요리, 오트 퀴진 등 레스토랑의 형태에 따라 다양한 음식과 서비스가 제공된다.
비스트로(Bistro) 레스토랑보다 간단한 음식을 저렴하게 먹을 때 주로 찾

112

는 곳으로, 규모도 작고 전문적인 서빙도 못 미치지만 친절한 편이다. 칠판이나 간단하게 만든 메뉴판에 몇 종류 되지 않는 요리를 적어 주문을 받는데 지역 전통 요리를 주로 판다. 와인을 마시면서 안주 삼아 식사하는 경우가 많다.

브라스리(Brasserie) 비스트로보다 대중적인 가게로 비어홀이라는 뜻이지만, 와인을 마시기도 한다. 알자스와 로렌 지방 사람들이 만들었기에 소시지와 사워크라우트, 해산물과 사워크라우트 같은 음식들이 주로 나온다. 한두 가지 단순한 요리를 브레이크 타임 없이 하루 종일 서빙한다.

바(Bar) 맥주, 위스키, 칵테일처럼 알코올음료를 파는 술집으로 20세기에 들어와 파리를 중심으로 생겨났다.

부숑(Bouchon) 미식의 고장 리옹에서만 운영하는 리옹 전통 음식점이다. 돼지고기, 내장 요리, 오리고기, 파테 등 육식 위주의 고기 메뉴가 주를 이루며 맛이 기름지고 진하다.

에스타미네(Estaminet) 북동 지방에서 전통적으로 내려오는 선술집이다. 그 지역 전통 음식을 간단히 먹으며 술을 마시는 일꾼들의 보금자리로 큰 소리로 담소를 나누거나 카드 게임 등을 하며 시간을 보내는 곳이다. 영국 도버와 프랑스를 이어주는 교통 중심지인 칼레에 가면 이 선술집을 찾아볼 수 있다.

카페(Café) 커피나 음료를 케이크나 가벼운 샌드위치 같은 간식과 먹을 수 있는 곳이지만 관광객이 몰리는 지역에서는 가벼운 음식도 서빙한다. 와인이나 맥주 같은 술도 팔며 서서 먹거나 마실 때보다 테이블에 자리를 잡고 앉아 서빙을 받으면 가격이 더 비싸진다. 야외에 작은 테이블이 옹기종기 놓여 있는데 이곳에 앉아 여유로운 시간을 갖는 것이 매우 운치 있다. 유명인사가 즐겨 찾던 역사가 오래된 유명한 카페도 많다.

살롱 드 테(Salon de Thé) 카페와 비슷하지만 차를 전문적으로 판매하며 알코올은 금한다. 케이크나 쿠키 같은 디저트가 있고 샌드위치나 샐러드 같은 간단한 요깃거리를 판매하는 곳도 있다.

03 SWISS

추운 겨울에 맛보는
따뜻하고 고소한 세계

시간이 되면 문을 열고 나와 시각을 알리는 뻐꾸기시계와 작고 정교한
빨간색 칼. 사람들이 생각하는 스위스란 나라는 이런 정밀 공업의 강국
이다. 그 다음은 19세기 여류작가 요하나 슈피리의 소설 『알프스의 소
녀 하이디』와 독특한 음색의 요들송으로 청정 관광지의 이미지도 갖고
있다. 신원 보장이 확실한 은행들과 수많은 국제기구 본사가 있기에 국
제적으로도 이미지가 좋은 편이다. 그러나 막상 스위스 음식에 대해 논
할 때는 할 말이 별로 없다. 다행히 퐁뒤와 초콜릿이 있어 조금이나마
스위스인의 음식 문화에 친숙하게 다가갈 기회를 갖게 된다.

스위스를 대표하는 퐁뒤는 어떤 음식일까? 스위스의 치즈 퐁뒤는 생
각의 전환에서 탄생한 대단한 음식이다. 먹을 수 없을 것 같은 음식을
발상의 전환으로 세계인에게 사랑받는 근사한 요리로 탈바꿈시킨 것이

다. 이런 경이로운 풍뒤의 탄생 배경에는 다른 나라보다 특별한 스위스의 지형적·기후적 조건이 숨어 있다.

유럽의 대표 산맥을 떠올려보자. 알프스 산맥이라는 이름이 가장 먼저 뇌리를 스친다. 중남부 유럽의 대표 산맥인 알프스는 프랑스, 이탈리아, 오스트리아와를 거쳐 스위스 전역에 뻗어 있다. 험악한 산세와 길고 추운 겨울 날씨 때문에 알프스 산맥과 인접한 나라들에는 몸과 마음을 녹일 수 있는 따뜻한 요리들이 유난히 많이 발달되어 있다. 그중에서도 풍뒤는 치즈가 서서히 녹으면서 주변을 잠잠하고 포근하게 감싸는 향을 풍겨 감동을 주는 요리다.

풍뒤의 정확한 근원지는 스위스의 뇌샤텔 주다. 18세기 스위스에서는 치즈와 와인이 부의 척도가 될 만큼 중요했다. 냉장고가 없던 시절, 날이 더운 여름에 만든 치즈는 겨울철까지 아껴 먹어야 했는데 시간이 지나면서 향미는 풍부해지는 반면 텍스처가 딱딱해져 그냥 먹을 수 없었다. 사람들은 장시간 요리해야 하는 스튜를 만들 때 집안의 커다란 벽난로를 이용하곤 했는데, 그 방식을 본떠 풍뒤를 탄생시켰다. 스위스와 프랑스 남부 지방에서 주로 사용하는 카크롱이라는 두꺼운 토기 냄비에 먹다 남아 딱딱해진 치즈를 여러 종류 넣고 타지 않도록 화이트 와인을 부은 다음 천천히 조리한 것이다. 겨울철에는 말라버린 빵을 기다란 꼬챙이에 끼워 구워 먹기도 했는데, 잘게 자른 빵 조각을 녹인 치즈 소스에 넣어 더욱 부드럽고 맛있게 즐길 수 있게 되었다.

이 조리 방식이 스위스 전 지역은 물론이고 인근 나라들에까지 알려지면서 풍뒤는 겨울을 나는 세계 여러 나라 사람들에게 사랑받는 음식으로 자리를 굳히게 되었다. 몇 해 전 유명 여배우가 모 기업의 냉장고를 광고할 때 텔레비전 화면에 퐁뒤가 먹음직스럽게 등장하면서 이제는 우리나라에서도 인기 아이템이 되었다.

하지만 퐁뒤의 역사적 기원을 좀 더 깊게 파고들면 훨씬 오래전으로 거슬러 올라간다. 기원전 8세기경, 당대 최고의 시인인 호메로스가 트로이 전쟁에 대해 읊은 서사시 「일리아드(Iliad)」 11장에는 염소 치즈와 흰 밀가루를 프람노스 산에서 만든 와인과 함께 요리해 먹는다는 조리 방법이 명시되어 있다. 정확하게 같은 조리 방법은 아니지만 치즈를 녹여 먹는다는 의미를 두고 보면 매우 흡사한 맥락이다. 기원전이든 18세기든 말라 비틀어져 못 먹게 된 치즈를 녹여 새로운 음식으로 탈바꿈시킨다는 아이디어는 기발한 창의성이 아닐 수 없다.

녹여 먹는 치즈 음식 퐁뒤는 그 어원을 퐁드르(Fondre)에서 찾는다. 프랑스어로 '녹이다'라는 의미를 지닌 퐁드르에서 파생되어 부드러운 여성형의 요리 명칭이 되었다. 어원에서도 알 수 있듯이 퐁뒤는 치즈나 초콜릿 같은 재료를 녹여 먹는 음식이다. 그렇지만 요즘에는 퐁뒤 요리의 범위가 넓어져 냄비에 넣어 건져 먹거나 찍어 먹는 모든 요리까지 총칭하기도 한다. 바로 이웃 나라인 프랑스에도 캉쿠왈로트(Cancoillotte)라는 물기가 많은 치즈를 우유와 함께 녹여 먹는 프로마주 퐁뒤(Fromage Fondue)가 있고, 이탈리아에도 폰티나(Fontina) 치즈를 녹인 폰두타(Fonduta) 요리가 있으며, 네덜란드에는 치즈 팁 형태의 카스둡(Kaasdoop)이 있다. 이 모든 요리는 치즈를 주원료로 하는 퐁뒤의 한 종류로 볼 수 있다.

유럽 여러 나라의 치즈 퐁뒤는 다양한 스타일로 식탁에 오르지만 그 중 가장 기본적이며 대표적인 것은 잘게 썬 두 종류의 치즈와 화이트와인을 넣어 만드는 뇌샤텔의 퐁뒤다. 에멘탈과 그뤼에르라는 스위스의 유명한 치즈 두 가지를 반씩 썰어 넣고 옥수수 전분을 조금 섞은 다음 같은 고장에서 생산한 화이트 와인을 부어 천천히 녹여가며 먹는 이 방법으로 치즈 요리의 정수를 맛볼 수 있다.

이쯤에서 퐁뒤에 끌린다면 먹는 방법을 알아보는 것이 좋다. 치즈 퐁뒤에는 기름기가 많기 때문에 탄산이 많은 음료수를 같이 마시면 배앓이를 하는 경우가 간혹 있다. 또한 타닌이 많고 맛이 진한 레드 와인은 퐁뒤의 향미를 떨어뜨릴 수 있으므로 피하는 것이 좋다. 따라서 퐁뒤와 알맞은 음료로는 화이트 와인이나 라이트 레드 와인, 키르슈(Kirsch)라는 베리향의 술이나 과일주스, 물, 홍차 등이다.

퐁뒤는 우리나라의 전골요리처럼 식탁에서 바로 불에 올려 함께 나눠 먹는데, 이때 카크롱이라는 퐁뒤 냄비를 사용하는 게 좋다. 점토로 만든 것이나 세라믹을 입힌 것, 에나멜을 씌운 무쇠 냄비 모두 쓰기에 알맞지만 방열이 제대로 되어야 하고 튼튼한 손잡이가 달려 있어야 안전하고 맛있게 퐁뒤를 즐길 수 있다. 녹는다는 의미를 지닌 퐁뒤의 어원 때문인지, 냄비에 담긴 음식을 다정하게 나눠먹는 방식 때문인지는 알 수 없지만, 유럽에선 1980년대까지 신혼부부에게 가장 인기 있는 선물이 퐁뒤 냄비 세트였다. 어쩌면 신혼부부의 사랑을 부드럽게 녹여 잘 살라는 뜻이 깃들어 있는 것은 아닐까. 냄비 안에서 녹으며 부드러운 소스처럼 변한 치즈에는 한입 크기로 자른 빵을 찍어 먹는데, 이때 사용하는 기다란 포크도 없어서는 안 되는 도구다.

치즈 농도에 맞춰 빵을 담갔다 찍어 먹는 기술이 부족해 빵 조각을 냄비 안에 떨어뜨리면 벌칙을 받는다. 여자가 빵을 떨어뜨리면 남자의 뺨에 키스해야 하고, 남자가 떨어뜨리면 와인을 사야 한다. 반면 빵을 한 번도 떨어뜨리지 않은 사람에게는 상을 주는데, 바로 냄비 바닥에 눌러붙은 진국의 치즈 누룽지를 긁어 먹을 수 있는 기회를 주는 것이다.

기나긴 겨울, 눈 속에 갇힌 알프스 산악 지역 사람들은 쓰레기통으로 들어갈 수밖에 없었던 딱딱한 치즈와 남은 빵으로 따뜻함이 느껴지는 낭만적인 음식을 만들어냈다. 맛과 영양 두 마리 토끼를 한꺼번에 잡았을 뿐 아니라 가족과 친구들이 어울려 함께 나누 먹는 훈훈함도 얻게 되었다. 고정관념을 깨고 생각을 긍정적으로 바꾸면 언젠가는 놀라운 세상이 우리 앞에 펼쳐진다는 사실을 치즈 퐁뒤를 통해 배우게 되었다.

불세출의 영웅 나폴레옹은 키는 작았지만 유럽 대부분을 정복한 군인이자 황제다. "내 사전에 불가능이란 없다"라는 유명한 말을 남기기도 했는데 보잘것없는 외모에 비해 당당한 태도와 용기는 그의 긍정적인 생각에서 비롯되었다. "내 키를 땅에서부터 재면 나는 그 누구보다 작을 것이다. 하지만 내 키를 하늘에서부터 잰다면 나는 그 누구보다 클 것이다"라는 그의 말은 그가 얼마나 긍정적인 사고방식을 지녔는지 알 수 있다. 나폴레옹이 콤플렉스를 감추려 하지 않고 자신감을 잃기보다는 발상을 달리함으로써 더욱 당당하게 생활하며 놀라운 업적을 이뤄낸 것처럼 알프스 산악 지역 사람들도 생각을 바꿔 새롭고 독특하며 맛난 음식을 개발했다. 먹다 남은 딱딱한 치즈처럼 전혀 쓸모없는 것처럼 보이는 것도 생각에 따라 퐁뒤처럼 아름다운 가치를 품고 있는지 모를 일이다.

1. 퐁뒤의 종류

퐁뒤 뇌샤텔(Fondue Neuchatel) 에멘탈과 그뤼에르 치즈를 반씩 넣고 뇌샤텔 와인을 첨가해 먹는 기본 퐁뒤다.

퐁뒤 프리부르그(Fondue Fribourg) 그뤼에르와 프리부르그 바슈렝 아 퐁뒤 (Fribourg Vacherin a Fondue)라는 치즈를 반씩 넣고 키르슈나 와인을 첨가하는데 바슈렝 치즈는 오래 숙성되어 향과 맛이 강하기 때문에 자두맛의 슈넵스 술에 빵 조각을 먼저 적신 뒤 퐁뒤에 찍어 먹는다.

퐁뒤 제네바(Fondue Geneva) 그뤼에르, 에멘탈 그리고 또 하나의 치즈를 배합한 뒤 모렐(morel)이라는 야생버섯까지 넣어 만들거나 계란노른자 두세 개를 중탕해서 넣고 먹는다.

퐁뒤 이스턴 스위츠랜드(Fondue Eastern Switzerland) 아펜젤과 바슈렝, 달지 않은 사이다, 즉 사과주를 와인 대신 넣는다.

퐁뒤 부르귀뇬느(Fondue Bour-guignonne) 뜨거운 기름을 철 냄비에 가득 담은 뒤 소고기 조각을 넣어 익혀 먹는 퐁뒤로, 서너 가지 소스와 감자, 절인 오이나 절인 양파 같은 밑반찬이 곁들여진다.

퐁뒤

초콜릿 퐁뒤(Chocolate Fondue) 초콜릿으로 널리 알려진 스위스의 디저트 퐁뒤로, 그리 달지 않은 다크 초콜릿을 녹여 스펀지케이크나 비스킷, 멜론, 딸기, 바나나 같은 소프트 과일을 찍어 먹는다.

2. 스위스의 치즈

유럽 최대 치즈 생산 국가 중 하나인 스위스의 치즈도 프랑스나 이탈리아, 영국 못지않게 역사가 오래되었다. 기원전부터 켈틱 선조들은 치즈를 만들었는데, 그들은 장작불 위에 두꺼운 토기를 얹고 소나무 가지를 이용하여 우유를 저어가며 치즈를 만들었다. 그렇게 만든 치즈는 겉면이 딱딱해 추운 날씨에도 오랫동안 보관할 수 있었기에 산악 생활을 하는 사람들에게 그뤼에르와 에멘탈 같은 치즈는 훌륭한 식량 대용품이었다.

치즈는 사회적 지위를 보여주는 증표가 되기도 했다. 한 가정의 지하 셀러에 치즈가 얼마나 많이 보관되어 있느냐가 부유함의 척도로 사용되었다. 그 이유는, 한때 스위스에서 치즈가 성직자나 예술가, 일꾼들에게 화폐 역할을 했고, 심지어 갓 태어난 아이의 선물로 치즈를 주는 것이 전통이었기 때문이다.

에멘탈 치즈

로마 시대 이후 스위스 치즈는 국제적으로 인기를 끌면서 무역 수출 품목의 하나로 자리매김하기 시작했다. 살균되지 않은 우유를 사용한 스위스 전통 농가 치즈들은 대규모 공장의 생산 방식을 도입하면서 더욱더 성공적으로 발전했다. 지역 이름을 표시하지 않은 채 치즈를 만드는 것이 금지될 정도로 스위스 치즈들은 대개 협동조합의 통제를 받는다. 스위스 치즈는 대부분 그냥 먹어도 좋지만, 일단 한 번 가열한 치즈들이 많아 퐁뒤나 그라탱같이 요리로 먹는 것이 그 맛을 제대로 음미할 수 있는 방법이다.

대표 치즈로는 아펜젤, 에멘탈, 그뤼에르, 라크레트, 슈브린츠, 삽사고, 삽치거, 테트 드 무완느, 바슈렝 프리부르주아 등을 들 수 있다. 그중 퐁뒤를 만들 때 주로 사용하는 네 가지 치즈인 아펜젤, 에멘탈, 그뤼에르, 라크레트가 가장 유명하다. 아펜젤은 언뜻 보면 그뤼에르와 비슷하지만 향신료와 와인, 소금을 지속적으로 발라가며 숙성시켰기에 과일향이 풍부한 하드 치즈다. 에멘탈은 스위스 치즈라 불릴 만큼 가장 대표적인 치즈로 수포가 많아 구멍이 송송 뚫린 치즈다. 만화 〈톰과 제리〉로 더욱 유명해졌다. 농가 치즈는 심심한 향미의 공장 치즈보다는 꽃과 나무를 태운 향이 짙게 배어 나오는 독특한 맛을 자랑한다. 그뤼에르는 녹여 먹는 조리용 치즈의 대명사로 스위스 사람들처럼 그냥 과일과 함께 먹어도 꿀과 견과류의 향이 짙어 맛있다. 라크레트는 부드러운 텍스처를 보여주는 또 하나의 조리용 치즈로 톡 쏘는 과일향을 지녔다. 이 네 가지 치즈는 우리나라에서도 쉽게 구할 수 있는데 특히 퐁뒤 요리를 통해 맛볼 수 있다.

3. 스위스의 다른 대표 음식

스위스는 치즈와 초콜릿으로 유명한 나라다. 전 세계에 널리 알려진 스위스 요리는 치즈 퐁뒤 정도지만 실제로 스위스를 여행해보면 다양한 요리를 맛볼 수 있다. 프랑스와 독일, 이탈리아의 영향을 많이 받은 만큼 음식 문화에도 주변 3개국의 요리가 뿌리 깊게 영향을 주고 있다. 근검절약이 몸에 밴 사람들에게서 상다리가 휘어질 정도로 호사스러운 식생활을 기대할 수는 없지만 좁은 땅덩어리에 비해 조리법은 매우 다양하다. 여러 나라의 요리를 맛볼 수 있다는 점도 스위스 음식 문화의 장점 중 하나다.

라 라클레트(La Raclette) 발레 지방의 대표적인 요리다. 둥근 치즈를 반으로 자른 뒤 자른 부분을 따뜻하게 데워서 녹인 다음 삶은 감자에 발라 먹는다. 차가운 고기나 절인 오이, 절인 양파를 곁들여 먹기도 한다. 라클레트 전용 소형 히터가 각 가정에서도 인기가 있을 정도로 스위스 사람들이 즐겨 먹는 요리다. 화이트 와인을 곁들여 마시기도 하지만 전통적으로 홍차 같은 따뜻한 음료와 함께 먹는다. 라클레트는 스위스 대표 치즈와 이름이 같아서 헷갈릴 수 있지만 치즈는 보통 르 라클레트라고 하고 이 요리는 라 라클레트라고 한다.

로스티(Rosti) 베른 지방의 대표 요리로 원래는 농부들의 아침식사였다. 지금은 라클레트와 더불어 스위스를 대표하는 가장 잘 알려진 요리가 되었다. 잘게 채 썬 감자를 팬케이크처럼 프라이팬에다 노르스름하게 구워서 먹는다. 대부분 고기 요리에 곁들여 먹는다.

플라이슈카세(Freischkase) 명칭은 다르지만 독일과 오스트리아에서도 이와 같은 요리를 즐겨 먹는다. 볼로냐소시지 또는 스팸과 흡사한 모양과 맛을 지녔으며 콘드비프, 돼지고기, 베이컨과 양파를 넣고 갈아 겉이 바삭한 갈색이 될 때까지 구워 먹는다. 완성되면 슬라이스로 잘라 로스티나 샐러드 또는 샌드위치로 먹는데 며칠 동안 보관해놓고 즐겨 먹는다.

게슈네첼테스(Geschnetzekltes) 취리히의 대표 요리로, 송아지고기를 얇게 썰어서 버섯을 넣고 볶다가 크림소스에 익혀 먹는 대중적인 음식이다. 로스티나 빵을 곁들인다.

세르벨라(Cervelas) 스위스에서 가장 잘 알려진 소시지로 소고기, 돼지비계, 베이컨을 함께 창자에 넣고 훈제한 다음 다시 끓여 만든다. 스위스 어디를 가나 맛볼 수 있는 음식이다.

와인(Wine) 와인의 대표 생산국은 아니지만 스위스에서도 유럽 여느 나라처럼 와인이 생산되고 또 즐겨 마신다. 발레, 보, 티시노, 취리히 주에서 생산된 와인의 맛이 뛰어난 편이다. 레드 와인보다 화이트 와인이 더 인기 있으며 스위스를 둘러싸고 있는 나라들의 영향을 많이 받는 편이다. 독일 근방은 리슬링과 실바너 품종의 화이트 와인이 우세하고, 프랑스 근접 지역은 샤슬라로 만든 화이트 와인이 더 인기 있다. 두 지역 모두 레드 와인은 피노 누아로 만든 것이 사랑받지만, 이탈리아 근방에서는 메를로로 만든 레드 와인이 강세다.

다마신(Damassine) 200년 정도의 역사를 지닌 쥐라 지방에서 생산되는 다마신 프룬(prune) 열매로 만든 증류주다. 말린 자두와 같이 검붉은색을 띠고 향이 다양한데 알코올 도수는 꽤 높다.

맥주(Beer) 와인과 마찬가지로 지방별로 자기 고장을 대표하는 맥주를 생산한다. 취리히와 제네바가 가장 대중적인 맥주를 생산하며 스위스 어디에서나 손쉽게 구할 수 있다.

리벨라(Libella) 1950년대에 독일에서 인기를 끌다 지금은 스위스에서 가장 사랑받는 대중 음료수로 젖산으로 만든 탄산음료다.

오보말틴(Ovomaltine) 스위스에서 개발한 초콜릿 음료로 전 세계적으로 사랑받고 있다. 스위스에서도 특히 어린아이들에게 인기 있는 음료다.

하루를 살아갈 힘의 원천

영국 속담에 "시간을 이용할 줄 아는 사람은 하루를 사흘로 쓴다"라는 말이 있다. 얼핏 들으면 그저 바쁜 삶을 살아야 한다 말처럼 들리지만, 자세히 들여다보면 효율적인 삶을 지향하는 문구다. 하루를 보내더라도 일과 가정 그리고 취미 활동과 개인 시간까지 모두 알차게 쓰겠다는 포부가 실려 있기 때문이다. 이 말처럼 하루하루를 유용하게 보내려면 시간 계획을 잘 짜야 하는데, 아이러니하게도 영국인 대부분은 시간관념이 없다. 약속시간을 정할 때나 길을 물을 때, 정확한 시간을 말하기보다는 어림잡아 얘기하는 경우가 더 많다. 항상 시간에 여유를 두기 때문에 약속을 잡아놓고 일찍 나와 기다리거나 늦게 온다고 해서 불평하지도 않는다. 길을 묻는 사람에게도 목적지까지 걸리는 시간에 여유를 두고 대답해준다. 사람마다 걷는 속도나 걸음의 폭이 다르기 때문에 15분 거리를 10~20분이라 말한다. 아무리 바빠도 여유를 가지려는 삶의 자세가 드러나는 대목이다.

하지만 여유를 즐기는 것 같으면서도 영국인 나름대로는 규칙이 있다. 같은 시각에 차를 마신다든가, 정해진 요일에 독서를 하며 혼자만의 시간을 갖는다든가 하는 식으로 대부분 특정한 날짜와 시간에 맞춘 스케줄을 규칙적으로 실행한다. 시간관념이 없다고 할 만큼 여유로운 태도와 규칙을 철저히 지키는 모습은 그들에게 잠재된 보수성과 진보성처럼 상반되지만, 비교적 조화롭게 어우러진다. 여유와 규칙의 경계선에서 시간을 잘 활용하는 그들의 생활방식은 일찍부터 산업혁명이라는 역사적 사건을 만들어 영국과 세계발전에 크게 기여했다.

산업혁명은 18세기 중반 영국에서 시작된 기술혁신으로 발달한 산업과 그에 수반된 경제적·정치적 사회 구조의 변혁을 일컫는다. 영국은 청교도혁명과 명예혁명, 인클로저 농업혁명 등 다른 나라보다 먼저 혁명을 겪으면서 봉건제도가 무너지고 안정된 정치적 기반을 갖게 돼 자유로운 농민 계층이 등장하게 되었다. 농촌에서는 이들을 주축으로 농업의 기계화와 더불어 방직공업이 활성화되고, 근대적인 산업이 발전하게 되었다. 이 무렵에는 제임스 와트가 발명한 증기기관의 대량생산이 시작되었는데, 이로써 본격적인 산업혁명이 시작하게 되었다.

19세기로 접어들면서 증기기관차를 발명한 리처드 트레비식과 실제로 증기기관차를 철로 위에서 운행하게 만든 조지 스티븐슨의 공헌으로 산업화는 박차를 가하게 된다. 스팀 로코모티브(steam locomotive), 즉 증기기관차는 최초의 철도를 만들면서, 탄광의 석탄을 항구까지 실어 나르거나 리버풀이나 맨체스터 같은 주요 공업 도시 사이에 물품을 운반해 영국 산업혁명에 크게 이바지한 것은 물론이고, 세계의 교통수단에도 새로운 혁명을 가져왔다. 산업혁명은 유럽과 미국 등으로 퍼졌으며, 더 나아가서는 전 세계로 확산되었다.

풍부한 지하자원과 식민 지배로 노동력과 자본을 보유한 영국은 산업혁명 덕분에 경제적으로는 세계에서 앞서나간 반면, 사회적으로는 극심한 병폐에 시달리게 된다. 농업에 종사하던 사람들이 공업화로 활성화된 도시로 몰리면서 도시에 인구가 폭발적으로 늘어났고, 공해는 더욱 심해졌으며 치안도 불안해진 것이다. 노동자의 인권 유린 역시 큰 문제로 떠올랐는데, 공장주들은 노동자들에게 장시간 노동을 강요하며 휴식도 철저히 제한했다. 심지어 고아들을 이용해 어린이 노동이라는 몰상식적인 일을 벌이기도 했다. 찰스 디킨스는 그 당시 영국 사회의 이면을 배경으로 빈민층의 이야기를 적나라하게 묘사한『올리버 트위스트(Oliver Twist)』라는 유명한 작품을 탄생시키기도 했다. 노동자들의 식사는 홍차와 소량의 버터만이 곁들여지는 빵과 감자가 전부일 정도로 음식 문화는 열악했다. 19세기 영국은 산업혁명의 물결로 자신들만의 고유한 음식 문화를 잃었다고 해도 과언이 아니다. 농촌뿐만 아니라 도시에서도 조리 시간이 긴 전통 음식을 대신할 간편하면서도 빠르게 허기를 채워줄 새로운 형태의 음식이 절실히 요구되었다.

이러한 요구에 따라 생겨나 발전을 거듭해 현재 영국 음식을 대표하는 두 가지 요리가 등장하게 된다. 하나는 '피시 앤 칩스'이고 다른 하나는 '풀 블랙퍼스트'다.

피시 앤 칩스는 풍부한 어장을 자랑하는 북해에서 잡히는 대구(cod), 해덕(haddock) 대구, 넙치(plaice) 등의 살만 두껍게 발라내 물과 식초,

약간의 소다를 넣은 밀가루 반죽을 입혀 튀긴 음식이다. 굵직하게 썬 감자도 함께 튀겨 신문지나 포장 용기에 담아 판매하는데, 소금과 식초를 뿌려 가며 먹는다. 절인 양파, 절인 삶은 계란, 때로는 으깬 완두콩을 곁들여 먹기도 한다. 펍(pub: 음식과 맥주를 파는 영국식 선술집)이나 레스토랑에서도 피시 앤 칩스를 즐길 수 있지만, 바쁘게 일하는 이들을 위한 길거리 음식으로 고안된 만큼 대부분 포장해간다. 육식 위주의 식단을 즐기는 영국인이 종교적인 이유로 금요일마다 고기 대신 생선을 먹게 되면서 피시 앤 칩스는 더욱 인기를 얻게 되었고, 금요일 오후만 되면 칩 숍(chip shop)은 문전성시를 이뤘다.

1860년, 런던에 처음으로 피시 앤 칩스 숍이 생기면서 런던과 영국 남동부를 중심으로 번져 나갔다. 19세기 후반에는 아일랜드와 스코틀랜드를 포함한 영국 전역은 물론, 영연방인 오스트레일리아와 뉴질랜드, 캐나다에서도 피시 앤 칩스의 인기가 급속도로 올라갔다. 영양 많은 싱싱한 생선과 허기를 채울 감자를 가장 빠른 조리법인 튀김 방식으로 만들어냄으로써 시간에 쫓겨 배고픈 워킹 클래스(working class: 영국의 사회구조 중 상류층upper class이나 중산층middle class에 대비되는 노동자 계층)에게 반가운 음식으로 자리 잡았다. 무엇보다도 가격이 저렴하고 신속하게 서빙되어 테이크어웨이(take away: 테이크아웃의 영국식 표기)의 정수를 이루면서 지금은 세계 곳곳에서 누구나 즐기는 음식이 되었다.

풀 블랙퍼스트 또는 잉글리시 블랙퍼스트는 현재 전 세계 거의 대부분의 호텔 조식으로 가장 많이 제공되는 풍부한 고단백 아침식사다. 근래 들어서는 브런치(brunch: 아침과 점심을 합친 식사의 형태)의 유행으로 트렌디한 레스토랑과 카페에서도 사랑받는 올 데이 메뉴(all day menu:

하루 종일 먹을 수 있는 음식)가 되었다.

하루 종일 나가서 열심히 일하려면 무엇보다도 밥을 먹어야 한다는 것을 영국인도 이미 알고 있음이 분명하다. 간단한 홍차 한 잔과 빵 한 조각으로 점심과 저녁을 해결하고 일에 몰두하기에는 턱없이 부족했기에, 그들의 아침식사는 코스 요리라 해도 지나치지 않을 만큼 푸짐하다.

영국, 아일랜드, 스코틀랜드 등 지방에 따라 재료는 조금씩 다르지만 모두 기름을 넣고 튀기거나 지지는 프라이 업(fry-up) 방식에 바탕을 두고 있다. 영국인이 아침식사로 즐겨 먹는 재료는 20가지가 넘을 정도로 다양하다. 베이컨, 소시지, 계란이 주가 되며 기름에 튀긴 빵이나 감자를 곁들여 먹는 것이 가장 일반적인 아침식사 메뉴다. 지역에 따라 우리나라의 순대와 흡사한 블랙 푸딩(Black Pudding)이나 구운 콩팥(Kidney), 키퍼(Kipper)라 불리는 훈제 청어를 즐기기도 한다.

빅토리아 여왕이 군림하던 대영 제국 최고 전성기인 19세기에 귀족들이나 부유 계층은 노동과 관계없는 부류였지만 경제적·시간적 여유가 많아 코스로 이어지는 아침 정찬을 즐겼다. 아침식사에는 오렌지주스와 홍차가 빠지지 않지만 요즘에는 커피나 다른 과일 주스로 대신하기도 한다. 특히 홍차는 영국 차 문화의 대표주자이자 영국인에게 정신적 안정과 평화를 제공하는 음료다.

홍차는 19세기부터 유행처럼 번져 나가, 귀족층뿐만 아니라 서민층에게도 급속도로 인기를 얻었다. 산업혁명으로 일이 늘어나자 능률을 높이기 위해 술보다는 차를 선호했고 추운 날씨에 우유를 넣어 마시는 따뜻한 차 한 잔은 영국인의 생활에 깊게 파고들었다. 차 한 잔이라는 뜻의 'Cup of Tea'를 간단히 줄여 커파(CUPPA)라 하는데 이는 통상적으로 서민들이 즐긴다.

날씨가 좋은 여름에 열리는 첼시꽃박람회나 아스콧경마대회, 헨리 보트경주대회 같은 행사나 피크닉에서 상류층 사람들은 은으로 된 식기와 다기에 차와 함께 스콘과 케이크, 크림을 잔뜩 뿌린 딸기를 즐겨 먹는다. 아침에 즐기는 블랙퍼스트 티, 오후에 즐기는 애프터눈 티, 상류 계급이 즐기는 오후의 티타임인 하이 티 등 영국의 차 문화는 사교에 중요한 다리를 놓았다.

영국의 풀 블랙퍼스트는 경우에 따라 다양한 코스가 있지만 일반적으로는 아래의 8가지 코스를 거친다.

1코스 잠을 깨우기 위한 커피나 홍차 한 잔으로 시작한다.

2코스 포리지(porridge: 오트밀에 우유를 넣어 걸쭉하게 끓인 죽) 또는 간소하게 시리얼을 우유에 말아 먹는다.

3코스 기름진 음식을 섭취하기 전, 산도가 있는 오렌지주스나 자몽주스를 준비한다.

4코스 메인으로 베이컨과 소시지, 계란과 감자, 토마토와 버섯 등을 기름에 튀긴 요리에 소스를 넣어 조리한 콩을 곁들여 먹는다.

5코스 키퍼, 즉 훈제 청어 혹은 훈제 연어를 피클과 먹거나 전통적인 지역 음식을 먹는다.

6코스 2~3가지 생과일이나 설탕에 절인 과일을 달지 않은 요구르트와 섞어 먹는다.

7코스 잉글리시 머핀이나 토스트에 버터와 잼을 발라 즐기는데 오렌지 마멀레이드가 가장 전통 있고 인기 있다. 네 번째 코스에서 기름에 튀긴 빵을 먹은 경우에는 이 코스를 생략하기도 한다.

8코스 다시 커피나 홍차로 마무리한다.

이 정도 식사면 여느 디너 정찬과 맞먹는다 할 수 있을 정도로 푸짐하고 다양하다.

영국인은 푸짐한 아침식사를 가장 선호하고 그리워하며 자랑스럽게 여기지만 현대 사회로 접어들면서 이런 전통마저 간소화되고 있다. 핵가족화되고 맞벌이·싱글족이 증가함에 따라 심지어 아침식사를 거르는 사람들도 많아지고 있다. 물론 이 현상이 영국에만 국한되는 것은 아니지만 특히 아침식사의 힘으로 큰 발전을 이끌어낸 영국에서는 우려의 목소리가 높다. 심지어 영국 경제가 쇠퇴한 이유는 아침식사를 소홀하게 여겼기 때문이라는 주장까지 나오고 있다. 좀 더 일찍 일어나 식사하는 것은 육체적 건강에도 도움이 될 뿐만 아니라 올바른 생활 습관을 만들어주기 때문에 그 옛날, 아침식사의 덕을 본 세대들은 지금의 상황을 안타까워한다.

아침식사를 꼬박꼬박 챙겨 먹는 것은 일을 열심히 수행하는 데 필요한 힘과 에너지를 제공한다는 점에만 그치지 않는다. 집밖에서는 채울 수 없는 심적 안정감과 정서적 충만감까지 채울 수 있다는 점에서도 마땅히 권장될 만하다. 온 가족이 모여 서로 하루 일과를 나누고 밤사이 안녕을 고하는 따뜻한 보금자리가 만들어내는 것이 바로 아침식사다. 평온하고 화목한 가정에서 국가의 힘이 비롯된다는 이론을 영국인은 아침식사를 통해 실천했다. 하지만 바쁜 현대사회에서 그마저도 설 자리를 점점 잃어간다고 하니 안타까운 마음이 쉬이 누그러들지 않는다.

1. 영국의 대표 음식

영국의 단편소설가이자 극작가인 윌리엄 서머셋 모옴은 "영국에서 맛있는 식사를 즐기려면, 하루에 세 끼를 아침식사로 해야만 한다"라고 말한 적이 있다. 그만큼 영국 음식은 거나한 아침식사를 제외하면 맛이 없기로 소문 나 있으며 심지어 영국인도 인도 음식이나 중국 음식 또는 영국에서 발달 한 다른 나라의 음식을 즐기는 편이다. 유명한 셰프도 많이 배출했고 세계 최고의 레스토랑도 많지만, 단순한 조리법과 맥을 이어오기 힘들었던 사회 적 변화 때문에 특출한 전통 요리를 찾기가 쉽지 않다. 영국 전통식을 판매 하는 레스토랑은 매우 드물지만 가정에서 즐기는 전통식은 아직도 남아 있 으며 보통 명절 음식으로 즐기는 편이다.

로스트 비프(Roast Beef) 원래는 영국 국왕에게 중죄를 진 죄수들을 가둔 런 던 타워를 지키는 비프이터(beefeater)라는 별명의 병사들을 위로하기 위해 개발된 음식이다. 온 가족이 모두 모이는 일요일에 주로 먹으므로 선데이 로스트라고도 한다. 소고기를 통째로 오븐에 구운 뒤 얇게 저민 고기 조각 을 구운 야채와 함께 즐기며 고추냉이처럼 매운맛이 나는 홀스래디시 (Horseradish) 소스와 고기 육즙으로 만든 그래이비(Gravy) 소스를 곁들여 먹는다. 요크셔 푸딩(Yorkshire Pudding: 밀가루, 우유, 계란을 넣고 고기 기름 으로 구운 달지 않은 부드러운 빵)을 같이 먹는데 이 푸딩 같은 빵은 세계 대전

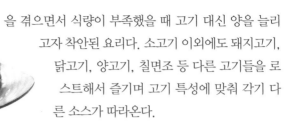

을 겪으면서 식량이 부족했을 때 고기 대신 양을 늘리고자 착안된 요리다. 소고기 이외에도 돼지고기, 닭고기, 양고기, 칠면조 등 다른 고기들을 로스트해서 즐기며 고기 특성에 맞춰 각기 다른 소스가 따라온다.

피시 앤 칩스

피시 앤 칩스(Fish 'n' Chips) 생선살만 두껍게 발라 밀가루 반죽을 입혀 튀긴 음식으로 굵직하게 썬 튀긴 감자와 함께 먹는 서민 음식이다.

스테이크 앤 키드니 파이(Steak & Kidney Pie) 달지 않은 퍼프 페이스트리 속에 소고기 안심과 콩팥을 야채와 함께 썰어 넣고 소스를 부어 구운 파이다. 콩팥 대신 버섯을 넣기도 한다.

비프 웰링턴(Beef Wellington) 소고기 안심이나 등심을 통으로 사용하는 요리인데 푸아그라(Foie Gras: 거위간)로 전체를 덮은 다음 페이스트리로 다시 감싸 구운 요리다. 만드는 방법이 복잡하고 까다로워서 요즘에는 찾아보기 힘들다. 프랑스에도 비슷한 음식이 있어 원조가 어디냐를 놓고 시비가 붙기도 한다.

뱅어 앤 매시(Bangers and Mash) 구운 영국식 프레시 소시지와 으깬 감자 요리다.

토드 인 더 홀(Toad in the hole) 소시지를 넣고 밀가루 반죽을 부어 구운 빵 형태의 파이다. 요크셔 푸딩을 만드는 반죽을 사용한다.

셰퍼드 파이(Shepherd's Pie) 다진 양고기로 속을 채우고 으깬 감자로 토핑해 구운 파이다. 이탈리아 파스타, 라자니야와 흡사하지만 넓은 파스타 면 대신 감자를 사용한다.

코티지 파이(Cottage Pie) 시골풍의 소고기 파이로 으깬 감자를 페이스트리 대신한다.

피셔맨스 파이(Fisherman's Pie) 으깬 감자와 생선으로 만든 파이다.

랭카셔 핫폿(Lancashire Hotpot) 영국 북서부 랭카셔 지방의 양고기 스튜 요리다.

포크 파이(Pork Pie) 차갑게 즐기는 돼지고기 파이로 페이스트리를 사용해 만드는 전통이 물씬 풍기는 음식이다.

브래드 앤 버터 푸딩(Bread and Butter Pudding) 식빵을 커스터드 크림으로 적셔 설탕을 뿌리고 구운 매우 영국적인 디저트다.

트라이플(Trifle) 스펀지케이크 위에 쉐리와 브랜디에 적신 산딸기를 얹고 커스터드 크림을 덮어 굳혀 먹는 차가운 디저트로 크리스마스에도 즐겨 먹는다.

스포티드 딕(Spotted Dick) 건포도를 넣고 찐 소시지 모양의 케이크다.

루밥 크럼블(Rhubarb Crumble) 샐러리처럼 생긴 루밥이라는 과일을 넣어 고실하게 만든 파이다. 다양한 과일을 이용해 만들 수 있다.

잼 롤리 폴리(Jam Roly Poly) 잼을 넣어 말아 찐 롤케이크로 조리법이 매우 간단하다.

크리스마스 푸딩(Christmas Pudding) 여러 가지 건 과일을 술에 절였다가 밀가루와 빵가루를 함께 넣고 찐 푸딩 같은 느낌의 케이크다. 찌는 데만 여러 시간이 걸리며 맛이 매우 강하다. 크리스마스 때, 술을 부어 불을 붙인 다음 온 가족이 나눠 먹는 명절 음식이다.

2. 영국의 아침식사 메뉴

홍차(Breakfast Tea) 우유를 넣어 마시는 진한 향미의 홍차로 설탕은 취향에 따라 조절한다. 보통 인도의 아삼이나 스리랑카의 실론, 중국의 기문, 케냐에서 수확한 잎을 사용한다. 여러 회사에서 다양한 브랜드의 잉글리시 블랙퍼스트 티를 판매한다.

계란(Egg) 프라이, 스크램블, 수란 등 취향에 따라 즐긴다. 때로는 단순하게 삶은 계란을 먹기도 한다. 하지만 삶은 계란을 먹을 때는 보통 반숙해서 토스트한 빵을 길게 조각내어 찍어 먹고 나머지는 티스푼으로 파먹는다.

베이컨(Bacon) 2~3조각을 먹는다.

소시지(Banger) 독일 훈제 소시지와 매우 다르며, 프랑스나 이탈리아 것과도 차이가 난다. 영국식 소시지는 뱅어라고도 하는데 고기를 갈아 창자에 넣고 바로 삶거나 튀겨 먹는다.

블랙 푸딩(Black Pudding) 순대와 흡사한 영국 북부 음식으로 슬라이스해서 구운 다음, 오렌지 마멀레이드에 찍어 먹는다. 돼지피를 넣지 않고 만든 화이트 푸딩도 있다.

하기스(Haggis) 스코틀랜드 전통 음식으로 내장을 갈아 위주머니에 채워 넣고 오랜 시간 찐 요리다. 냄새가 강해 적응하기가 어렵다.

키퍼(Kipper) 훈제 청어로 아침식사 이외에 다른 요리에도 사용하는데 특히 계란과 잘 어울린다.

콩팥(Kidneys) 보통 프라이팬에 구워 먹는데, 스테이크 앤 키드니 파이처럼 인기 있는 내장 요리다.

스크래플(Scrapple) 미국 남동부 연안에서 주로 먹는다. 야채와 다진 고기를 옥수수가루와 섞어 만든 팬케이크 종류다.

감자(Potato) 칩스, 소테드(Sauteed: 프라이팬에서 장시간 구운 것), 해시 브라운(Hash browns: 다진 감자와 양파를 섞어 노릇하게 지진 것), 버블 앤 스퀴크(Bubble & Squeak: 감자와 양배추 그리고 때로는 남은 야채를 다져넣고 지져낸 작은 팬케이크), 감자케이크, 감자빵 등 다양한 조리법이 있다.

빵(Bread) 토스트, 기름에 튀긴 식빵, 잉글리시 머핀(English Muffin: 달지 않은 머핀), 크럼펫(Crumpet: 잉글리시 머핀과 비슷하지만 더 납작하고 쫄깃한 빵), 오트밀 케이크, 옥수수빵, 소다 브레드, 팬케이크, 프렌치토스트(French Toast: 식빵을 우유와 계란을 섞은 것에 담갔다 버터로 구워 먹는 요리) 등 아침에 먹는 빵도 다양하다.

야채(Vegetables) 기름을 넣고 살짝 구운 토마토와 양송이버섯이 일반적인 아침식사 야채며, 베이크드 빈스(Baked Beans: 토마토소스를 넣고 조리한 콩 요리로 보통 캔 제품)도 종종 먹는다.

포리지(Porridge) 오트밀로 만든 걸쭉한 형태의 죽으로 보통 우유를 넣어 끓이며 설탕이나 잼을 넣어 먹는다. 겨울에 주로 먹는다.

과일(Fruits) 사과, 오렌지, 포도, 자몽, 바나나가 주로 식탁에 오르며 늦봄에는 딸기도 인기가 있다. 겨울이 길어서 생과일보다는 절임 과일을 많이 먹는다.

3. 아침식사의 종류

콘티넨탈(Continental) 영국의 아침식사와 비교해 유럽에서 즐기는 식사를 의미한다. 우유를 넣은 커피나 핫초콜릿을 마시며, 브리오슈나 크로와상으로 간편하게 즐긴다. 간혹 살라미나 햄, 치즈와 과일을 곁들이거나 과일주스를 마시기도 한다. 북유럽이 좀 더 푸짐하게 즐기는 편이다.

아메리칸(American) 오래전에는 영국식을 즐겼으나 다이어트와 건강에 특히 관심이 많아 간편한 건강식으로 바뀌었다. 다양한 곡물로 만든 시리얼과 우유 또는 요구르트를 즐기며, 베이글이나 와플 같은 빵을 커피나 건강식 음료와 함께 먹는다. 하지만 미국인이 거의 빼놓지 않는 음식은 계란으로 프라이나 스크램블드에그를 토스트나 해시 브라운과 곁들여 즐긴다.

잉글리시(English) 가장 푸짐한 아침식사다.

리저널(Regional) 나라나 지역별로 발달해온 아침식사로 각 나라마다 대표되는 독특한 음식이 있다.

뷔페(Buffet) 다양한 종류의 아침식사 형태를 모아놓은 것으로, 일반적으로 호텔 조식 때 주로 서빙된다.

브런치(Brunch) 블랙퍼스트와 런치를 합쳐 탄생한 말로 식사의 한 형태다. 뉴욕을 중심으로 활성화되었으며, 최근에는 전 세계적으로 젊은 여성들 사이에서 트렌드로 인기를 끌고 있다.

잉글리시 블랙퍼스트

한 알의 열매가 간직한 위대함

미국의 유명한 코미디언 자니 카슨은 "행복이란 허기진 상태에서 식사를 기다리며 마시는 한 잔의 마티니에 담긴 올리브를 발견한 순간이다"라는 재미있지만 의미심장한 말을 한 적이 있다. 우리가 행복을 감지하는 순간은 사실, 그리 복잡하고 엄청난 무언가를 누리는 때가 아니라 겨우 마티니 잔에 담긴 한 알의 올리브를 발견한 때처럼 일상의 소소한 시간일지 모른다. 얼마나 자주, 또 얼마나 길게 행복을 느끼는지는 개개인의 상황과 감정에 따라 분명한 차이가 있지만 이 세상 누구라도 '행복'을 맛본 적은 틀림없이 있을 것이다.

인간의 삶에서 일어나는 대부분의 행위는 궁극적 목표인 '행복'을 위해서 이루어진다. 오래전부터 우리에게 주어진 모든 자연환경과 그에 따른 산물을 비롯해 좀 더 편안한 생활을 위해 개발된 기술과 기계까지도 '행복한 삶'을 꿈꾸며 지속적으로 발전시킨다. 더군다나 자연을 활용한 편리하고 평안한 미래를 위한 연구 개발이 요구되는 이 시점에서, 스페인은 그 가치를 중요시하며 실행에 옮기고 있다. 그들에게 주어진 자연환경과 음식을 이용해 차근차근 미래를 준비하는 모습은 낯설지만 본받을 만한 일이다.

'자연에서 온 선물'이라 해도 지나친 말이 아닐 만큼 쓰임새가 다양한 올리브 열매는 첨단 과학을 이용한 조리 방식으로 근래 들어 더욱 스페인에 가장 알맞은 미래 산업으로 주목받는다. 세계 최대 올리브 생산지이자 세계 총생산량의 3분의 1을 담당하는 스페인은 품질 면에서는 이탈리아와 쌍벽을 이룬다. 특히 안달루시아 지방의 가장 북쪽 경계인 내륙에 자리 잡고 있는 하엔은 어디를 가나 올리브 나무가 들어서 있는 올리브 천국이다. 스페인 올리브는 대부분 이 지역에서 생산되는데, 올리브 열매와 올리브유 생산뿐만 아니라 미래 첨단 과학 기술까지 그 활용 범위를 넓히고 있다.

스페인은 다른 유럽 나라들에 비해 영토가 워낙 넓고, 개발하지 않고 그대로 둔 경작 가능한 토지가 많아 농사지을 때도 자연적인 방법을 고수한다. 뿌리를 넓게 내리는 올리브 나무가 숨을 잘 쉬도록 관리해서 더 품질 좋은 올리브 열매를 생산하며, 건조한 내륙 기후 때문에 화재가 발생할 경우, 나무에 불이 옮겨 붙는 것을 막기 위해 자연 방식으로 농사를 짓는다. 인체 건강과 더불어 자연 환경까지 염두에 두는 유기농 농장이 유난히 많은데 스페인 농부들의 미래에 대한 배려심이 엿보이는 부분이다. 농약을 사용하지 않거나 최소화해 올리브 나무 주변에 풀들이 무성하게 자라기 때문에 마치 야생 올리브 나무처럼 보이기도 한다. 이렇게 신경 써서 수확한 올리브 열매들은 오일을 만드는 데도 특별한 관리를 받는다. 대체로 선조들의 전통 방식에 기본을 두고 현대 기술을 도입해 조화를 이루는 데 주력하고 있다. 물론 요즘에 생긴 올리브 농장이나 생산 공장도 있지만, 대부분 오랜 세월을 거치면서 대대손손 내려온 곳이 많다. 가업으로 이어올 만큼 역사가 깊은 올리브는 지중해 연안 나라에게는 매우 중요한 산물이다.

최근에 발견된 올리브유 항아리는 기원전 3500년의 것으로 추정될 만큼 올리브유의 역사는 매우 오래되었다. 신석기시대부터 메소포타미아 문명 발상지에 속하는 지금의 터키 근처에서 올리브 열매를 먹었다는 기록이 있으며, 올리브유를 기원전 4000년부터 짜 먹었다는 고고학자들의 학설도 있다.「오디세이(Odyssey)」와 「일리아드」를 쓴 작가 호메로스가 올리브유를 '황금 액체'라 칭했을 정도로, 올리브유는 고대 그리스에서도 사랑받았다. 그리스 병사들은 올리브유를 온몸에 발라 힘을 자랑했고, 귀족들은 올리브유를 먹고 마시며 부를 과시했다. 근세에 와서도 올리브유는 지중해 나라들의 경제에 이바지하는 주요 수출품으로 자리 잡았다.

올리브는 음식 그 자체이며, 요리에 사용하는 식재료일 뿐만 아니라 등불을 밝히는 기름이자 의학, 화장품, 비누, 미용 제품 등에도 사용된다.

과거의 전통과 동시에 미래 지향적이고 진취적인 자세를 추구하는 스페인 사람들은 최근 올리브를 이용해 바이오매스를 만드는 데 심혈을 기울이고 있다. 식물이나 미생물 등을 에너지원으로 이용하는 유기 생물체를 발효하거나 열을 이용해 분해해서 만든 연료를 바이오매스(Bio mass)라 하는데, 세계 여러 나라에서 관심을 기울이는 분야다. 세계에서 올리브유를 가장 많이 생산하는 스페인에서는 기름을 짜고 남은 올리브 열매 찌꺼기를 재활용해 HVAC(Heating 난방, Ventilation 환기, and Air Conditioning 냉방) 시스템을 만드는 데 중점을 두고 있다. 올리브유 생산과 찌꺼기 처리를 동시에 해결하면서 에너지원까지 얻을 수 있는 일석삼조의 이 작업은 농업에 기반을 둔 젊은 과학 기술자들이 주도하고 있다. 미래의 환경을 살리고 건강한 삶을 누리는 데 목표를 두고 후손들을 위해 과학기술원에 모여드는 젊은이들의 자세는 무조건적인 경제발전을 위해 앞만 보고 달리는 우리가 본받을 만하다.

그렇다면 올리브유로 만드는 스페인 음식 문화는 어떨까? 이베리아 반도에 넓은 영토를 보유한 스페인은 신선한 재료를 자랑하며 풍부한 향과 맛을 뽐내는 다양한 요리의 천국이다. 게다가 역사의 흐름 속에서 여러 민족의 혼합된 문화적 배경까지 더해져 독특하면서도 이국적인 음식 문화를 이룬다. 기후와 지형에 따라 크게 다른 두 가지 음식 문화 양상을 보이는데, 날씨가 춥고 험악한 산세를 지닌 북서부는 동물 지방을 이용한 기름진 육식이 주를 이루며, 우리에게 잘 알려진 지중해 근방인 남동부는 올리브유와 해산물을 이용한 음식들이 주를 이룬다.

스페인은 고대에 밀이 들어온 이후 농업 국가로 탄탄한 기반을 닦으며 성장해나갔고, 특히 로마 제국 통치 아래 있을 때는 과학적인 농사법을 이용해 버섯이나 과일 등을 재배하고 건조해 저장 식품을 만드는 기술도 발전시켰다. 또 포도 재배와 와인 양조, 올리브유 생산 같은 주요 산업의 발판을 마련했다. 그 당시 서민들은 채식 위주의 식단인 반면, 귀족이나 부유층은 고기 위주의 식단이었는데, 스페인 돼지고기는 로마 황제에게 진상할 정도로 질이 좋았다.

8세기에 북부 아프리카 이슬람교도인 무어족의 침략과 지배는 로마 제국이 멸망한 뒤 스페인 음식 문화에 가장 크게 영향을 미쳤다. 견과류와 과일을 이용해 고기나 해산물과 조화를 이룬 조리법, 사프론, 계피, 육두구 같은 향신료와 쌀은 현재 스페인 음식의 특징이 되었다.

유럽에서 쌀을 가장 많이 생산하고 소비하는 나라가 스페인일 정도로 쌀로 만든 요리가 다양하게 발전했으며, 돈키호테의 고향인 중부 내륙의 라만차에서는 세계 최상의 사프론을 생산한다.

15세기 말 콜럼버스의 신대륙 발견 또한 스페인의 음식 문화에 활기를 불어 넣었다. 중남미 대륙 원주민에게서 들여온 초콜릿, 감자, 토마토 그리고 여러 종류의 콩이 지금 스페인의 식탁에 주로 오르는 중요한 식재료다.

스페인 사람들에게 음식은 허기를 채우는 식량의 의미를 벗어난 삶 그 자체다. 현대 사회에 접어들었음에도 아직까지 가장 여유로운 식사 형태와 긴 식사시간을 만끽하고 있으며, 가족과 친지, 지인과 친구들의 모임은 물론 일상에서도 음식과의 연계는 빼놓을 수 없다. 유럽의 식사가 대부분 그렇듯이, 그들은 가벼운 메뉴로 아침을 맞는 대신 점심식사 시간이 꽤 길다. 점심식사가 오후 4시나 되어야 끝나기 때문에 저녁식사는 보통 10시 이후에 먹는다.

아침에는 주로 커피나 핫초콜릿을 곁들인 추로스나 도넛을 먹는데, 중남미에서 받아들인 초콜릿은 진하고 풍미가 좋다. 아랍의 영향을 받은 커피는 맛이 매우 강해서 우유를 넣은 카페 콘 레체를 마셔도 쓴 편이다. 점심은 와인과 함께 여러 종류의 치즈와 빵 또는 콜드 컷(cold cuts: 차가운 고기류)과 빵을 먹거나 고기와 해산물이 주가 되는 정찬을 먹기도 한다. 프랑스나 이탈리아 같은 다른 지중해 영향권 나라와 달리 스페인은 샐러드 요리가 많지 않다. 야채는 대부분 요리해 익혀 먹거나 수프에 사용하는 편이라 샐러드는 매우 단순하다. 지중해의 무더운 날씨에 보통 야외에서 점심을 먹고 나면 졸음이 오기 마련이다. 그래서 대도시의 바쁜 사람들을 제외한 스페인 사람들은 대부분 시에스타(siesta: 낮잠)를 즐긴다.

나는 적어도 일 년에 한 번씩 유럽을 찾는데 여전히 이해하기 어려운 문화 중 하나가 바로 이 시에스타다. 시골에 갔을 때 본 지중해 사람들은 오후 2시경부터 오후 5시까지 문을 닫고 점심을 즐긴 뒤 낮잠을 자곤 했다. 심지어는 은행이나 우체국 그리고 식당에서조차도 여유를 만끽한다.

늦은 밤에 먹는 저녁식사 형태를 타파스(Tapas: 적은 양의 안주를 다양하게 골라 술과 함께 즐기는 음식)라 부른다. 21세기 들어 전 세계적으로 트렌드를 주도하고 있는 타파스는 술 한 잔과 그것에 곁들이는 작은 접시의 안주식 음식을 일컫는다. 원래 타파스는 술집을 찾은 손님들의 와인 잔에 파리나 벌레가 들어가는 것을 방지하기 위해 종업원들이 간단한 안주를 담은 작은 접시를 뚜껑처럼 얹은 데서 시작했다. 여러 군데를 돌며 타파스를 즐기는 스페인 사람들의 나이트라이프에서도 정열을 느낄 수 있는데, 타파스 종류만 해도 수천 가지가 넘는다. 올리브 열매, 올리브유를 뿌린 빵, 햄이나 살라미 같은 콜드 컷 한 조각이나 치즈 한 조각처럼 매우 단순한 타파스 메뉴에서부터 매콤한 토마토소스를 넣어 끓인 곱창 요리, 해산물 튀김이나 감자 오믈렛처럼 요리다운 음식들도 무척 많다. 와인에 버금가는 인기 음료는 상그리아(Sangria)다. 레드, 로제, 때론 드물지만 화이트 와인에 과일을 썰어 넣어 만든 스페인의 칵테일로, 달콤하고 향긋한 맛 때문에 취하는 줄도 모르고 마시게 된다.

20여 년 전, 처음으로 스페인을 찾았을 때, 상그리아 한 주전자를 혼자 다 마시고 취해서는 길거리에서 크게 노래하며 춤을 췄던 기억은 아직도 생생하다. 그 당시, 프랑스에서 기차를 타고 가는데, 두 시간이나 연착한 데다 하필 택시마저 파업해서 버스를 갈아타고 물어물어 호텔에 도착했다. 맛있는 저녁을 먹을 생각에 점심도 대충 때우고 온 길이라 매우 허기져서 짐도 풀지 않고 서둘러 호텔을 나와 식당을 찾아갔는데, 문을 닫으려는지 한창 뒷정리 중이었다. 늦게 와서 죄송한데 남은 음식이라도 먹을 수 있냐는 질문에 종업원은 10시에 문을 여니 조금만 참아달라고 말했다. 우리의 무지함과 그들의 늦은 저녁식사 문화에 충격을 받은 순간이었다.

그러나 스페인이 이런 전통만 고집했다면 그저 이국적이고 풍부한 음식 문화를 지닌 관광 대국에서 그쳤을 것이다. 최첨단 과학을 이용한 조리 방식으로 만들어낸 분자 요리의 성공으로 스페인 음식은 새롭게 부상했다. 1980년 후반부터 일컫는 '분자 요리(Molecular Gastronomy)'는 요리와 과학을 접목해 전혀 색다른 음식 세계를 탄생시켰다. 음식 재료와 과학 도구를 이용해 영양 손실을 최소화하면서 맛과 향은 극대화하는 기묘한 텍스처까지 느끼게 해주는 것이 바로 분자 요리의 세계다. 거기에다가 준비 단계를 간소화하고 음식 보관을 용이하게 할 수 있는 장점까지 보완해나가고 있다.

사실 분자 요리는 아주 오래전인 18세기부터 연구와 실패를 거듭해

온 과학 조리에서 시작되었다. 하지만 실질적으로 실행 가능케 한 시기는 21세기에 들어서다. 이는 요리사들이 아니라 요리를 즐기는 과학자들에 의해 구체화해 오늘날까지 이어지게 되었다. 헝가리 화학자 니콜라스 크루티와 프랑스 화학자 에르베 티스가 1980년대 후반부터 아이디어를 모아 1992년부터 연구와 실험을 거쳐 세계의 내로라하는 셰프들에게 기술을 전달하며 그들의 요리 창작 활동에 영감을 줌으로써 오늘날 현대 오트 퀴진으로 탄생했다. 요리는 이러한 과정을 거치며 각기 다른 셰프들에게서 더욱 발전되어 '아방가르드 퀴진' '모던 퀴진' '컨템포러리 쿠킹' 등 열 가지가 넘는 이름으로 불리기도 했다. 미식이 발달된 나라에서는 셰프들이 분자 요리 전문 음식점을 따로 열기보다는 분자 기술을 활용해 색다르면서도 맛있는 요리를 만드는 데 주력한다.

분자 요리 세계에서 가장 유명한 셰프는 스페인 출신의 페란아드리아다. 음식의 향과 텍스처 심지어 온도까지도 상반되는 상태에서 이뤄지는 맛의 조화를 위해 페란 아드리아는 일 년 중 6개월만 자신의 식당 엘 불리(El Bulli)를 운영한다. 나머지 반은 바르셀로나에 있는 작업실에서 연구하는데, 그의 독창적인 연구의 결과로 탄생한 요리 덕에 엘 불리는 4년간 세계 최고 식당으로 군림하게 됐다. 그는 이러한 열정과 명성으로 여러 젊은 셰프의 우상이 됨과 동시에, 스페인을 분자 요리 강국으로 만들었다. 전통요리에 과학 기술을 접목한 분자 요리로, 유명한 스페인 셰프들이 여럿 배출되고 있으며, 세계 여러 나라에서 그의 음식을 맛보거나 그의 요리 세계를 배우기 위한 지망생들이 넘쳐나고 있다. 스페인에서 활동하는 분자 요리 셰프들 중 몇몇은 지중해의 대표 음식이자 음식 재료인 올리브유를 이용한 분자 요리를 개발하고 홍보하는 데 앞장서고 있다. 올리브유의 특성에 간단한 화학작용을 일으켜 파스타 면이나 빵, 디저트를 만드는데 지중해의 건강 다이어트 음식인 올리브와 분자 요리의 만남이 미래를 향한 스페인 음식의 지표가 될 것이다.

호메로스의 「오디세이」에도 종종 인용될 만큼 오래된 올리브나무는 항상 은빛을 띠는 초록의 잎을 간직하고 있다. 밝은 낮에 보면 그 푸름에 빛나고, 컴컴한 밤에는 은빛 찬란하게 물결친다. 로마의 위대한 정치가이자 학자이며 자연사 백과사전을 저술한 폴리니우스는 "포도나무를 제외하고 올리브나무만큼 위대한 열매를 맺는 식물은 이 세상에 존재하지 않는다'라는 말을 남겼다. 그의 말처럼 스페인 사람들은 아름다움과 위대함 그리고 유용함까지 지니고 있는 올리브로 행복한 미래를 꿈꾸고 있다. 그들이 올리브 사랑을 지속할수록 우리 후손들 역시 행복한 미래를 보장받지 않을까 싶다.

1. 스페인의 대표 음식

파에야(Paella) 스페인을 대표하는 가장 유명한 요리다. 쌀과 사프론을 넣고 만드는데, 발렌시아 지방이 원조다. 토끼고기와 야채 그리고 달팽이가 들어간다. 하지만 관광객들에게는 해산물을 넣은 파에야가 인기 있다. 양쪽에 손잡이가 달려 있는 강철 팬인 파에야에서 그 이름이 파생했으며, 부드러운 맛과 팬에 들러붙은 누룽지 소카라다의 고소한 맛을 함께 맛보며 즐긴다.

토르티야 데 파타타(Tortilla de Patata) 스페인 오믈렛 또는 그냥 토르티야라고도 한다. 감자와 계란이 주재료이며, 스페인 전역에서 흔하게 먹는 음식이다. 같은 이름의 멕시코 전병 토르티야와 혼돈하지 않도록 한다.

가스파초(Gazpacho) 차갑게 먹는 냉수프로, 토마토와 오이, 피망, 마늘 등의 야채, 올리브유를 이용해 만든 남부 안달루시아 지방의 요리다.

코치뇨 아사도(Cochinillo Asado) 카스티야 이 레온 지방의 세고비아를 대표하는 어린 돼지를 통으로 구운 요리다. 바삭하게 구워진 겉껍질과 부드러운 속살을 함께 먹는 북부 음식으로, 보통 결혼식이나 축제 때 즐긴다.

파에야

초리조(Chorizo) 빨간 고추를 넣고 훈제한 뒤 건조시켜 만든 소시지로 매콤하며 짠 편이다. 그냥 먹기도 하지만 스튜나 요리에 사용하기도 한다.

엠부티도(Embutidos) 허브와 마늘 등의 양념을 넣고 만든 소시지다.

모르시아(Morcilla) 돼지 피, 쌀, 양파와 향신료 등을 넣고 만든 우리나라의 순대 같은 소시지다.

하몬(Jamon) 돼지고기로 만든 스페인 햄이다. 등급에 따라 네 가지로 분류된다.

• 하몬 이베리코 데 벨로타(Jamon Iberico de Bellota) 또는 하몬 이베리코 데 몬타네라(Jamon Iberico de Montanera): 도토리를 먹이고 방목한 흑돼지로 만든다.

• 하몬 이베리코 데 레세보(Jamon Iberico de Recebo): 도토리와 초목, 혼합 사료를 섞어 키운 흑돼지로 만든다.

• 하몬 이베리코(Jamon Iberico): 혼합 사료로 키운 흑돼지로 만든다.

• 하몬 세라노(Jamon Serrano): 일반 돼지로 만들며, 건조나 훈제 등 약간의 조리 과정을 거쳐 만든다.

칼라마레 아 라 로마나(Calamares a la Romana) 튀긴 오징어를 말하며, 맥주나 화이트 와인과 함께 먹는 타파스 음식으로 유명하다. 레몬을 짜서 소금을 뿌려 먹는다.

페스케토 프리토(Pescaito Frito) 생선구이를 의미한다.

풀포 아 라 갈레가(Pulpo a la Gallega) 데친 문어를 파프리카, 소금, 올리브유를 뿌려 먹는 지중해 연안의 요리다.

퀘소 만체고(Queso Manchego) 라만차 지역의 치즈이자 스페인의 대표 치즈로, 양 젖으로 만든다. 와인을 곁들여 하몬과 같이 즐기기도 하며, 짠맛이 다소 강하지만 향미가 풍부해 인기 있다.

추로스

코시도 마드리레뇨(Cocido Madrileño) 병아리콩 스튜로, 마드리드에서 겨울에 주로 먹는다. 감자와 다른 야채 그리고 고기를 넣고 오랫동안 끓여 진하고 걸쭉하다.

추로스(Churros) 커피나 핫초콜릿과 곁들여 먹는 스페인의 대표 간식이자 아침식사 메뉴다. 밀가루나 감자 전분을 이용하여 튀긴 페이스트리로 얇고 길게 만든 것과 두꺼운 것 두 가지로 나뉜다. 스페인의 영향을 받은 중남미에서도 인기 메뉴며, 미국을 통해 전 세계 놀이동산의 대표 간식으로 자리잡게 되었지만 원조인 스페인 것과는 텍스처와 맛에서 조금 차이가 있다.

토리하스(Torrijas) 영국의 브레드 푸딩과 흡사하며, 부활절에 특히 스페인 전 지역에서 즐겨 먹는다. 빵을 계란과 설탕을 넣은 우유에 적신 뒤 올리브유에 튀긴 디저트다.

아로즈 콘 레체(Arroz con Leche) 우유를 넣고 끓여 만든 쌀 푸딩이다.

투론(Turron) 아몬드와 꿀을 넣어 만든 스페인식 누가다.

토르타스 데 아세이테(Tortas de Aceite) 세비야 지방에서 주로 먹는 달콤한 올리브유 페이스트리다.

2. 올리브유 즐기는 방법

올리브유의 등급과 명칭은 어떤 열매로 어떻게 기름을 짜느냐에 따라 달라진다. 품질이 가장 좋은 것은 엑스트라 버진 올리브유로 초록색이 짙은 황금빛을 띄고 있으며, 기름향도 전혀 나지 않고 풋열매의 상큼함이 묻어난다. 불포화성 지방이라 콜레스테롤을 걱정할 필요도 없고, 피부 보습과 정화작용을 해주며 항암 효과 또한 우수하다.

그렇지만 건강과 피부, 노화 방지 등에 좋은 이 모든 효과는 올리브유를 잘 보관하면서 사용해야 얻을 수 있다. 될 수 있으면 신선하게 갓 짠 올리브유를 사용하는 것이 최선이고, 그렇지 않을 때는 유통 기한을 철저히 지

올리브유

올리브

키는 것이 좋다. 올리브유를 고를 때는 햇빛이나 열에 최대한 적게 노출될 수 있도록 진한 색 병에 담겨 있는 것을 선택한다. 또 열에서 멀리 떨어진 건조하고 냉한 곳에 보관하며, 산화 방지를 위해 반드시 뚜껑을 닫고, 가능한 한 빠른 시일 안에 사용하는 것이 좋다.

3. 올리브유의 등급

엑스트라 버진 올리브유(Extra Virgin Olive Oil) 수확한 뒤 처음으로 짜낸 기름으로, 0.8% 미만의 산도를 지닌 최상품이다. 짙은 녹색을 띠며 신선한 향과 맛이 뛰어나서 샐러드나 음식을 만드는 데 넣거나 빵에 직접 넣기도 하며 빵을 찍어 먹기에도 좋다. 기름 성분보다는 열매 느낌이 강하며 발연점이 낮아 튀기기에는 적합지 않다.

버진 올리브유(Virgin Olive Oil) 2% 미만의 산도가 있는 두 번째 등급이다.

퓨어 올리브유(Pure Olive Oil) 그냥 올리브유라고도 불리는데, 버진 올리브유와 정제 오일을 혼합하여 만든 기름이다. 향미가 떨어지는 편이다.

포마스 오일(Pomace Oil) 정제된 기름이 대부분이며, 가격이 저렴하고 발연점이 높아 대중식당에서 주로 취급한다. 하지만 모든 면에서 버진급 올리브유보다 떨어진다.

정제 오일(Refined Oil) 버진 오일을 여러 번 압착하면서 산도가 높아진 기름을 정제하여 만든 것이므로 질이 매우 떨어진다.

람판 오일(Lampante Oil, 랑팡트 오일) 등불을 밝히는 데 사용하는 기름으로, 조리용으로 사용할 수 없다.

06 USA

새로움을 추구하는
음식 문화의 보고

21세기가 시작된 지도 벌써 10년이 넘었다. 역사의 과도기를 겪으면서 급성장을 이룬 20세기에는 무조건 열심히 일하며 한 길을 걷는 것이 성공의 비결 중 하나였다. 제1, 2차 세계대전과 냉전 같은 혼돈의 시기를 보내며 수많은 사람들이 어려움을 경험했지만, 그 와중에도 부를 창출하거나 높은 지위를 얻을 기회는 있었다. 하지만 21세기는 매우 다른 양상을 보이며, 치열한 경쟁 속으로 우리를 몰아간다. 예전처럼 단순하지만은 않은 무수한 조건이 요구되는 사회에서 적응하며 살아가야 한다. 원하는 부나 지위, 명예 그리고 행복하고 안락한 삶을 위해서는 신속한 정보력과 급속도로 변하는 세계의 동향을 재빨리 읽을 줄 아는 능력이 절실히 필요하다. 즉, 트렌드를 빨리 읽어야 한다는 얘기다. 경향, 유행, 방향, 추세, 조류 등 다양한 의미로 해석되는 트렌드는 무언가 새롭고 색다른 것을 지향하기 위해 변화를 꾀하며 발전해나가는 것이다. 세계 여러 나라 중 미국은 트렌드에 가장 민감한 반응을 보일 뿐만 아니라 트렌드를 먼저 이끌어가는 곳이기도 하다.

그렇다면 미국은 음식 문화에서도 앞서 가는 나라일까? 그 나라 음식 문화를 논하려면 그곳 사람들의 성격과 역사적 배경, 사회적 구조 등 전반적인 정보를 살펴보는 것이 순서다. 미국 사람들은 서양인들 중에서 가족 간의 유대가 강한 편에 속하지만 그럼에도 각자의 개성과 권리를 훨씬 더 중시하는 개인주의 성향이 심하며, 독립심이 강하다. 형식에 얽매이는 것을 싫어하고 직선적이며 유동적이다. 성취욕이 강해서 경쟁을 은근히 즐기면서도, 팀워크를 잘 이용할 줄 알며 적극적이고 진취적이다. 게다가 물질적인 마인드가 강해서 사업이나 하고자 하는 일에 갖은 수완을 동원하는 이들도 많다. 물론 대채로 그렇다는 것일 뿐 모든 미국인이 다 위와 같은 성격을 갖고 있는 것은 아니다.

특정 나라의 보편적인 성격은 민족의 유전적 특성과 주 종교, 역사적 배경과 사회적 구조 등에 따라 형성되지만 미국은 에스키모와 아메리칸 토착민을 제외하고는 세계 도처에서 모여든 이민자들로 구성된 나라여서 민족성을 분석하기가 힘들다. 하지만 짧은 역사임에도 비교적 정치와 경제, 지리적 조건과 사회구조가 잘 뒷받침되어서 민족의 특성을 제외하고도 그들의 음식 문화를 이해하기가 쉽다.

러시아, 캐나다, 중국 다음으로 국토가 넓은 미국은 기후 차이도 많이 난다. 서부는 건조한 사막 기후와 지중해성 기후이고, 북동부는 습한 내륙성 기후이며, 남동부는 온대·아열대 기후를 보인다. 각기 다른 기후 때문에 얻어지는 음식 재료도 모두 다르지만 교통 시스템과 유통

망이 잘 발달되어 어느 지역에서든 다양한 재료를 고루 즐길 수 있다. 풍부한 천연자원과 자연환경에서 얻을 수 있는 농수산물과 축산물 산업 또한 활성화되어 있는 데다 식품 가공과 저장, 포장과 유통, 뛰어난 마케팅은 음식 문화를 더욱 발전시켰다. 게다가 세계 최강의 경제력을 자랑하는 나라답게 구매력이 탄탄해서 국민 대부분은 비교적 풍족하고 윤택한 음식 문화를 영유한다. 옥수수, 밀, 콩, 귀리 등의 농작물과 오렌지, 포도, 사과, 파인애플 같은 과실 생산량은 세계 최고이며, 축산물과 낙농업 생산량도 어마어마하다. 태평양과 대서양에서 잡히는 생선과 해산물의 양도 만만치 않은데다 대량 생산되는 가공식품 또한 세계 최고다.

유럽의 통치로 역사가 시작되었기에 미국의 음식 문화는 유럽의 영향을 많이 받았다. 초창기에는 스페인과 프랑스의 영향을 많이 받았고, 토착민과 아프리카에서 끌려온 노예들의 영향도 받았다. 이때 유래한 요리들 중 펌프킨 파이(Pumpkin Pie: 단호박으로 속을 채운 뒤 구워낸 디저트)와 옥수수 브레드(Corn Bread), 케이준 음식(Cajun: 여러 양념을 잔뜩 넣고 다양한 재료와 함께 조리하는 방식의 음식)이 유명하다. 그 뒤 점차 영국의 세력이 커지면서 튀기거나 굽는 고기 요리와 감자 요리가 주를 이루게 되었다. 개척 시기였기에 조리법은 단순하며 간단했지만 야채 섭취량은 늘 부족했다.

19세기 말경에는 독일을 비롯한 북유럽과 이탈리아 등지에서 이민자들이 몰려들면서 좀 더 다양한 음식이 파고들기 시작했다. 햄버거, 핫도그, 미트볼 스파게티, 팬 피자 등은 그 당시 생겨나 지금도 미국을 대표하는 음식이 되었다.

20세기 들어서는 제1, 2차 세계대전을 계기로 통조림과 냉동식품 같은 가공식품이 늘어났다. 포드, 제너럴모터스 등 자동차 회사들이 대량 생산을 함으로써 도로 교통망이 원활하게 확산되어 여행 붐이 일어났다. 전쟁 이후 산업이 호황을 맞아 바쁜 일상과 마주하게 된 미국인들은 간편 조리 음식과 패스트푸드를 선호해 즐겨 찾았다.

20세기 중반에는 세계적으로 유명한 패스트푸드 회사인 KFC와 맥도날드, 버거킹 등이 탄생했고, 연이어 수많은 패스트푸드 프랜차이즈가 문을 열었다. 음식 산업이 박차를 가하자 외식업 또한 늘어나기 시작했다. 이와 아울러 CIA(The Culinary Institute of America) 같은 요리 학교들이 속속 설립되면서 양과 질 모두에 신경 쓰는 음식 문화 체계를 구축하기 시작했다. 유럽에서 성공을 거둔 유명한 셰프들이 미국으로 건너와 레스토랑을 오픈하고, 아시아 이민자들이 음식점을 차리면서 미국은 마치 전 세계 음식을 모아놓은 대형 슈퍼마켓을 연상케 했다.

20세기 후반으로 접어들어서는 새로운 트렌드를 끊임없이 창조하면서 세계의 음식 문화를 이끌어가는 글로벌 리더가 되었다. 현재는 유기농과 건강식품에 관심이 집중되면서 지방 과다의 고열량, 고칼로리 음식에서 벗어나려는 노력을 기울이고 있다.

대부분의 영미 서구권의 식사량이 많긴 하지만 미국의 음식은 유럽에 비해 고열량, 고칼리로이기 때문에 건강에 좋지 않고 식생활 또한 개선해야 할 점이 많다. 미국인의 4분의 1 이상이 아침식사를 하지 않으며, 아침식사를 한다 해도 대부분 시리얼을 차가운 우유에 말아 먹는 정도다. 그나마 시간적인 여유가 있는 사람들은 토스트와 함께 영국식 아침식사를 하거나 팬케이크와 커피로 식사를 하기도 한다. 아침식사를 거르는 일이 많아 대개는 점심시간이 채 되기 전인 오전 10시 30분경에 와플이나 도넛 같은 달콤한 간식과 함께 연하게 탄 블랙커피를 마시는 커피 브레이크 시간을 갖는다.

점심은 샌드위치, 핫도그, 햄버거 같은 패스트푸드로 때우는 이들이 허다하다. 부실한 아침과 점심식사를 보충하기 위해 저녁에는 폭식을 하는 경우도 많다. 외식을 즐기거나 테이크아웃을 해 맥주나 탄산음료와 함께 먹는다. 가정에서 요리하는 경우에는 손님을 초대해서 식사할 때를 제외하고는, 온 가족이 모여 텔레비전을 보며 식사를 즐기는 것이 일반적이다. 식사 뒤에는 아이스크림이나 치즈케이크 등 매우 달콤한 후식을 거르지 않는다. 세계의 음식 트렌드를 이끌어나가는 나라답게 그들의 식생활과 식습관을 개선해 올바르게 이끌어야 할 것이다.

그러면 미국 음식의 전반적인 특징을 살펴보자.

퓨전 음식의 탄생

미국의 퓨전 음식은 신대륙이 발견되면서 유럽은 물론 세계 각지에서 이민자들이 들어와 정착했고, 계속된 이민정책으로 다문화 민족 국가가 된 것에 배경을 두고 있다. 퓨전 음식은 보통 두 가지로 분류된다. 하나는 다른 나라 음식에서 아이디어를 가져와 점차 미국 음식화한 것으로 햄버거와 핫도그, 텍시칸(Texican) 혹은 택스멕스(Tex-Mex)라고 불리는 미국 남부의 음식과 멕시코의 음식들을 혼합해 만든 퓨전 요리다.

또 다른 하나는 아시아 이민자들이 들여온 요리에 프랑스나 이탈리아 등의 서양요리를 접목해 만든 새롭고 독특한 장르로 1990년대부터 유행하기 시작했다. 서양 조리법에 아시아 소스를 넣어 음식을 만든다든가, 음식 재료를 서로 섞어 조화롭고 색다른 메뉴를 완성하는 등 창조적인 작업의 결실은 전 세계적으로 퓨전 음식의 위치를 확실히 굳히게 만들었다.

간편 조리 음식

간편 조리 음식 역시 미국 음식 문화에서 없어서는 안 될 중요 포인트다. 식품업체 기업들이 개발해내는 무수한 상품은 최소한의 재료와 조리법만으로도 완성될 만큼 편리성을 강조한다. 요리에서도 현대 미국인의 성격과 사회구조가 잘 반영된 셈이다.

바쁜 일상생활과 핵가족화에 따라 소량으로 판매되는 간편 조리 음식들은 나날이 발전하고 있다. 통조림 식품과 건조식품 외에 전자레인지와 오븐에 요리하는 냉동식품, 아무런 조리 도구가 없어도 즉석에서 먹을 수 있는 인스턴트식품 등이 주부들에게 선풍적인 호응을 얻으며 50년 넘게 사랑받고 있다. 근래 들어서는 간편 조리 음식에도 건강을 고려한 재료를 사용해 웰빙 푸드로 변신을 꾀하고 있어 세계의 주목을 받고 있다.

외식 문화

여성들의 사회 활동이 많아지면서 외식 문화가 더욱 늘어났고 저렴한 패스트푸드의 꾸준한 인기도 영향을 미쳤다. 비교적 저렴한 피자와 파스타를 파는 이탈리안 음식점이 우세를 보이고, 다국적 음식 소비도 점점 늘고 있다. 중국, 멕시코, 스페인, 그리스나 터키, 프랑스, 일본 등 각 나라 메뉴들이 인기를 끌고 있으며, 퓨전 음식과 신개념으로 개발된 음식을 파는 여러 식당도 대도시에 사는 이들에게 사랑받는다. 요즘에는 한국 식당도 관심의 대상으로 떠오르고 있으며, 브런치와 디저트를 파는 카페들도 큰 인기를 모으고 있다.

소다의 인기

전 세계를 통틀어 말하자면 물과 차가 가장 대중적이고 즐겨 마시는 음료지만, 미국에서 제일 인기 있는 마실 거리는 소다(Soda)라 불리는 탄산음료다. 20세기에 들어서면서 코카콜라와 펩시콜라는 획기적인 반응을 보이며 미국인의 입맛을 자극했고, 소다 없는 식사가 불가능할 정도로 중독된 이들이 많아졌다. 물론 미국뿐만 아니라 여러 나라에서 소다는 사랑받는 음료임에 틀림없다. 하지만 유난히 미국인이 소다를 더 찾고 즐기는 것은 분명한 사실이다. 지금도 미국에서는 소다 판매가 최고를 달리며 더욱더 다양한 탄산음료가 개발 중이다.

패스트푸드의 전문화

1950년대에 패스트푸드가 프랜차이즈 시스템을 구축한 이래로 셀 수 없이 많은 패스트푸드 레스토랑과 테이크아웃점이 생겨났다. 미국의 뛰어난 홍보 마케팅 전략으로, 전 세계 어느 도시에서나 쉽게 찾을 수 있을 정도로 대중화되었으며 인기를 끌고 있다. 시간에 쫓기며 바쁘게 사는 미국인에게 알맞은 음식인 패스트푸드는 테이크아웃이라는 새로운 개념의 외식 문화를 낳기도 했다. 테이크아웃은 식당에서 음식을 즐길 여유가 없는 이들을 위해 직장이나 길거리에서 먹을 수 있게 포장해가는 방식을 말한다. 예전에는 주로 햄버거와 핫도그 정도에 머물렀지만 점차 중국 요리와 일본의 스시도 테이크아웃으로 인기를 끌며, 요즘에는 새로운 관심의 대상으로 떠오른 한식 요리까지 범위를 넓히는 등 점점 다양한 요리가 가능해지고 있다. 최근에는 미국인이 건강에 주의를 기울이면서 대량 생산되는 패스트푸드가 아니라 매장에서 직접 만드는 핸드메이드 음식으로 사랑받는 개성 만점의 패스트푸드도 점차 늘어나는 추세다.

건강 다이어트 음식의 상승

고도 비만과 성인병으로 고생하는 미국인이 늘자, 미국 정부와 건강 관련 단체들이 발 벗고 나섰다. 육류 위주의 식생활에서 벗어나 야채와 과일 섭취를 늘리고, 날씬하며 상대적으로 성인병이 적은 아시아인의 음식을 선호하게 된 것이다. 건강 음식 조리법을 담은 요리책과 프로그램이 인기를 끌고 있으며, 유기농법으로 생산된 제품들은 비싼 가격에도 판매가 급증하고 있다. 조리할 때도 지중해 건강 요리법에 따라 올리브유를 사용하거나 아시아의 재료들을 사용하는 경우도 많아졌다. 채식주의자들도 조금씩 증가하고 있다. 소다보다는 생수와 차를 마시려고 노력하는 이들 역시 점차 늘고 있다. 이에 따라 전 세계에 오가닉 푸드(Organic Food)나 웰빙 푸드(Well-Being Food) 등의 여러 트렌드가 유행하게 되었다.

홍보 마케팅 전략

정치와 경제에서 막강한 힘을 보이는데다 국제 사회에서 위치가 높아 세계 흐름을 주도하는 미국은 홍보와 마케팅에서도 최강의 파워를 자랑한다. 미국화 된 대표 음식들과 퓨전 음식, 패스트푸드와 가공식품 그리고 미국에서 개발된 식품들이 대부분 전 세계에서 인기리에 판매되고 있다. 앞서 간략하게 소개한 미국인의 성격만 다시 읽어봐도 금세 이해되겠지만, 선대에게 물려받은 개척 정신과 적극적인 마인드가 미국 상품을 홍보하고 마케팅하는 데 한몫을 해냈다. 세계시장에서 무엇을 요구하는지 미리 분석하고 개발해내면서 전략적으로 알리는 방법이 음식 문화를 이끌게 된 것이다.

연예인과 유명인의 인기를 이용해 판매를 촉진한다든지, 톡톡 튀는 신선하고 개성 넘치는 주제를 잡아 광고한다든지, 세계인이 주목할 만한 이벤트를 활용해 효과를 노리는 등 다양하고 지략적인 방법을 보여준다. 크래프트 푸드, 캠벨스, 제너럴 밀스 같은 미국의 식품업체 회사들은 소비자들을 위해 레시피를 개발해 알려주는 전략으로 더욱 인기를 끌며 판매고를 올렸고, KFC나 맥도날드 같은 패스트푸드점들은 친숙한 마스코트나 장난감으로 어린이 손님들을 끌어들였다. 미국이 경영학 석사 과정인 MBA가 유명한 이유가 이런 데 있지 않을까 싶다.

"바람이 불지 않을 때 바람개비를 돌리는 방법은 앞으로 달려가는 것이다." 자기 계발 컨설턴트이자 작가로 꽤 알려진 데일 카네기가 1929년에 미국에서 시작된 대공황(大恐慌, The Great Depression)을 극복하자는 결의를 다지기 위해 남긴 명언 중 하나다. 한계에 부딪히더라도 좌절하지 않고 끝까지 노력한다면 반드시 성공할 수 있다는 뜻으로 해석할 수 있다.

미국은 대공황 이후 제2차 세계대전이 종료되어 부강한 나라로 거듭날 때까지 인플레이션과 실업 등 세계 경제까지 위기에 몰아넣은 극한 상황에 부딪혔지만 그래도 꿋꿋하게 위기를 극복해냈다. 전세(戰勢)로 필요한 물품을 알아내고, 세계시장에서 상품화하기 위해 수출 산업에 이바지하며 제2의 경제 부흥을 이뤄냈다. 미국인들의 전략이 명중한 것이었다. 음식에서도 마찬가지다. 세계의 음식 문화를 선도하기 위해서는 다른 나라가 원하는 니즈(Needs: 필요, 요구)를 분석하고, 세계시장의 흐름을 미리 꿰뚫어보는 능력, 즉 트렌드를 파악하는 게 중요하다. 비록 다른 나라보다 시작은 늦었지만 미국이 새로운 음식 문화의 선두주자로 떠오른 것은 바로 이런 트렌드를 파악하는 시각과 개방적인 마인드가 있었기 때문이지 않을까.

1. 미국의 대표 음식

케이준(Cajun) 18세기 중엽, 캐나다를 점령한 영국인들의 손에 이끌려 미국 남부의 루이지애나로 강제 이주된 프랑스인이 발전시킨 요리가 바로 케이준이다. 그들의 고향인 프랑스와 새로운 지방의 요리법이 합쳐진 형태가 주가 되고, 인디언과 스페인의 영향도 더해져 형성되었다. 궁핍하게 생활하던 그 당시 프랑스인은 구하기 쉬운 가금류나 생선을 잡아서 한 냄비에 넣고 조리했다. 섬세하고 우아한 프랑스 요리가 전혀 아닌 투박한 요리지만 양으로 승부하며 거친 재료의 맛을 보완하기 위해 갖은 양념을 넣게 한 것이다. 패밀리 레스토랑의 확산으로 우리나라에서도 케이준 소스가 인기 있는데 특히 살짝 매운맛을 즐기는 사람들이 선호한다.

잠발라야(Jambalaya) 케이준 음식 가운데 하나로 미국 남부에서 주로 재배되는 쌀로 만들었다. 닭, 소시지, 다양한 야채를 고춧가루 등 케이준 양념을 넣고 팬에서 볶듯이 만든다.

검보(Gumbo) 오크라라는 끈적끈적한 손가락 모양의 야채를 넣은 케이준식 스튜다. 해산물이나 닭을 주로 이용한다.

크리올(Creole) 미국 남부 뉴올리언스의 요리로, 프랑스 상류 사회의 음식들을 흉내 내며 시작되었다. 프랑스, 스페인, 포르투갈, 이탈리아, 그리스 같은 지중해 요리와 미국 토착민의 요리와 아프리카 요리가 한데 섞인 음식에서 고안되었다. 케이준과 혼동되기도 하는데, 크리올이 더 세련되며 정통 유럽식에 가깝다.

콘 수프(Corn Soup) 광활한 영토에서 가장 많이 재배되는 저렴한 옥수수로 쉽게 만들 수 있어 대중화된 수프다. 미국과 중남미 토착민들에게 전수받아 지금은 매우 서민적인 음식으로 자리 잡았다.

클램 차우더(Clam Chowder) 뉴잉글랜드를 대표하는 조개 수프로, 감자와 양파, 크림을 넣고 부드럽게 끓인다.

핫도그(Hotdog) 독일 이민자들이 들여와 바쁜 도시 직장인들에게 사랑받으며 미국을 대표하는 음식이 되었다. 다진 오이 피클과 사워크라우트를 프랑크소시지와 함께 빵 사이에 넣고 머스터드와 케첩을 뿌려 먹는데, 뉴욕에서 특히 인기가 높다.

햄버거(Hamburger) 독일 함부르크에서 유래했으며, 미국의 가장 유명한 음식이다. 20세기 초 세인트 루이스 세계박람회장에서 처음 선을 보인 뒤 1940년대에 패스트푸드의 주요 메뉴로 자리 잡았다. 박람회장에 수많은 인파가 몰려들자 구내식당에서 일하던 한 독일인 요리사가 너무 바쁜 나머지 햄버그스테이크를 둥근 빵에 끼워 팔게 된 것이 시초다.

바비큐(Barbeque 또는 BBQ) 잡은 야생 고기를 불에 굽거나 연기에 그을려 훈제해 먹는, 아프리카 노예들에게 전수받은 요리이자 조리 방식이다. 불을 피워 조리하는 바비큐 도구를 사용하며, 캘리포니아처럼 날씨가 좋은 곳에서 야외에 나가 즐기는 피크닉과 파티 음식으로 남녀노소 모두 좋아한다.

베이크드 빈스(Baked Beans) 보스턴에서 초기 영국인이 조리하면서 알려진 콩 요리다. 토스트 위에 얹어 먹거나 돼지고기, 소시지를 곁들인다. 통조림으로 전 세계에 보급되었다.

햄버거(위) 시저 샐러드(아래)

월도프 샐러드(Waldorf Salad) 19세기 말 뉴욕의 월도프 호텔에서 개발된 마요네즈 소스의 샐러드다. 호두와 사과 샐러리가 양상추와 함께 주재료다.

시저 샐러드(Caesar Salad) 미국 서부와 멕시코에서 식당을 경영하던 이탈리안 셰프 시저 카르디니가 20세기 초에 개발한 샐러드다. 이탈리아의 대표 치즈인 파르마잔 치즈를 넣은 드레싱과 앤초비(절인 멸치), 크루통(튀긴 식빵), 로메인 상추가 들어간다.

시리얼

로스트 터키(Roast Turkey) 추수감사절을 대표하는 명절 음식으로, 칠면조를 통으로 구워 다양한 야채와 크랜베리 소스를 곁들여 먹는다. 국과 오스트레일리아에서는 성탄절에 즐긴다.

시리얼(Cereal) 미국인의 대표 아침식사 가운데 하나로, 아메리카 토착민들의 음식인 옥수수를 이용해 만들었다. 처음에는 의사인 윌리엄과 존 켈로그 형제가 환자용 음식으로 고안했는데, 큰 인기를 끌자 회사를 설립해 식품으로 만들어 판매했다. 옥수수 이외에 여러 곡물을 섞어 다양한 종류의 아침식사로 만들며, 우유나 플레인 요거트에 말아 먹는다. 콘플레이크가 가장 인기 있다.

도넛(Doughnut) 반죽을 튀겨낸 유럽의 디저트다. 독일 이민자들이 미국에 들여온 뒤 더욱 발전해 현재 미국 음식이 되었다. 가운데 구멍을 뚫은 형태는 미국에서 개발된 것이다.

베이글(Bagel) 오스트리아와 오스만투르크가 한창 전쟁 중이던 17세기 중엽에, 오스트리아를 도와준 폴란드 기마 부대에게 고마움을 표시하고자 오스트리아 왕이 주문을 요청하여 비롯된 빵이다. 말의 등자(鐙子) 모양을 본떠서 유대인 제빵사가 만들었고, 19세기 미국으로 이주하거나 망명한 유대인이 퍼뜨렸다. 뉴욕에서 특히 인기가 있으며, 주로 크림치즈를 발라 먹는다.

뉴욕 치즈케이크(New York Cheesecake) 유럽의 치즈케이크처럼 부드러운 디저트가 아닌, 오븐에서 구워낸 스타일로 진하고 고소하다.

프레첼(Pretzel) 길거리 음식의 대명사인 프레첼은 원래 프랑스 동부와 독일 서부의 빵이었다. 미국 동부 필라델피아가 유명하며, 다양한 종류의 프레첼 빵으로 팔리고 있다. 작은 크기로 만든 딱딱한 과자로도 시판된다.

애플파이(Apple Pie) 프랑스나 영국의 애플파이와 흡사하지만, 미국에서는 더 노릇하고 바삭하게 구워 즐긴다. 예전에는 체다치즈를 얹어 먹는 것이 전통이었으나, 근래에는 디저트용으로만 먹는다.

펌프킨 파이(Pumpkin Pie) 미국 토착민이 주로 재배하고 먹는 단호박으로 속을 채워 구운 페이스트리 반죽의 파이다. 추수 감사절의 대표 음식이다.

자니 케이크(Johnny Cake) 옥수수가루를 물에 갠 뒤 반죽하여 직화로 구운 빵이다.

텍스 멕스(Tex-Mex 또는 Texican Food) 국경이 근접한 텍사스와 멕시코의 요리가 접목된 것으로, 패밀리 레스토랑과 패스트푸드점 때문에 세계적인 음식 장르가 되었다. 전통적인 멕시코 음식에 비해 양이 많고, 치즈나 고기를 많이 넣어 맛이 순하다.

칠리 콘 카르네(Chili con Carne) 다진 고기, 특히 요즘에는 소고기, 양파와 콩을 넣고 칠리, 즉 고춧가루로 양념해 먹는 스튜다. 밥에 얹어 먹거나 핫도그나 햄버거 혹은 멕시코 스타일의 고기와 함께 즐긴다.

타코(Tacos) 멕시코 전통 음식으로 옥수수 토르티야에 고기, 콩, 양상추, 양파, 할라피뇨와 치즈 등 좋아하는 재료를 넣어 먹는다.

부리토(Burrito) 쌀과 콩 그리고 고기와 야채를 잘 버무려 커다란 밀가루 토르티야에 싸서 먹는 것으로 소스를 뿌려 먹기

부리토

도 한다.

퀘사디야(Quesadillas) 넓은 밀가루 토르티야를 반으로 접어 치즈를 비롯한 내용물을 넣고 구워낸 뒤 부채꼴 모양으로 3~4등분하여 먹는 담백한 음식이다.

엔칠라다(Enchilada) 옥수수 토르티야에 소를 넣고 둥글게 말아서, 소스를 발라 치즈를 얹어 구워낸 것으로 칼칼한 맛이 일품이다. 타코나 부리토, 퀘사디야에 비해 소스가 제법 있어서 우리나라 사람들의 입맛에 더 잘 맞는다.

파이타(Fajita) 구운 고기와 볶은 야채, 신선한 야채 모두를 취향에 맞게 골라 넣고, 각자가 직접 싸 먹는 음식으로, 패밀리 레스토랑 덕분에 인기를 얻게 되었다.

치미창가(Chimichanga) 밀가루 토르티야에 야채나 고기, 콩 등 속재료를 넣고 접거나 돌돌 말아서 바삭하게 튀겨 먹는 멕시코 전통 음식이다.

나초(Nachos) 옥수수가루를 반죽해 튀겨낸 과자로, 간식이나 맥주 안주로 인기며, 요리할 때 사용하기도 한다. 치즈, 살사, 아보카도, 할라피뇨 등을 얹어 함께 먹기도 한다.

살사(Salsa) 살사란 스페인어로 소스를 의미하는데, 미국에서는 시판되는 토마토 베이스의 매콤한 살사 피칸테(Salsa Picante)를 의미한다. 나초나 타코 등 멕시코 음식과 텍스 멕스를 먹을 때 넣거나 찍어 먹는다.

할라피뇨 칠리(Jalapeno) 멕시코의 매운 고추로, 날것으로 요리하는 경우도 있지만 일반적으로 절인 것을 사용한다. 개운한 맛에서부터 아주 매워 혀가 얼얼해지는 맛까지 매운맛이 다양하다.

나초

PART 03

시간이 빚어낸
흉내 낼 수 없는 깊은 풍미,
치즈&초콜릿

01 CHEESE

시간이 품은 걸작품

예로부터 간직해온 오래된 물건을 골동품이라 일컫는다. 오래된 물건일수록, 또한 희귀할수록 그 진가가 더 높다고 평가받지만 오래되었다고 모두 골동품이 되는 것은 아니다. 쓰임새가 뛰어나면서도 예술적인 가치가 돋보일 때야 비로소 사람들에게 인정을 받게 된다. 음식에서도 골동품에 견줄 만한 것을 꼽으라고 하면 단연 발효식품을 들 수 있다. 우연에서 시작되어 호기심으로 개발되고 지혜의 힘으로 발전되어 세상에 뿌리를 내린 발효식품이야말로 골동품이라 해도 좋을 것이다.

　동서고금을 막론하고 우리네 식생활에 깊게 자리 잡은 발효식품은 아주 많다. 한국의 김치를 비롯해 젓갈류와 치즈, 요구르트 같은 유제품에서부터 와인이나 맥주 같은 발효 과학을 거친 술에 이르기까지 각양각색이다. 호기심을 잃어버린 채 우연한 발견을 무심코 지나쳐버렸다면 우리는 이 위대한 음식들을 접할 기회조차 누리지 못했을 것이다. 발효의 발견은 다른 위대한 발명품과 견줘도 손색없을 만큼 엄청나다. 우연하게 얻은 것을 흘려버리기보다는 호기심을 갖고 탐구하면 시간이 좀 걸리더라도 근사한 작품으로 완성되는 것이다.

발효식품은 대체로 문명 발상지에서 유래했다. 이는 그 시대, 그 지역에서 살았던 이들이 문화에 대한 욕망이 강했기 때문인 것으로 보인다. 대표적인 문명 발상지 중 메소포타미아는 서양음식을 논할 때 빠지지 않고 거론되는 곳이다. 세계에서 가장 오래된 음료인 술은 발효 방식으로 만들어졌는데 와인과 맥주의 발상지도 바로 메소포타미아이며, 외국의 발효식품 중 최고 걸작이라 할 수 있는 치즈 또한 메소포타미아에서 탄생했다. 발효식품은 효모를 사용해 음식을 삭히고 알맞은 기간 숙성시키면서 우리 몸에 이로운 영양분은 물론이고 특유의 향미까지 간직한 알찬 음식인데 한 번 그 매력에 빠지면 헤어 나올 수 없는 강한 중독성이 있다. 이러한 마력을 지닌 서양의 발효식품에서는 치즈를 이야기하지 않을 수 없다.

치즈와의 만남은 내 음식 인생에도 인상적으로 남아 있다. 식탐과 식욕이 유난히도 왕성하던 대학 시절, 세계 여러 나라의 역사에 얽힌 재미난 일화에 심취한 적이 있었다. 그 당시 회교도에 관심이 많아 무슬림이 되려고 고민하던 한 친구가 있었는데, 그 친구에게서 빌린 사막의 역사에 관한 책을 통해 신비롭고 재미있는 치즈 이야기를 접하게 되었다. 그들의 식생활과 치즈는 나를 무아지경으로 몰아갔다. 심지어 치즈 강의를 본격적으로 찾아 들은 계기가 되었다. 그 당시 배우면서 맛본 치즈들 덕에 훗날 와인 공부를 하는 데 큰 도움이 된 것은 물론이고 향이 강한 음식에 대한 두려움도 떨치게 되었다. 어떤 일이든 처음에는 힘들지만 자꾸 반복하다보면 언젠가는 극복하게 되고 심지어는 전문가나 달인의 경지에도 오를 수 있다.

치즈의 기원은 놀랍게도 가축이 풍부한 초원지대가 아니라 사막이다. 사막이라는 척박한 자연환경 탓에 농경이 불가능했던 유목민들의 유일한 생존 방법은 그들이 기르는 양젖과 염소젖을 장에 내다 팔아 원하는 식량으로 바꿔 오는 것이었다. 지금처럼 젖을 담을 용기가 부실했던 그 시절에는 동물의 가죽이나 위 주머니를 이용해 우유를 운반하고 보관했다. 그러던 어느 날, 카나나라는 비교적 부유한 유목민이자 상인이 우유를 위 주머니에 담아 낙타에 싣고 장으로 향하기 시작했다. 장까지 가는 몇날 며칠 동안 동물의 위 주머니 속에 남아 있던 효소는 낙타의 움직임에 따라 우유를 자극했고 여기에 뜨거운 사막의 열기가 더해지자 커드(curd)라고 불리는 치즈의 시초인 우유 응고 덩어리가 형성되었다. 위생이 철저하지 못했던 시절이라 우유를 운반하던 주머니나 나무상자 혹은 토기 등에 동물의 점액이나 효소가 남아 있었을 것이고 그로써 치즈화가 되었다고 추측할 수 있다. 이 효소는 레닛(rennet)이라 불리는데 치즈를 만들 때 우유를 굳히는 중요한 역할을 한다. 또 치즈 생산 과정에서 반드시 필요한 우유를 섞어 젓는 커팅(cutting) 동작은 낙타의 움직임에서 비롯되었다고 추정한다. 치즈는 사막의 뜨거운 기후에서 우연하게 발견되었기에 지금도 치즈를 만들 때는 열을 가하는 과정을 거친다.

어쨌든 우유를 팔기 위해 며칠 만에 장에 도착한 그 상인은 우유를 맛보고 사려는 고객들에게 자신 있게 우유를 잔에 따랐는데, 웨이

(whey)라 불리는 우유 찌꺼기만 흘러나오고 고소하고 진한 우유는 나오지 않았다. 영문을 모른 채 당황하던 상인이 원인을 밝히려 위 주머니를 칼로 잘라보니, 덩어리 진 우유인 커드가 말랑한 모습을 드러냈다. 화가 난 상인은 그 커드를 땅에 내팽개쳤다.

그때 마침 배가 고팠던 한 행인이 코를 자극하는 냄새에 끌려 그 덩어리를 집어 먹었다. 무척이나 맛있게 먹는 그 행인의 모습은 다른 이들의 식욕을 불러일으키기에 충분했다. 그 덕에 그날 장에서 새롭게 선보인 초기 치즈는 그 지역 사람들 사이에서 인기를 얻으며 그 비법이 전수되기에 이르렀다. 이것이 책 속에 남아 있는 치즈 기원에 관한 이야기다. 지금도 인도나 서아시아, 아랍권 음식에서 사용하는 치즈는 이러한 초창기 모습을 많이 간직하고 있다.

고고학자들에 따르면 메소포타미아 문명의 수메르인이 남긴 상형문자에는 치즈 생산량에 관한 기록이 일부 적혀 있다고 한다. 이에 비춰볼 때 치즈의 기원은 기원전으로 추정해볼 수 있다. 이처럼 치즈의 기원이 수천 년 전으로 거슬러 올라가는 것은 음식이 자연현상에 따라 변화하기 때문이다. 특별히 손을 쓰지 않아도 적당한 자연조건에서 우유를 방치하면 젖당이 산화해 치즈로 응고된다는 것이다. 그러므로 양이나 염소를 기르며 유목 생활을 하던 그 당시 사람들에게는 우유를 마시는 시점과 더불어 치즈 역사가 시작되었다고 보는 것이 지극히 자연스럽다. 자연현상이건 위 주머니에 담긴 우유의 변화든 간에 우연한 계기로 발견한 초기 단계의 치즈를 발전시키지 않았다면 우리는 지금 서양의 대표적 음식인 치즈를 접할 기회조차 없었을 것이다.

치즈 메이킹은 그리스 정복자들과 지중해를 넘나드는 상인들을 통해 유럽으로 건너갔고 점차 전 유럽으로 전파되었다. 로마가 강한 힘을 보이던 중세에는 특히 치즈 메이킹이 발달했으며 값어치가 높은 귀한 치즈는 부의 척도로 사용되기도 했다. 성직자나 나라의 녹봉을 받는 관료들에게는 봉급 대신 치즈를 지급하기도 했다. 또 이탈리아의 권력 있는 부유한 귀족들은 다른 나라의 유명 치즈를 공급받아 먹는 것에서 그치지 않고 메이킹 방법을 구해 직접 치즈 생산에 뛰어들기도 했다. 심지어 식탐이 넘치는 권력가들 중에는 비법을 전수하지 않는 타 지방과 다른 나라의 치즈 생산자들을 암살함으로써 다른 이들도 그 치즈를 못 먹게 했다는 속설도 있다. 로마 시대에는 레닛 첨가 기술의 발달로 치즈에 곰팡이를 입히고 재질을 더 단단하게 만드는 방법을 개발해 단단한 경질 치즈도 생겨나기 시작했다. 로마 병사들은 매일 같은 양의 치즈와 빵 한 조각, 와인 한 주전자, 소금 한 덩어리를 공급받았다는 기록도 있다.

종교 재단이 왕성하게 활동하던 중세에는 유럽 전체가 농경문화의 중심을 이루었으며, 육식 생활이 금기시되었던 초반에는 고기를 대신한 치즈가 아주 중요한 자리를 차지하게 되었다. 신앙심이 깊은 신자들의 집이나 농장에서는 특히 그들의 단조롭고 한정된 식사를 만족시켜주기 위해 다양한 스타일의 치즈를 개발했다. 웬슬리데일, 퐁레베크, 테트드무완느 같은 잘 알려진 치즈들 중 몇 가지는 수도원의 이름에서 따온 것이다.

근대로 접어들면서 유럽의 치즈 메이킹은 더욱 발전되었다. 각 나라나 지역마다 고유하고 특성 있는 치즈를 생산하면서 점점 세분화되었다. 경제적으로 부유한 도시 인구가 늘어가면서 치즈 소비가 활발해졌고, 국제적인 무역 또한 급증하기 시작했다. 특히 식민지를 통해 치즈 메이킹이 미국과 오스트레일리아 등 신대륙에도 급속도로 번져나갔다. 그 무렵, 치즈의 인기에 박차를 가한 이가 나타났는데 그는 바로 프랑스의 미생물학자인 루이 파스퇴르다. 그 당시 치즈는 오랜 보관이나 장거리 여행을 견디기 힘든 무살균 상태였기에 수출입과 대량 생산에 제한이 있었다. 그러나 19세기 파스퇴르의 지대한 공헌으로 치즈의 세계 진출과 대량 생산화가 급속도로 이뤄졌다. 그 결과 이제는 세계 어느 곳에서도 쉽게 치즈를 구할 수 있다. 단지 전통 방식의 농가 치즈보다는 대량 생산된 공장 치즈가 많아진 것이 아쉽다.

치즈에서 빼놓을 수 없는 두 가지 사건은 레닛의 사용으로 치즈의 텍스처를 결정짓게 된 것과 파스퇴르의 새로운 살균 방법 개발이다. 파스퇴르는 치즈뿐만 아니라 유산균을 이용한 유제품과 와인이나 식초의 발달에도 없어서는 안 될 인물이었으며 의학계에도 엄청난 변화를 준 인물로 손꼽힌다. 파스퇴르의 전기문을 읽어보면 그는 어린 시절부터 유난히 호기심이 많았다. 어찌 보면 그리 대수롭지 않은 호기심이 세상에 큰 변혁을 가져다준 셈이다. 사막의 상인 카나든 미생물학자 파스퇴르든 또는 생산 비법을 전수한 성직자나 농부들이든 간에 이 세상에 걸작 하나를 남기게 되었다. 남들이 썩었다고 생각해서 방치하고 버려둔 것을 삭히는 방식의 발효 음식으로 탈바꿈시키는 발상의 전환을 한 것은 분명 호기심이 바탕이 되었을 것이다.

걸작은 기억에 가물거리는 낡고 오랜 물건들에서 받은 영감과 주위에 널브러져 있다고 생각되는 일상의 소소한 것들이 호기심을 만나 탄생된다. 위대한 물리학자인 알베르트 아인슈타인처럼 말이다. 그는

"나는 특별한 재능이 있는 것이 아니고, 단지 호기심이 매우 많다"라는 말을 했다. 호기심에서 시작된 연구는 세상에 커다란 영향을 미치며 뛰어난 업적을 남겼다. 치즈는 분명 호기심에서 시작된 세계 최고의 발효식품이다. 호기심 하나로 이 세상에 수많은 걸작을 남긴 위인들에게 감사할 따름이다.

1. 치즈의 종류

치즈의 종류를 구분하는 방법은 다양하다. 치즈를 만드는 방식에 따라 변형된 특징으로 구분하기도 하고, 우유의 종류에 따라 양젖, 염소젖, 소젖, 물소젖 등으로 구분하기도 한다. 간단하게는 생치즈와 숙성 치즈 두 가지로 분류하기도 한다. 숙성 단계를 전혀 거치지 않거나 겨우 며칠 동안 짧은 숙성 단계를 거친 치즈를 생치즈 또는 프레시 치즈라고 일컫는다. 숙성 치즈는 말 그대로 한 달에서 길게는 4년 정도까지 숙성시킨 치즈를 일컫는다. 하지만 가장 많이 알려진 분류는 다음 두 가지 방식에 따른 것이다.

1) 재질: 수분 함량에 따른 분류

초연질 치즈(very soft cheese) 수분 함량이 80%에 가까울 정도로 많아 형태를 굳히기 힘들며 숟가락으로 떠먹어야 할 만큼 매우 부드러운 치즈다. 크림치즈(cream cheese)가 대부분 여기에 속한다.

연질 치즈(soft cheese) 수분 함량이 50% 이상이며 자르기 쉽고 부드러운 치즈다. 브리(Brie), 카망베르(Camembert), 퐁레베크(Pont L'eveque), 레블로숑(Reblochon), 탈레지오(Taleggio), 모차렐라(Mozzarella), 리코타(Ricotta) 등이 있다.

반경질 치즈(semi hard cheese) 수분 함량이 중간 정도로 처음에는 부드럽다가 시간이 지날수록 딱딱하게 굳으면서 바스러지는 재질의 치즈다. 틸싯(Tilsit), 가우다(Gouda), 에담(Edam), 포르 사뤼(Port salut), 페타(Feta), 림버거(Iimburger), 뮌스테르(Munster) 등이 있으며 대부분의 블루 치즈 고르곤졸라(Gorgonzola), 로크포르(Rouquefort), 스틸턴(Stilton), 블루 도베르뉴(Bleu d'auvergne) 등이 여기에 속한다.

경질 치즈(hard cheese) 수분 함량이 50% 미만으로 처음에는 지우개처럼 쫀득거리지만 시간이 지날수록 딱딱해지는 치즈다. 체다(Cheddar), 랭카셔(Lancashire), 그뤼에르(Gruyere), 에망탈(Emmental), 라클레트(Raclette) 등이 있다.

초경질 치즈(very hard cheese) 수분 함량이 20~30%로 매우 단단한 재질의 치즈다. 그라나 파다노(Grana Padano), 파르미지아노 레지아노(Parmigiano-Reggiano), 숙성된 페코리노(Pecorino) 등이 있다.

2) 라인드(rind): 제조할 때 형성된 치즈 껍질에 따른 분류

흰 곰팡이 껍질(white mould rinds: 화이트 몰드 라인드) 수분 함량이 많아 빨리 숙성되는 치즈로 껍질에 흰색 곰팡이가 덮혀 있다. 라인드가 매우 얇기 때문에 먹을 수 있다. 처음에는 흰색이지만 시간이 오래 지나면 노랗게 변색되기도 하는데 먹는 데는 문제가 없다. 대표적으로 브리와 카망베르가 있다.

퇴색된 껍질(washed rinds: 워시드 라인드) 치즈를 숙성할 때 생기는 라인드를 지속적으로 씻어주어 껍질에 붉은 기가 도는 독특한 오렌지색을 띤다. 촉감은 부드럽고 촉촉한 느낌이 든다. 라인드는 먹어도 무관하지만 시간이 지나면서 점점 딱딱해져 먹기 힘들다. 퐁레베크, 탈레지오, 리바로(Livarot), 림부르그(Limburg), 마혼(Mahon) 등이 있다.

천연 드라이 껍질(dry natural rinds: 드라이 내추럴 라인드) 치즈를 만들 때 끝부분의 치즈가 마르면서 자연적으로 형성된 껍질로 겉을 거칠게 만들거나 반대로 부드럽고 번들거리게 하기 위해서 기름칠을 해 일부러 만들기도 한다. 대부분 이러한 치즈들은 두껍고 딱딱하며 거칠어 라인드를 먹기 힘들다. 스틸턴, 체다, 에망탈, 그뤼에르 등이 대표적이다.

오가닉 껍질(organic rinds: 오가닉 라인드) 일반적으로 숙성 기간이 짧은 치즈에 독특한 향을 첨가하기 위해 라인들을 만드는 대신 숙성이 끝난 후에 향이 짙은 허브나 엉겅퀴잎 같은 식물로 감싼다. 바농이라는 프로방스의 치즈처럼 염소젖으로 만든 고트 치즈(goat cheese)에 사용되는 경우가 대부분이다.

인공 껍질(artificial rinds: 아티피셜 라인드) 보통 프로세스드 치즈를 생산할 때, 껍질도 인공적인 재료를 사용해 만든다. 재, 촛농 같은 왁스, 비닐 등을 주로 라인드로 삼는다. 몇몇 고트 치즈나 공장에서 대량 생산하는 프로세스드 가우다, 에담, 체다 치즈 등이 포함된다.

2. 세계의 대표 치즈

요즘에는 세계 여러 나라에서 치즈를 생산하지만, 오랫동안 전통을 유지하며 치즈를 생산해 온 대표적인 나라는 다섯 곳 정도다.

1) 프랑스
음식 문화가 발달한 곳으로 치즈 역시 발달했다. 소프트 치즈가 더 많은 편이다. 부르셍, 브리, 캉탈, 카망베르, 콩트, 뮝스테르, 퐁레베크, 로크포르, 테트 드 무완느 등이 있다.

2) 영국
추운 기후 조건을 지녔음에도 치즈가 다양하다. 게다가 치즈를 세계적으로 보편화시킨 대표 국가다. 주로 하드 치즈가 생산된다. 체다, 체셔, 코니쉬 약그, 하드 고트 치즈, 랭카셔, 레스터, 스틸턴, 웬슬리데일 등이 있다.

3) 이탈리아

위도상으로 기다란 지형 조건에 맞게 치즈를 만드는 우유 종류도 다양한 나라다. 북부에서부터 남부에 이르기까지 다양한 종류의 치즈가 생산된다. 벨 파에제, 폰티나, 고르곤졸라, 그라나 파다노, 모차렐라, 파르미지아노 레지아노, 페코리노, 프로보로네, 리코타, 탈레지오 등이 있다.

4) 스위스

산악지대에서 생산하므로 가열한 우유로 만든 하드 치즈가 많다. 그냥 먹을 때보다 요리해서 먹을 때 더 맛있는 치즈들이 대부분이다. 아펜젤, 에망탈, 그뤼에르, 라클레트, 슈브린츠 등이 있다.

5) 네덜란드

낙농국가답게 우유 생산이 많아 치즈도 발달했는데 특히 치즈 홍보와 마케팅에 탁월하며 프로세스드 치즈의 본보기를 보여준다. 에담, 가우다, 레이덴 등이 있다.

카망베르(위) 염소치즈(중간) 스틸턴(아래)

3. 치즈 보관 방법

- 치즈는 10도 정도에서 냉장 보관한다.
- 치즈를 구매할 때 싸여 있던 포장 상태를 유지하는 것이 가장 좋지만, 부

득이한 경우에는 포일, 기름종이, 뚜껑이 꼭 맞는 플라스틱 용기에 넣어 보관한다.

- 짧은 시간 보관했다가 곧 먹을 치즈는 비닐 랩으로도 보관이 가능하다. 비닐 랩에 너무 오랜 시간 보관하면 치즈에서 습기가 빠져나와 끈적이는 물기가 생긴다. 특히 소프트 치즈를 쌀 때는 잘려진 부분을 꽉 조여야 치즈가 형태를 잃으면서 물러지는 것을 막을 수 있다.
- 치즈는 각각 하나씩 따로 싸야 서로 향이 섞이지 않는다.
- 하드 치즈는 소프트 치즈에 비해 더 오래 보관할 수 있다.
- 치즈를 기간 내에 먹지 못했을 경우 냉동할 수도 있지만, 소프트 치즈는 향을 잃게 되고 하드 치즈는 부서지게 되는 경우가 있다.
- 너무 오래되어 곰팡이가 슬거나 말라버린 치즈는 그 부분을 잘라 요리할 때 사용한다. 말라버린 하드 치즈는 화이트 와인에 적신 깨끗한 헝겊으로 싸서 몇 시간 놓아두면 다시 부드러워지므로 요리에 사용할 수 있다.

4. 치즈 서빙 방법

- 치즈는 언제라도 먹을 수 있는 음식이다. 서양 정찬에서는 디저트 바로 전 코스에 좋은 와인과 함께 서빙하고, 점심이든 저녁이든 빵과 와인, 샐러드나 콜드 컷(cold cuts: 햄, 살라미, 소시지 같은 차가운 고기)과 함께 즐기기도 한다. 몇몇 나라에서는 아침식사에도 치즈를 즐겨 먹는다.
- 치즈는 항상 실내온도로 서빙해야 한다. 냉장고에서 치즈를 꺼내 서빙을 기다리는 동안 한두 시간을 기다려야 할 경우에는 비닐 랩이나 포일에 싸거나 유리나 도자기로 된 그릇을 사용하는 것이 가장 좋다. 좀 더 오랜 시간 치즈를 방치해둘 때는 각설탕 하나를 같이 넣어두면 치즈의 습기를 흡수해 모양이 흐트러지는 것을 막는다.

콜드 컷

- 좋은 치즈 나이프는 곡선이 있고 가운데에 커다란 구멍이 뚫려 있어 치즈를 다치지 않게 자를 수 있어야 하며 끝부분이 포크처럼 생겨 자른 치즈 조각을 옮길 수 있어야 한다.
- 자르는 방법은 치즈 형태에 따라 정해진다. 동그랗고 작은 치즈들을 반으로 자르는 것은 금물이다. 모양이 어떻든 한가운데를 갈라서 자르는 것은 좋지 않다. 치즈의 향미도 떨어지고 보관 기간도 짧아진다.
- 카망베르나 브리처럼 동그랗게 생긴 치즈들은 케이크 조각처럼 자르는 것이 가장 좋다.
- 사각형 치즈도 커다랗고 둥근 형태를 잘라 판매하는 것이기 때문에 케이크 조각처럼 잘라 먹는 것이 가장 이상적이다.
- 파마잔이나 파다노같이 잘 부서지는 치즈는 칼로 자르지 않고 손이나 뭉툭한 도구를 사용해 자연스럽게 조각을 내서 먹는 것이 가장 좋다.
- 일반적으로 치즈를 서빙할 때 빵이나 크래커를 제공하는데, 달거나 짠 향이 들어 있는 것보다는 밋밋할수록 치즈의 맛을 살리기에 적합하다.
- 비스킷이나 크래커, 빵 대신 사과나 포도, 딸기 등의 과일이나 샐러리, 오이, 당근 등의 야채를 곁들여 내도 좋다. 견과류도 치즈와 궁합이 잘 맞는다.

모두가 사랑하는 신의 열매

'초콜릿'이라는 말만 들어도 설레는 이유는 무엇 때문일까? 첫째는 초콜릿이 지니고 있는 이미지에 따른 심적 반응일 테고, 둘째는 초콜릿에 포함되어 있는 성분으로 인한 육체적 반응일 것이다.

초콜릿 하면 가장 먼저 떠오르는 추상명사는 'Love', 즉 사랑이다. 사랑을 처음 시작할 때 느끼는 감정은 초콜릿처럼 달콤하다. 하지만 그 달콤한 사랑이 끝을 맺을 때는 씁쓸한 마음에 휩싸이게 된다. 사랑이라는 감정처럼 초콜릿은 달콤함과 씁쓸함이라는 상반된 맛을 동시에 갖고 있다. 사랑에 빠져 행복한 시간을 보낼 때는 달콤함 그 자체이지만, 사랑이 식고 나면 씁쓸한 추억만 남는 것처럼 초콜릿도 달고 쓰기를 반복하며 미각을 유혹하고 자극한다. 그래서 우리가 초콜릿의 매력을 쉽사리 뿌리칠 수 없는 것일지 모른다.

그렇다면 육체적 반응은 무엇일까? 먼저 기분이 우울하거나 스트레스를 많이 받으면 단것, 특히 초콜릿을 찾게 되는데, 그것은 초콜릿 원료인 카카오 콩의 고형분 안에 있는 테오브로민(theobromine)과 페네티라민(phenethylamine)이라는 성분 때문이다. 이 성분은 카페인과 흡사한 흥분성 알칼로이드로, 뇌를 자극해 몸에 기쁨을 느끼게 해주는 호르몬인 엔도르핀 분비를 활성화하며, 각성 효과가 있어 집중력을 높이는 동시에 졸음을 잠시나마 막아준다. 게다가 차나 커피만큼 강하지 않으므로 노인이나 어린이에게도 적당하다. 하지만 초콜릿에 민감해서 알레르기 반응을 나타내는 이들도 있는데, 보통의 증상은 피부에 생기는 반점이나 빠른 심장박동이다. 심장이 빨리 뛴다는 사실을 알면서도 초콜릿을 멀리하지 못하는 이들이 꽤 많다. 무리한 증세가 나타나거나 건강을 해치는 정도가 아닌 이상 신비한 초콜릿을 끊기는 힘들다는 주장이다.

초콜릿은 기호식품이면서 동시에 음식이자 음료이기도 하다. 초콜릿을 사랑하는 마니아들이 세계 도처에 있을 정도로 매력적인 식품이기 때문에 초코홀릭(chocoholic)이라는 단어도 파생되었다.

초콜릿을 좋아하는 사람이 점점 늘어나자 초콜릿 생산에 대한 관심 또한 높아졌고 연구가 늘어나서 요즘에는 다양한 종류의 초콜릿이 등장하고 있다. 원료인 카카오 성분에 가까운 진한 초콜릿을 선호하는 사람도 많다. 단맛보다는 카카오 성분이 많은 쓴맛 위주의 초콜릿이 건강에 유익하다는 이유도 있지만 그 정통성은 마치 다시 예전 중남미 시대로 거슬러 올라간 느낌이다.

카카오는 초콜릿 원료로 카카오나무 열매 안의 씨에서 추출하는데 카카오나무 한 그루엔 25~57개의 열매가 열리고 적도 근방의 고온다습한 기후 조건에서 주로 자란다. 크레올레 빈, 포레스테로 빈, 트리니타리오 빈 세 종류로 품종이 나뉘는데 빈은 열매를 뜻한다.

우리가 먹는 초콜릿의 제조 공정은 꽤 복잡한 편이다. 먼저 선별한 카카오 빈을 열풍으로 볶아서 외피를 분리하고 과실(카카오니브: 카카오 빈의 껍질과 배를 제거하고 남은 살)을 으깨어 반죽처럼 만든다. 이것을 카카오 매스라고 하는데, 여기에 설탕·우유·카카오 버터를 섞어 혼합기에 넣고 계속 반죽해 고온으로 일주일 이상 정련한 다음 적당한 온도로 조정해 원료 초콜릿을 만든다. 이것을 여러 가지 틀에 붓고 진동을 가해 기포를 제거하고 냉각한 뒤 틀에서 꺼낸다. 이것을 보통 밀크초콜릿 또는 스위트초콜릿이라 한다. 피복초콜릿은 안이 비어 있는 초콜릿 껍데기가 생기므로, 여기에 여러 가지 알맹이를 넣고 다시 초콜릿을 충전해 냉각시켜 틀에서 꺼낸다. 카카오 매스를 짜서 카카오 버터를 분리한 다음 남은 것을 분쇄해 코코아가루를 만든다. 19세기에 이르러서는 기계를 이용한 대량 생산이 가능했지만 예전에는 요즘의 홈메이드 초콜릿처럼 일일이 수작업으로 만들었다.

초콜릿 또는 카카오 빈을 처음으로 즐긴 사람들은 아즈텍 문명인이다. 중앙아메리카, 즉 현재의 멕시코 중앙 고원에 자리 잡은 아즈텍족은 원래 수렵 생활을 했으나 이곳에 정착하면서 농경과 종교에 중점을 두게 되었다. 그들의 농경문화 중 카카오나무는 유난히 인기 있는 작물로 오랫동안 재배되었다. 왕실에서는 카카오 열매를 볶아 그 지역에서 흔히 재배되는 아키오테라는 나무 열매나 옥수수와 함께 빻아 바닐라나 고춧가루 같은 향신료를 물과 함께 개어서 음료수로 만들어 규칙적으로 먹었다. 결혼 예식이나 신성한 종교 예식을 올릴 때도 초콜릿 음료를 바치고 마셨다. 아즈텍 사람들은 카카오 열매에 영양이 많고 최음제 같은 효과가 있다고 믿었다. 심지어 아즈텍 황제 몬테수마 2세는 여인들을 만나러 가기 전에 코코아를 여러 잔 마셨다는 일화도 전해진다.

아즈텍의 아홉 번째 황제인 몬테수마 2세는 초콜릿이 "저항력을 길러주고 피로를 덜어주는 신성한 음료수로서 이 귀한 음료 한 잔이면 음식을 먹지 않아도 하루 종일 걸을 수 있다"라고 했을 만큼 초콜릿을 좋아했다. 신들의 열매로 불리며 황제에게 바쳐진 귀한 초콜릿 음료는 피로회복제 같은 약으로 사용되었을 뿐만 아니라 '갈색 금'이라는 별명으로 화폐 역할까지 했다. 카카오 열 알로 토끼 한 마리를, 백 알로는 노예 한 명을 살 수 있을 정도로 귀했고, 공물이나 세금으로 사용했을 만큼 인기가 많았다.

아즈텍 사람들에게 사랑받던 초콜릿이 유럽에 전해진 것은 15세기 말 크리스토퍼 콜럼버스가 아메리카로 네 번째 항해를 하던 중 카카오 빈을 포함한 유카탄 반도 연안의 농산물을 가지고 돌아간 것이 계기가 되었다. 그 뒤 16세기 중반에 멕시코를 탐험한 스페인의 페르난도 코르테스가 스페인의 귀족이나 부유층에게 소개해 유행시켰으며, 17세기 중반에 이르러서는 전 유럽에 퍼지게 되었다. 그 당시 스페인과 프랑스 상류층에서 초콜릿은 음료나 음식으로보다는 성적인 흥분을 높이는 최음제로 더 많이 사용되었다.

성직자들 사이에서도 에너지 공급원으로 사용되었는데, 금식기간에 성직자들이 초콜릿 음료를 많이 마시자 이것이 금식의 근본 취지에 어굿난다는 주장이 나오기도 했다. 하지만 논쟁이 지속되면서 이 신비한 음료는 오히려 더 빨리 귀족 사회에 퍼져나갔다. 초콜릿을 흥분제로 인식한 프랑스 왕실에서는 초콜릿을 마시지 못하게 금지했지만 왕비를 비롯한 귀족 부인들과 여성들은 그 달콤한 맛에 이끌려 몰래 초콜릿을 찾았다.

17세기 후반에는 초콜릿의 인기와 더불어 오해 또한 극에 달했는데 다음과 같이 재미있는 이야기가 전해진다. 한 후작 부인이 피부가 검은 아이를 낳았다. 사람들은 그녀가 초콜릿을 너무 많이 먹었기 때문이라고 생각했다. 초콜릿이 원인이라고 생각했기 때문에 피부가 검은 아이를 낳은 후작 부인에게 매일같이 초콜릿 음료를 가져다주던 하인이 잘생긴 흑인이었다는 사실에는 아무도 주목하지 않았다. 18세기 프랑스 사상가이자 작가로 '사디즘'이라는 말을 만들어낸 도나티앙 알퐁스 프랑수아 사드 후작은 피부 자극제로 쓰이는 물질인 칸타리스를 넣은 초콜릿으로 젊은 여인들을 매혹시켰다 감옥에 갇힌 일도 있다. 음식인지 기호품인지 또는 약품인지에 대한 논쟁이 끊이지 않는 사이 초콜릿은 유럽에 성공적으로 보급되었고 세계 각국에서 카카오나무를 재배하게 됨으로써 설탕과 커피에 이어 세계 제3대 무역상품이 되었다.

18세기경에는 지오반니 비앙키라는 프랑스 의사가 발기불능 환자에게 "바닐라나 다른 향신료가 들어간 초콜릿을 자주 마시세요"라는 처방전을 내놓을 정도로 초콜릿은 만병통치약 구실도 했다. 그러나 초콜릿을 향한 사랑만큼 시기와 질투도 있었다. 음악의 아버지 요한 세바스찬 바흐는 초콜릿을 즐겨 먹었는데, 아무리 유명한 음악가라 해도 그의 초콜릿 사랑은 사회의 비난을 받을 정도였다. 이처럼 초콜릿은 귀족들의 기호 식품으로 서민들은 엄두도 내지 못하는 계급 음식이기도 했다. 『철도 여행의 역사』 『기호품의 역사』를 저술한 독일의 작가이자 역사학자인 볼프강 시벨부슈는 음식물을 통한 경제, 사회, 종교적 사회 분열을 논한 책 『환상의 맛(Taste of Paradise)』에서 초콜릿을 남부 가톨릭 귀족층의 음식으로, 커피를 북부 프로테스탄트 중산층의 음식으로 규정했다. 이는 "귀족들은 대부분 초콜릿을 마시며 우아한 아침 식사를 즐겼지만 서민들과 상인들은 커피를 마시며 잠을 참아야 했다"라는 글에서 드러난다.

이렇게 부유층과 귀족 계층에게 커다란 인기를 누리며 그들의 사치 기호품이었던 초콜릿은 19세기 중반이 되어서야 조금씩 대중에게 다가갈 기회를 갖게 된다. 딱딱하게 굳은 판형 초콜릿의 개발로 대량 생산이 일반화되면서 초콜릿은 대중적인 먹거리가 되었다. 전 세계에 초콜릿 공장이 들어섰고 대중은 손쉽게 초콜릿을 구할 수 있게 되었다. 지금과 같은 고형 초콜릿의 원형은 1828년 네덜란드인 반 호텐이 만들었다. 그는 지방분을 압착해 더 다양한 기술을 개발해냈으며, 초콜릿에 설탕을 넣어 맛 좋은 과자로 변신시켰다. 그 뒤를 이어 스위스인 다니엘 피터는 우유를 첨가해 초콜릿 제조를 산업화하는 데 성공했다. 초콜릿은 가공 성형이 자유로워 어떤 것이라도 초콜릿 안에 넣을 수 있고, 다른 것의 속에도 넣을 수 있다는 장점이 있어 신제품은 끊임없이 개발되었다.

미국에서는 이민자들의 작은 마을인 허쉬라는 곳에 초콜릿 공장이 들어서며 큰 성공을 거두었다. 이후 '허쉬'는 전 세계적으로 가장 많이 알려진 초콜릿의 대명사가 되었다. 초콜릿은 변질이 적고 모양을 잘 유지한다는 장점 덕에 장거리 여행 시 사랑받을 뿐 아니라 여러 나라의 무역 상품으로도 큰 인기를 끌고 있다. 그러면서 전 세계인에게 마음을 표현하는 가장 일반적인 선물로 자리 잡았다. 밸런타인데이에는 사랑하는 사람에게 초콜릿을 선물하며 마음을 표시하는 것이 전통이 되었다. 크리스마스, 추수감사절, 생일에도 가장 인기 있는 선물 아이템 중 하나로 각광받는다. 부활절에는 계란 모양 초콜릿을 만들어 지인들에게 나눠주기도 하고 각 나라의 명절에도 초콜릿으로 만든 여러 음식이 전통적으로 이어지면서 더욱더 발전되고 다양한 초콜릿 가공식품이 속속 등장하고 있다.

'신의 열매'라 불린 초콜릿은 고대인에겐 매우 사랑스러운 음식이었다. 발견 초기에는 약용과 화폐로 여겨지다가 중세에는 음란한 사치 기호품으로 한동안 오해를 받고, 요즘에는 가장 인기 있는 간식이자 먹거리이며 사랑하는 사람에게 마음을 전하는 정표로 탈바꿈했다. 카카오라는 열매가 이렇게 대중적인 사랑을 얻기까지 참으로 오랜 세월이 걸린 셈이다. 소수의 사랑을 꾸준히 받아온 초콜릿이 이제야 우리에게도 사랑의 음식으로 안주할 수 있게 된 것이다. 노벨 문학상을 수상한 아일랜드의 소설가 조지 버나드 쇼는 "음식에 대한 사랑만큼 진실한 사랑은 없다"라고 말했다. 인간의 혀끝을 만족시킬 수 있는 음식은 허기진 배를 채우는 데서 그치지 않는다. 끊임없이 사람들의 마음을 움직이고 언젠가는 진실한 감동을 전달하게 된다. 초콜릿은 어떤 음식보다 그 감동을 가장 잘 전달하는 달콤하고 따뜻한 음식이다.

1. 초콜릿으로 유명한 나라들

초콜릿의 원료인 카카오를 생산하는 곳은 서부아프리카, 남부아메리카와 카리브 해 지역, 자바, 인도, 스리랑카 같은 아시아 국가다. 이 중 세계 생산의 80%에 달하는 카카오는 가나를 비롯한 서부아프리카에서 생산된다. 하지만 고급 카카오 원료는 대부분 남아메리카와 카리브 해 지역 나라들에서 나온다. 특히 에콰도르와 베네수엘라는 총생산량의 50% 이상이 고급 카카오 원료라 할 수 있다. 그렇다 하더라도 품질 좋은 초콜릿을 만들지 못하면 고급 카카오가 빛을 발할 수 없는 법이다. 그렇다면 초콜릿 생산 대표 국가들은 어디일까? 초콜릿 대표 국가로 알려진 스위스를 비롯해 벨기에, 영국, 프랑스, 이탈리아, 네덜란드 등을 들 수 있는데 나라마다 발달 과정이나 특징에서 조금씩 차이를 보인다.

1) 스위스

스위스는 18세기가 되어서야 초콜릿을 접했지만 현재는 초콜릿 제조방법을 혁신하는 개혁의 발상지가 되었고 초콜릿 소비량이 세계 제일인 초콜릿 국가가 되었다. 앙리 네슬레가 개발한 분유를 이용해 다니엘 피터는 1879년 밀크 초콜릿을 생산했고 더 나아가 경쟁력을 높이기 위해 처음으로 초콜릿에 헤이즐넛을 첨가했다. 필립 슈샤드는 밀크 초콜릿의 상징이 되었다.

루돌프 린트는 '콘칭(Conching)'법을 발명해 초콜릿의 질을 한 단계 끌어올렸다. 콘칭법은 소라고둥처럼 생긴 교반기를 이용하여 초콜릿을 만들 때 훨씬 맛있고 부드러우면서도 풍부한 향미를 갖게 하는 기술이다. 1970년 이후에는 초콜릿에 얼룩이 생겨나지 않게 하는 템퍼링(Tempering), 즉 '적온 처리법'이 발명되었는데 이 방법은 카카오 버터가 많이 포함되어 있는 고급 초콜릿을 만드는 데 지금까지도 사용되는 매우 중요한 과정이다. 대표적 초콜릿 회사로 네슬레(Nestle), 린트(Lindt), 슈샤드(Suchard) 등이 있다.

2) 벨기에

플랑드르 지방은 2세기 동안 스페인 제국의 지배를 받음으로써 카카오를 주성분으로 한 음료를 처음으로 개발한 지역이 되었다. 17세기 말부터 최초의 초콜릿 제조업자들이 브뤼셀에 정착하기 시작해 그 근방에까지 초콜릿 장인들이 퍼져나갔다. 그러던 중 1912년, 장 노이하우스(Jean Neuhaus)가 프랄린(praline)을 만들었는데 이 프랄린은 주로 몰딩을 거쳐 대량으로 생산되는 초콜릿 캔디라 볼 수 있다. 고디바(Godiva), 레오니다스(Leonidas), 노이하우스(Neuhaus), 길리안(Gilian)이 대표적인 초콜릿 회사다. 1946년에 설립된 고디바는 벨기에에서 생산된 프랄린 중 50%를 수출하며 도쿄와 뉴욕에도 공장이 있고, 세계적으로 고급 초콜릿 마케팅의 선두를 달리고 있다. 한국에서는 길리안이 더 잘 알려져 있다.

핫초콜릿

3) 프랑스

루이 13세와 결혼한 스페인 공주에 의해 프랑스 궁정에 유입된 초콜릿 역시 왕족과 귀족들의 즐거움이 되었고 왕비 마리 앙투아네트는 전속 쇼코라티에(chocolatier: 초콜릿 장인)를 두기도 했다. 근대에 들어 초콜릿 산업을 보호하고 고품질을 유지하기 위해 프랑스 정부는 초콜릿에 관한 법률을 제정해 가짜 초콜릿의 유통을 막고 있다. 최고의 맛을 위한 장인들의 노력 덕분에 다양하고 질 높은 초콜릿을 생산하고 있다. 많은 쇼코라티에는 자신들만의 비밀스러운 조제 비법

화이트 초콜릿

으로 명성을 떨치면서 소비자들에게 즐거움을 선물하고 있다. 대표적 기업으로 발로나(Valrohna), 라 메종 드 쇼콜라(La maison de Chocolat), 보나(Bonnat) 등이 있다.

4) 이탈리아

음료인 동시에 음식으로서 유행한 초콜릿은 다른 나라와는 달리 가톨릭 국가인 이탈리아에서는 종교적 관례인 성직자의 단식에 위배되는가 아닌가 하는 논쟁의 대상이 되기도 했다. 그 당시 초콜릿은 최음제로 여겨졌기 때문이다. 하지만 중세 이후에는 초콜릿을 이용한 수많은 달콤한 디저트가 만들어졌고 커피의 발달과 더불어 에스프레소 커피, 초콜릿, 크림을 같은 비율로 섞어 만든 '비체린(Bicerin)'이라는 음료로 등장했다. 또 아몬드, 헤이즐넛, 호두가 섞인 부드러운 초콜릿 '지안두야(Gianduja)'는 세계적으로 유명하다. 대표적 초콜릿 기업으로는 페레로(Ferrero), 카파렐(Caffarel), 페루지나(Perugina) 등이 있다.

5) 네덜란드

초콜릿 제조 기술 영역에서 네덜란드에 주요 공헌을 한 사람은 반 호텐이다. 암스테르담의 화학자로 초콜릿에서 카카오 버터를 제거함으로써 미세한 분말 형태의 초콜릿 제조법을 개발했다. 이 분말이 바로 '코코아'다. 이로써 간단하고 소화가 잘되는 근대화된 초콜릿 음료를 만들 수 있게 되었

다. 반 호텐이 새로운 지방 제거법과 알칼리 염처리 방법을 개발하여 초콜 릿 분말과 고체 두 가지 형태의 대량 생산이 가능하게 된 뒤 네덜란드는 분말 카카오를 전문적으로 생산해내기 시작했다. 멋보다는 실리와 질을 중시하는 네덜란드 사람들은 순수한 카카오 분말의 질을 한 단계 끌어올렸으며 대표적 기업으로 반 호텐(Vanhouten), 벤스드롭(Bensdorp), 드잔(De Zaan), 제르켄스(Gerkens) 등이 있다.

6) 영국

스페인에서 시작된 마시는 초콜릿 음료의 유행은 17세기 영국의 초콜릿 애호가 클럽을 탄생시켰다. 영국의 초콜릿 하우스는 귀족 계급, 신사 계급, 그리고 새롭게 출현한 중산층의 정치·문화 생활의 클럽으로 바뀌어 정치적 결단을 해야 할 위치에 있는 사람들의 토론 장소가 되었다. 영국에서는 초콜렛이 하나의 문화로 자리 잡은 셈이다. 산업혁명은 카카오와 초콜릿 역사에 중대한 영향을 미쳤다. 런던에서 시작된 판형 초콜릿의 보급으로 초콜릿이 대중화되었고 프라이나 캐드버리 같은 기업은 사회적 양심을 지키려 노력했다. 캐드버리 가문은 버밍엄 근교의 본빌에 종업원을 위한 주택, 식당과 독서실을 갖춘 모델 타운을 만들어 종업원의 복지 향상에도 힘을 기울였다.

7) 미국

1893년 시카고에서 열린 만국박람회를 통해 초콜릿 제조 기계를 구입한 밀턴 스네이블리 허쉬는 역사 깊은 초콜릿 산업에서 대량 생산 방식을 도입해 초콜릿의 대중화를 이루었다. 또 펜실베이니아 주 데리 마을에 초콜릿 공장을 세우고 초콜릿 마을 허쉬를 이루었다. 허쉬의 초콜릿 바와 코코아는 미국 시장을 석권했고 허쉬에서 생산한 키세스 초콜릿은 초콜릿의 대명사가 되었다.

8) 멕시코

전 세계인이 사랑하는 초콜릿의 고향은 아
즈텍 문명의 발상지 멕시코다. 멕시코에
서는 정복자들이 스페인으로 전해서
17~18세기, 바로크 시대의 유럽을 점령
한 초콜릿과는 다른 독특한 형태의 초콜릿
을 선호한다. 특히 멕시코에서는 초콜릿을 요
리에 곁들이는 경우가 많다. 그중 대표적인 요리는 몰

가토 쇼콜라

레 포블라노(Mole Poblano)라는 것이다. 이것은 일종의 소스로 초콜릿을
비롯해 열 가지가 넘는 허브와 향신료로 만들어 토르티야나 고기를 넣어 먹
는다. 초콜릿 음료에 멕시코 특유의 매운 칠리, 즉 고추와 데킬라를 섞어 마
시는 것도 독특하다. 전통적으로 홈메이드 초콜릿 분말을 만드는 모습을
보면 몇 천 년 전 자신들의 조상 마야와 아즈텍 문명의 향수가 묻어 나온다.
둥글넓적한 모양에 거친 재질을 그대로 지닌 100% 내추럴 초콜릿이 멕시
코인들에게 사랑받는 것을 보면 이들이 초콜릿 원산지인 아즈텍의 후손임
이 틀림없다는 생각이 든다.

PART 04

마음을 교류하는
즐거운 식사의 완성,
음료&술

01 COFFEE

대화의 문을 여는
쌉싸름한 한 모금

일을 하다보면 사람들을 자주 만나게 된다. 그럴 때마다 음료수를 권하고 함께 마시는 일을 반복하게 된다. 하루 서너 잔은 기본이고 유독 미팅이 많은 날에는 열 잔을 훌쩍 넘기기도 해서 때로는 몸에게 미안한 생각마저 든다. 사람을 대할 때는 으레 마실 것을 권하는 게 예의로 여겨진다. 누군가와의 첫 만남에서도 보통 음료를 마시며 대화를 시작하게 된다. 모든 만남과 거래에서 첫인상은 매우 중요한 요소로 작용하는데 차 한 잔을 나누면서 상대방이 보여주는 태도와 매너가 그 사람에 대한 이미지를 결정하거나 첫인상을 다지는 데 중요한 역할을 한다.

월드컵이 열린 2002년 봄에는 유난히 미팅이 많았다. 외국 여러 나라의 손님들을 맞으려는 준비로 온 나라가 부산스러웠고 세계의 음식문화를 연구하고 가르치는 나에게도 더할 나위 없이 좋은 결실이 있었던 시기였다. 정신없이 바빴지만 그때만큼은 일에서 맛보는 짜릿한 성취감에 젖어 있었다. 행사 준비를 담당하는 기업과 기관에서 자문을 위해 러브콜을 보내면서 하루에도 몇 번씩 미팅에 참석하고 새로운 사람들을 만나는 기회가 많아졌다.

그 당시 만났던 모 기관의 한 담당자는 나를 만난 뒤 인생의 진로가 바뀌었다. 말끔한 양복 차림으로 왼손에 서류 가방을 들고 오른손으로 악수를 청하는 그의 모습에는 당당함이 묻어났다. 그의 지적인 외모를 보면서 '그래, 이런 사람이야말로 한국을 세계에 알리는 일이 적격이야. 직업을 제대로 선택했네'라고 생각하며 자리에 앉아 커피를 서빙받았다. 통성명을 한 뒤 명함을 주고받고, 첫 만남이라면 어디에서든 늘 감도는 어색함을 풀기 위해 앞에 놓인 커피를 한 모금 마셨다. 그도 나처럼 커피잔을 들었다.

그 순간 조금 전까지 내가 가졌던 그의 이미지가 한 번에 무너졌다. 그는 고개도 들지 않고 후룩 소리를 내며 연거푸 커피를 마셨다. 나도 모르는 사이에 걱정과 더불어 사명감이 생겼다. 월권이라 생각하며 참으려 애썼지만 솔직함을 이기지 못하는 성격이라, 한국을 홍보해야 하는 중요한 업무를 지닌 그에게 미팅 내용과는 별개인 커피 문화에 대한 강론을 시작했다. 외국인에게 어떤 식으로 음식을 대접하는 것이 좋겠냐는 질문에 대한 대답을 하기 전에 꼭 알아야 하는 내용이라며 이야기를 시작했다.

"커피는 에티오피아에서 유래했어요"라며 말문을 튼 뒤 내가 알고 있는 커피 이야기, 역사와 일화, 결정적으로 커피 마시는 방법과 예절까지 한 시간 동안 이야기를 풀었다. 그는 내 이야기를 들으며 커피의 세계에 빠져 들었다. 내 말에 귀를 기울이던 그는 자신의 무지한 매너를 깨닫고 다시는 이런 실수를 하지 않게 해주어 고맙다고 말했다. 게다가 놀랍게도 커피의 매력에 빠져서 커피 공부를 시작하겠다고 했다. 실제로 그는 커피 공부를 시작했고 한국에서만으로는 성에 안 찼는지 몇 년 전에는 잘 다니던 직장까지 그만두고 이탈리아로 바리스타 공부를 하러 떠났고 지금은 아예 샌프란시스코에 카페를 냈다고 한다. 외국에 가기 전까지 그는 홍보 일을 하면서 말끔한 외모에 매너 있게 음료를 마시며 상대방에게 예의 바르고 지적인 느낌을 강하게 풍겼다. 더군다나 커피에 관한 재미있는 일화를 조금씩 풀어내며 대화를 더욱 편하고 수월하게 이끌어나가 어색한 미팅의 분위기를 주도할 수 있었다고 한다.

그의 경우처럼 우리도 첫 만남에서의 작은 실수로 이미지와 일에 타격을 받는 예상치 못하는 일이 발생하곤 한다. 매너에 무지함을 깨닫고 배우려는 순간 젠틀맨과 레이디로 탄생한다는 말이 있듯이, 교육현실과 사회 구조상 매너를 익힐 기회를 갖지 못했더라도 늦게나마 바로잡는 용기가 필요하다. 나이와 지위에 상관없이 배우고자 하는 의지는 글로벌 시대를 살아가는 우리를 더욱더 가치 있게 만들어주는 원동력이 될 것이다. 비록 별것 아닌 사소한 예절이라도 누군가를 만나고 이야기를 나누면서 좋은 이미지를 심어주는 큰 역할을 할 수 있다.

"커피의 고향이 어디일까요?" 어색한 첫 미팅 자리에서 커피를 마시며 내가 가장 많이 던지는 질문이다. 그 질문에 정답을 말하는 사람은 겨우 1~2%다. 대부분은 이탈리아나 프랑스처럼 식문화가 발달한 유럽 국가나 커피 생산 대국인 브라질 혹은 콜롬비아로 알고 있다. 하지만 커피의 원조국은 아프리카 북동부에 위치한 에티오피아다. 커피의 3대 품종 중 가장 향미가 뛰어난 아라비카 종의 주산지로 이슬람 문화권인 아랍과 함께 아프리카 북동부에서 재배를 시작했다.

사실 커피를 마시게 된 기원에 관한 정확한 기록은 없다. 그 유래에 대한 유력한 두 가지 전설이 전하고 있는데 그중 하나는 천일야화에도 언급되어 있다. 에티오피아의 옛 이름인 아비시니아에 칼디라는 목동이 있었다. 어느 날 염소들이 빨간 열매를 따먹고는 흥분하며 잠을 못자는 것을 본 그는 직접 빨간 열매를 따서 먹어봤다. 목동은 열매를 먹고 나자 온몸에 힘이 나면서 이상한 기운을 느끼기 시작했다. 그래서 그 씨앗을 이슬람 사제에게 가져다주었는데 부정한 음식을 먹기 전, 의식으로 빨간 열매를 불에 태웠더니 그윽한 커피향이 퍼지면서 사제들과 이슬람교도들이 커피 열매를 먹기 시작했다. 이후 척박한 땅에서 양이나 염소를 치며 유목생활을 하는 이슬람교도들은 힘이 나는 열매를 가지고 다니며 약으로 사용하기도 하고 사제들은 밤에 기도를 드릴 때 잠을 쫓기 위해 즐겨 먹게 되었다고 한다.

또 다른 전설은 홍해 바로 건너편 나라인 예멘에서 비롯됐다. 이슬람 대사제인 오마르는 모함을 받아 쫓겨 모카라는 항구 도시로 건너오게 되었다. 너무나 배가 고팠던 그는 새가 먹고 있던 빨간 열매를 보고 알라의 계시라 생각해 그 열매로 허기를 달랬다. 그랬더니 배고픔도 사라지고 기운이 나서 그 뒤 그 열매로 병약한 이들을 치료했다. 예멘의 모카 항은 그 뒤로 커피를 수출하는 주요 항구로 이름을 알리게 되었다. 우리가 흔히 마시는 모카커피도 항구의 이름에서 따온 것이다. 모카커피는 초콜릿향이 강한 예멘의 정통 커피로 블렌딩에 알맞은 양질의 커피로 사랑받는다. 전설과 상관없이 에티오피아에는 가장 오래된 야생 커피나무가 자라고 있어 커피 원조 국가로 인정받는다. 커피라는 단어 또한 에티오피아어로 힘이라는 의미의 카파(caffa)에서 유래되었다는 점에서 그 사실을 더 확실히 입증해준다. "큰 위기가 올 때마다 우리 심장이 근본적으로 필요로 하는 것은 따뜻한 한 잔의 커피인 것 같다"라는 알렉산더 대왕의 커피에 관한 명언처럼 힘과 에너지를 불러일으키는 신비하고 효험이 뛰어난 열매를 발견한 것은 우리에게 매우 큰 행운이다.

그렇다면 현재 가장 사랑받는 인기 음료인 커피는 어떻게 세계적으로 보급되었을까. 이슬람 교파 중 하나인 예멘의 수피교도들이 에티오피아 커피를 아랍과 중동 지역으로 퍼뜨렸는데 그 시간은 1,000년이 넘게 걸렸다. 그 뒤 아랍인은 지중해를 넘나들며 유럽과 활발히 교역을 이어나갔고 그 와중에 커피가 점차 유럽인에게 퍼져나갔다. 하지만 비싼 커피 원두는 세금 때문에 큰 골칫덩어리였다. 종교에서도 의견 차이를 보여서 유럽에서는 한때 커피를 금하기도 했다. 그 당시 유럽은 로마 교황의 힘이 막강했는데, 이교도들이 들여온 음료 때문에 밤에 잠을 안자고 범죄와 음탕한 생활을 한다고 믿었기에 커피를 '악마의 음료'라 부르기도 했다. 프랑스의 정치가이자 외교관인 탈레랑은 "악마같이 검고 지옥처럼 뜨겁고 천사같이 순수하고 사랑처럼 달콤하다"라며 그 당시 커피의 명성을 언급하기도 했다. 커피에게 붙여진 '악마의 음료'라는 별명은 지금도 광고 카피로 종종 사용되고 있다. 한때 금지됐던 이 음료는 17세기경부터 유럽 전역에 유행처럼 번져갔으며 네덜란드와 프랑스 사람들을 통해 아시아와 중남미로 보급되면서 브라질과 콜롬비아, 베트남과 인도네시아 같은 커피 최대 생산지들이 탄생하게 되었다.

우리나라에는 고종 황제가 러시아 공관에 머물 당시 커피를 마셨다는 기록이 있다. 이 문서로 봐서 우리나라 최초의 커피 드링커는 고종이라 할 수 있다. 우리나라 최초의 커피 전문점은 20세기 초, 독일인 손탁 여사에 의해 들어섰다. 정동에 세운 한국 최초의 호텔인 손탁 호텔 안에 첫 커피숍을 개업한 이후 일제 강점기에는 명동과 소공동 등지에 일본식 다방들이 생겨났다. 대중적인 보급은 한국 전쟁 이후에 이루어졌는데, 미군들의 식량에 속해 있던 인스턴트커피가 익숙해지고 인기를 얻어 본격적으로 시판되면서부터다. 다방식 커피든 인스턴트커피든 요즘 유행하는 브랜드 커피든 간에 커피는 그 향미를 즐기며 대화하는 데 가장 사랑받는 음료임에는 틀림없다. 현재까지도 우리나라의 커피 열풍은 식지 않았다. 커피 전문점이 점점 더 많이 생겨나고 테이크아웃 종이컵을 손에 든 채 길을 걷는 이들의 모습은 이제 낯선 광경이 아니다.

누군가와의 첫 만남이나 미팅 자리에서 마시는 한 잔의 커피는 거래를 성공적으로 성사시키고 멋진 이미지를 심어주는 데 도움을 준다. 또 맑은 정신을 갖게 하는 도구 역할도 톡톡히 해 내서 바쁜 현대인들과 쉽게 친숙해졌다. "나는 아침 식탁에 더할 나위 없이 좋은 벗을 한 번도 빠뜨린 적이 없다. 커피를 빼놓고는 그 어떤 것도 좋을 수 없다. 한 잔의 커피를 만드는 원두는 나에게 좋은 아이디어를 60여 가지나 가르쳐준다"라고 말한 베토벤처럼 늘 아침이나 휴식할 때 커피를 마시는 이 세상의 모든 이는 단지 잠에서 깨어나기 위해서가 아닌 생각을 더욱 또렷하게 하는 힘을 갖기 위해 커피를 즐겼다. "커피는 정치인을 현명하게 하고 반쯤 감긴 눈으로 사물을 통찰케 한다"라는 영국의 유명한 시인 알렉산더 포프의 말처럼 커피 한 잔이 우리에게 가져다주는 선물은 무궁무진하다. 좋은 이미지를 지닌 매너 있는 사람으로, 통찰력을 겸비한 에너지 넘치는 사람으로 인정받을 수 있기 때문이다.

1. 커피 마시는 방법과 예법

- 커피를 만들 때는 100도 이상의 끓는 물로 만들지만, 마실 때는 살짝 식혀 입술을 잔에 댔을 때 데이지 않을 정도인 90도 정도가 적당하다. 따라서 내리는 커피든 인스턴트커피든 2분 정도 기다린 뒤 마시는 것이 그 향미를 잘 느낄 수 있다.
- 커피는 블랙과 화이트 두 가지 색으로 구분할 수 있다. 블랙은 흰색을 보이는 유제품이 첨가되지 않은 것으로 설탕의 유무는 상관없다. 화이트는 유제품이 들어간 것이다.
- 유제품을 첨가할 때는 커피를 되도록 진하게 내리거나 타는 것이 좋다. 그래야 유제품의 비린내가 나지 않고 부드러우면서도 커피향이 강하게 풍긴다.
- 카페라테는 우유가 들어간 커피를 의미하는 이탈리아어이며, 프랑스어인 카페오레(Café au Lait), 스페인어인 카페 콘 라체(Café con Lache)와 같은 말이다.
- 에스프레소는 100년 전 이탈리아에서 발명된 커피 추출기를 사용해 만드는 커피 음료다. 압력을 가해 빠르게 커피를 뽑아 향은 진하지만 카페인은 적으며, 반잔이라는 의미의 작은 데미타세(Demitasse) 잔에 마신다. 보통 설탕을 한두 숟가락 넣어 쓴맛과 단맛의 조화를 느끼며 마시지만 마니아층은 그대로 마시기도 한다. 보통 두 번에 나눠 마시는데, 첫 모금은

위에 떠 있는 커피 콩 기름에서 빠져나온 크레마(Crema)를 향과 함께 음미하고 두 번째는 남은 음료를 모두 털어 마신다.

- 아메리카노(Americano)는 에스프레소에 더운 물을 섞어 연하게 마시는 음료다. 아메리칸은 미국식으로 연하게 뽑거나 내려 먹는 커피를 말한다. 연한 커피는 유제품을 넣지 않아야 비린내가 나지 않고 은은한 향을 음미할 수 있다.

- 얼음을 넣은 차가운 커피 음료를 만들 때는 커피를 진하게 해야 얼음이 녹으면서 맛이 연해지는 것을 막을 수 있다.

- 비엔나 커피처럼 위에 생크림을 휘핑해 얹은 음료는 저어서 섞어 마시면 안 된다. 차가운 크림이 입술에 닿으면서 따뜻한 커피가 입안으로 들어가게 마시는 것이 정석이다.

- 카푸치노(Cappuccino)는 우유와 계핏가루가 들어간 대표적인 커피 음료로, 원래는 오스트리아에서 개발되었지만 이탈리아인들이 더욱 발전시킨 인기 메뉴다. 카푸친 성당의 수도승복의 패턴을 보고 만들었다.

- 모든 전형적인 커피잔은 잔 받침이 있고 손잡이가 달려 있어야 하며, 일반적으로 그다지 넓거나 크지 않다. 커피 향미를 더 잘 느끼기 위해서인데, 근래에는 커피 메뉴가 다양하게 개발되면서 넓은 잔이나 독특한 모양의 잔도 이용한다.

- 커피를 따를 때는 잔의 4분의 3을 채우고, 마실 때는 오른손으로 들고 받침은 들지 않고 테이블에 놓아둔다. 커피잔을 들었다 놓을 때마다 소리

카푸치노(위) 아이스커피(아래)

가 나지 않도록 신경 쓰는 것이 좋다.

- 설탕이나 우유 등 첨가물을 넣고 저을 때 이용하는 티스푼은 잔에 부딪쳐서 요란스러운 소리가 나지 않도록 주의한다. 사용한 뒤에는 잔을 놓을 때마다 부딪치지 않도록 잔 받침 가장자리에 살포시 올려놓는다.
- 잔 받침이 없는 머그잔으로 마실 때는 보통 잔보다 무거우니 손잡이를 잘 잡고, 사용한 티스푼은 냅킨 등을 이용해 테이블에 올려놓는다.
- 커피를 후후 불거나 홀짝거리며 소리 내어 마시는 것은 금물이다. 교양 없는 행위로 비치기 쉽다.
- 커피를 마실 때는 고개를 들고 잔을 입으로 갖다 대어 한 모금 마시고, 잔을 내려놓은 다음 시간을 두고 같은 행위를 반복한다.
- 커피잔에 립스틱이 묻지 않도록 마시기 전에 티슈로 입술을 살짝 눌러주거나, 냅킨 등을 이용해 잔에 묻은 립스틱을 닦아낸다.
- 아이스커피를 마실 때는 되도록이면 빨대를 이용한다. 이때는 빨대를 씹거나 해서 모양을 망가뜨리지 않도록 한다.
- 빨대로 마실 때는 소리 나지 않도록 바닥에 음료를 조금 남긴다.
- 일회용 잔으로 마시는 경우, 보통 잔보다 얇고 힘이 없으므로 더욱 주의를 기울여 잔을 잡는다. 일회용 숟가락 등을 올려놓을 수 있는 냅킨을 준비해두는 센스도 잊지 말아야 한다.

02 TEA

마음을 다스리는 한 잔의 여유

옛날 중국인은 "장작과 쌀, 기름, 소금, 양념, 식초 그리고 차만 있으면 하루 일을 시작하는 데 필요한 것은 다 있다"라고 했다. 장작은 요리를 위한 땔감으로 필요했고, 주식인 쌀 역시 꼭 필요했다. 기름과 소금, 양념과 식초는 다른 재료를 산과 들, 바다나 강에서 얻는다고 가정할 때 향미를 돋우는 것들이니 반드시 챙겨야 한다. 그렇다면 남는 것은 차다. 차는 요리에 특별히 들어가는 재료도 아닌데 왜 굳이 필요하다고 했을까?

세계에서 물 다음으로 가장 많이 마시는 음료가 바로 차다. 차가 발달한 나라마다 차를 준비하고 마시는 방법이 각각 다르며, 심지어 개인에 따라서도 차이가 있다. 차는 따뜻하게도 마시지만 차게 해서도 마시며, 펀치 같은 다른 음료를 만들 때 섞거나 요리에도 사용할 정도로 쓰임새가 많다. 전 세계적으로 아침에 일어나자마자 차를 마시는 차 애호가는 상당히 많다. 이들은 아침과 점심, 졸리고 나른한 오후 그리고 늦은 밤까지 습관처럼 차를 마신다. 차를 마심으로써 미세한 정신적·신체적 도움을 얻기 때문이다.

찻잎에 들어 있는 테오필린과 카페인은 둘 다 알칼로이드 성분이다. 테오필린은 혈관을 확장해주며 근육을 이완시키고, 카페인은 혈액순환을 촉진함과 동시에 피로를 풀어주며 이뇨 작용도 돕는다. 신경을 흥분시켜서 정신을 맑게 해주며 기운을 북돋아주는 효능이 있어 아침잠을 깨워주고 나른한 오후에는 활기 넘치게 만들어주기도 한다. 차의 효능은 찻잎마다 조금씩 차이가 있으며, 발효 상태에 따라서도 다르다.

녹차에는 비타민 C와 E 같이 산화를 방지하는 성분이 많이 함유되어 있고, 콜레스테롤과 심장 질환에 저항하는 힘을 주며 암을 예방하는 면역체도 들어 있다. 우롱차는 알칼리성이라 위궤양에 좋고 소화 흡수를 도우며 지방을 분해하는 효능이 있어서 기름진 음식을 주로 섭취하는 중국인은 식사할 때 우롱차를 즐겨 마신다. 홍차에는 지혈 작용과 수렴 작용을 돕는 타닌과 독성과 결합해 해독 작용을 하는 폴리페놀 성분이 있다. 물론 차를 너무 많이 마시면 카페인 성분 때문에 역효과가 날 수 있지만, 건강을 위해 영양소가 풍부한 차를 조금씩 꾸준히 마시는 것은 좋은 습관이다.

그렇지만 차는 단순히 건강상의 이유 또는 습관이나 관습에 따라 취하는 음료에서 벗어나 차 문화라는 범주를 이룬다. 영국이나 오스트레일리아 그리고 영국이 오랫동안 식민 지배를 했던 여러 나라에서는 차를 마시며 담소를 나누는 티 파티가 상류 사회를 중심으로 자주 열린다. 일상에서는 오후에 샌드위치, 쿠키, 케이크 등의 간식을 곁들여 주변 사람들과 교류하는 중요한 수단이 되기도 한다. 오랜만에 만난 지인들과도 식사보다는 차를 함께 마시며 그동안 나누지 못한 이야기꽃을 피우기도 하고, 직장에서 회의할 때도 자연스럽게 차를 마신다. 차의 온기와 향은 두뇌 활동을 활성화시키고 여유로운 마음을 갖게 하기 때문이다.

중동 지역에서도 차는 하나의 문화다. 귀빈을 초대하거나 만날 때는 따뜻하고 향기로운 차 한 잔을 대접하면서 호의를 표한다. 중국과 일본, 인도 같은 아시아에서 차 문화는 더 말할 나위가 없을 정도로 널리 확산되어 있다. 인도에서는 차로 정신을 수양하고 심신을 보하며, 중국과 일본에서는 '다도'를 행하면서 차 문화를 즐긴다. 차를 준비해서 마시는 동안 마음을 다스리고 생각을 깊게 할 수 있으며 자기 성찰의 기회 또한 갖게 해주는 지침서 같은 존재로 자리 잡았다. 손님을 접대할 때도 다도는 중시되는데, 중국이나 중국 문화권의 나라에서는 딤섬이나 달콤한 디저트를 함께 내고, 일본에서는 정식 코스 식사인 가이세키 요리를 차와 함께 대접하기도 한다. 항상 근사한 간식거리를 준비할 필요는 없지만 차의 향과 맛을 더 돋울 수 있는 먹거리를 함께 준비하는 것이 좋다. 다도를 행할 때는 호화스럽고 값비싼 도구를 사용하기보다는 정성을 다해 차와 도구를 준비하며, 손님이나 지인들과 예의를 갖추어 차를 마시는 것이 정석이다. 차를 통해 서로 존중하면서 대화를 나누고, 마음을 열어 생각을 교류한다. 이처럼 차 문화는 자신과 타인 모두 여유를 즐기며 마음을 다스릴 수 있는 없어서는 안 될 매개체다.

하나의 문화로 자리매김한 차는 폭발적인 인기 때문에 유독 역사적인 사건과 에피소드가 많다. 영국의 동인도회사가 차 수입의 주도권을 잡고 호황을 누리던 18세기 초, 영국과 기타 유럽의 통치를 받던 미국에게 홍차 관세를 너무 과하게 부과하자, 성난 미국인이 난동을 일으켰다. 차를 싣고 온 배에 올라 차 상자 수십 개를 바다에 집어 던지면서 시작된 이 사건이 그 유명한 보스턴 차 사건이다. 이 사건은 미국 독립 전쟁의 시발점이 되었다.

19세기 영국에서는 차가 급속도로 인기를 누리면서 차의 수입량이 점점 늘어나게 되었다. 그에 따라 부채 역시 기하급수적으로 쌓였고, 내부적으로는 해결할 수 없을 만큼 곤란한 지경에 이르렀다. 이를 해결하기 위해 인도에서 아편을 싸게 재배해 중국에 몰래 팔아넘기다가 청나라와 아편전쟁을 치르기도 했다.

미국 세인트루이스 시에서 열린 박람회에서 한 영국인이 티를 전시·판매했는데, 무더운 날씨 탓에 홍차가 반응이 없었다. 그는 즉석에서 뜨거운 홍차에 얼음을 넣어 아이스티로 만들었다. 아이스티가 인기리에 팔린 것은 물론 박람회의 2대 히트 상품이 되었다. 이 우연한 일은 상업적인 아이스티의 시초가 되었다. 오늘날까지 그 인기는 북미 지역과 전 세계에서 지속되고 있다.

중국의 유명 도자기인 본차이나(Bone China)와 종업원에게 주는 팁(Tip) 문화 역시 차에서 비롯되었다. 중국에서 수입해온 찻잔에는 손잡이가 없어 차를 마시기 불편했다. 그래서 소의 뼈를 흙과 섞어서 빚은 다음 손잡이가 딸린 견고한 찻잔을 만들게 되었는데 이런 방식으로 탄생한 찻잔들과 여러 자기 그릇을 본차이나라고 부르게 되었다.

팁을 주는 서비스는 지금은 많이 사라졌지만 티가든(Tea Garden)이나 티 하우스(Tea House)가 영국 전역에서 성행했을 당시 생겨났다. 식당의 테이블에는 T.I.P.S(To Insure Prompt Service)라고 적혀 있는 상자들이 놓여 있었는데, 이는 차를 서빙하는 종업원들에게 좀 더 나은 서비스를 받기 위해 손님들이 동전과 돈을 넣어두는 통이었다. 차를 마시는 동안 편안한 서비스를 제공받기 위해 팁을 주는 관습이 생겨난 것이다.

차의 유래는 고대 중국의 삼황(三皇) 중 한 명인 신농이 100여 가지의 약초를 식용과 약용으로 구분하기 위해 연구하던 중 차의 효험을 발견한 때부터 시작된다. 동양과의 무역이 성행한 스페인과 포르투갈 그리고 네덜란드 상인들을 통해 유럽으로 전파되었으며, 그 뒤 네덜란드에서 자란 찰스 2세와 헨리 8세의 왕비가 된 아라곤의 공주 캐서린이 영국에 차를 알렸다. 차가 유행하기 시작한 19세기 초반에 영국은 인도의 차 산업을 주도했으며 중국과도 차 교류를 시작했다.

차는 원산지인 중국을 비롯해 아시아와 중동, 유럽에서 더 많이 사랑받는다. 중국과 인도에서 재배되는 차나무는 동백나무과에 속하는 카멜리아 시넨시스(Camellia sinensis: 야생 차나무) 나무에서 왔다. 야생 차나무는 30미터 정도로 높게 자랄 수 있다. 그래서 옛날에는 원숭이를 차나무에 올라가 찻잎을 따서 밑으로 떨어뜨리도록 훈련시켰다. 하지만 근래에는 보통 1미터 정도로 높이를 조정해 사람들이 딸 수 있게 했다. 다른 여러 농작물도 마찬가지지만 차를 재배하고 수확해서 생산하기까지는 오랜 시간과 무수한 정성이 필요하다. 최상품의 찻잎을 재배하기 위해서는 까다로운 묘목 관리가 필요하다. 묘목이 차를 수확할 수 있는 나무가 되려면 보통 3~7년이 걸린다. 제대로 관리된 차나무는 100년이 되어도 찻잎을 수확할 수 있다. 일반적으로 찻잎 4.5킬로그램은 1킬로그램의 차를 만든다. 차나무는 산성 토양과 따뜻한 기후, 연간 1,270밀리미터의 강수량이 필요하다. 30개국에 달하는 차 생산 국가에서 고를 수 있는 차 종류는 2,000개가 넘는다.

차는 일반적으로 색상, 발생지, 발효 방식 등에 따라 다양하게 분류한다. 백차, 녹차, 청차, 황차, 홍차, 흑차로 색이 나뉘며, 중국, 인도, 스리랑카, 인도네시아, 케냐가 주요 생산국이다. 영국과 포르투갈, 네덜란드 등의 유럽, 러시아와 중동, 일본과 우리나라 그리고 동남아시아 전역에서 차를 즐겨 마신다. 가장 중요한 분류법은 발효 방식인데 녹차, 우롱차, 홍차로 쉽게 구분하기도 한다. 근래 들어 과일과 향신료를 넣은 향차도 점점 인기가 높아지고 있다.

대표적인 차의 종류

녹차(Green Tea) 잎을 따서 말린 뒤 뜨거운 열을 가해 찌거나 볶아서 산화, 즉 발효되지 못하게 만든다. 약하게 우려낸 다음 그 자체를 즐기는 것이 최상이다.

우롱차(Oolong Tea) 잎을 살짝 부순 다음, 말리기 전에 반쯤 발효시킨 것으로 이 과정에서 섬세한 향이 품어 나온다. 주로 중국차가 해당된다.

홍차(Black Tea) 진한 갈색의 잎으로 마를 때까지 발효시킨 것으로 영국을 비롯한 서양에서 가장 보편화된 차다. 스리랑카산과 인도산이 유명하다.

발효 정도에 따른 차의 분류

불(不) 발효차(발효율 0%) 녹차가 해당되며 증제차와 덖음차로 나뉜다.

반(半) 발효차(발효율 10~65%) 보통 우롱차를 일컫는데 백차, 청차, 화차와 포종차로 또 분류된다.

발효차(발효율 85% 이상) 홍차가 해당되고 잎차 형태와 파쇄 형태로 구분된다.

후(后) 발효차 발효 후에 다시 공정 과정을 거치는 차들로 흑차와 황차가 해당된다.

차 물 온도와 우리는 시간

백차 65~70도, 1~2분, 세 번까지 우려낸다.

녹차 75~80도, 1~2분, 4~6번

황차 70~75도, 1~2분, 세 번

우롱차 80~85도, 2~3분, 4~6번

홍차 95~99도, 2~3분, 2~3번

보이차 95~100도, 1~7분, 4~5번

허브차 95~99도, 3~6분, 허브에 따라 다르다.

차는 차나무 한 그루에서 파종되어 세계 여러 지역에서 지형 조건에 맞게 재배되며, 각기 다른 방식으로 생산되지만 단 한 가지 공통적인 조건이 따른다. 그것은 바로 여유로운 마음과 시간이 필요하다는 것이다. 다도를 행하며 정성껏 우려낸 다음 차를 즐기거나 겨우 5분 남짓한 시간에 티백을 넣어 차를 마신다 해도 이때는 하루를 보내는 동안 잠시나마 휴식 시간을 만끽하게 된다. 짧은 시간이라 할지라도 마음을 다스리는 한 잔의 여유는 차를 즐기는 사람들에게는 바쁜 일상에서 빼놓을 수 없는 순간이다.

대서사시 「파르치팔(Parzival)」을 쓴 13세기 유럽 궁정 문학의 대표 주자인 볼프람 폰 에센바흐(Wolfram von Eschenbach)는 "시간을 지배할 줄 아는 사람은 인생을 지배할 줄 아는 사람이다"라는 의미심장한 말을 했다. 아무리 바빠도 자신을 돌아보며, 마음을 다스리는 차 한 잔의 여유를 제대로 즐길 줄 아는 사람이야말로 진짜 인생을 살 수 있다는 생각이 든다.

1. 중국의 차

중국은 차의 종주국답게 다양한 종류의 차가 생
산되고 지역마다 특색 있는 차들이 발달했다. 녹
차와 우롱차를 많이 만들지만 발효시킨 개성 강
한 차도 꽤 많다. 또 찻잎을 손으로 빚어 만든 독
특하고 아름다운 모양의 수예차도 차 애호가들 사
이에서 인기 있다. 중국의 명차는 양질의 차나무
에서 훌륭한 재배 기술로 만들어 좋은 품질로 생
산해야 그 가치를 인정받는다. 또한 생산지의 자
연 환경이 빼어나서 유명 관광지로 알려지면 더
욱 금상첨화다. 진귀하면서도 차에 담긴 일화가
있고, 유명인의 평이나 언급을 받은 적이 있으면,

철관음 차

많은 이의 사랑을 받아 큰 인기를 누릴 수 있다. 생산 지역이 넓고 질이 좋
은 차가 많아 명차로 인정받기는 까다로운 편이다.

1) 녹차

서호 용정차 용정차는 중국 녹차의 대명사로 세계적으로 잘 알려져 있다.
저장성에 는 용정이란 샘이 있어 그 이름을 따 용정사라는 절을 세웠는데
그 절에서 재배한 차를 용정차라 한다. 싱그러운 난꽃향에 순하고 부드러

홍차

운 맛을 지녔으며 형태는 작설 모양이다. 차를 우려내면 어린 차 싹과 여린 찻잎이 하나하나 피어나서 깃대에 나부끼는 깃발과 같다고 해서 녹색황후라는 애칭이 붙었다. 비타민 C가 다른 차보다 많이 함유되어 있다.

벽라춘 장쑤성 쑤저우 오흥현 동정호의 동산과 서산에서 재배된다. 짙은 향기와 신선한 맛을 지니고 있고, 차의 싹과 잎은 옅은 비취색이며 잎은 소라고둥처럼 구부러져 있다. 우려내면 선명한 녹색이 된다. 차의 아름다운 색과 모양 때문에 벽라춘이라 불리며 춘분과 곡우 사이, 즉 3월 21일 경부터 4월 20일 전에 수확해서 모든 등급이 상급의 품질을 지닌다.

황산 모봉차 안후이성의 유명한 명승지이며 중국 5대 명산 중 하나인 황산에서 생산한다. 모양은 작고, 은빛이 감도는 흰털이 찻잎을 덮고 있으며 황록색을 띤다. 우려낸 색 또한 투명한 황록색이고 향기가 그윽하며 부드러운 맛을 자랑한다. 특등급과 1등급만 명차라 하고 입하 이후에 따서 만든 것은 모봉차로 분류하지 않는다.

천목 청천차 천목산은 저장성 임안현에 있는데, 그중에서도 삼림이 무성한 지역에서 청천차가 생산된다. 흰색에 은빛이 있는 두껍고 짙은 녹색 잎이다. 잎이 두꺼워 가볍게 비비기 때문에, 우려내어 맛을 보면 첫 맛은 담담하지만 마실수록 진해지면서 짙은 향기가 오래 지속된다. 차를 우려내면 맑고 연한 비취색이 되며, 우려낸 찻잎은 흐린 황록색으로 변한다.

2) 우롱차

백호 은침 백차에 속한다. 바늘처럼 뾰족하고 길며 통통한 싹에는 흰털이 전체를 덮고 있다. 차의 이름처럼 향기는 청아하고, 맛은 깨끗하고 신선하다. 옅지만 청명한 살구색이며 우려내도 같은 색을 유지한다. 성질이 차기 때문에 열을 내리는 데 탁월하다. 첫 번째 딴 차 싹이 가장 상등품이고 두 번째 딴 차 싹이 차등품이며, 세 번째부터는 질이 떨어진다. 여름이나 가을에 딴 차 싹은 작아서 백호 은침으로 만들지 않는다. 푸젠성의 대표 차다.

안계 철관음 오래된 중국 차 중 하나로 푸젠성의 안계에서 생산하는 청차다. 향기가 그윽한 철관음은 단맛이 강하며 입안에 퍼지는 과일 풍미가 오래도록 남는 특성이 있다. 다 자란 잎으로 만들어 찻잎이 두껍다. 만들어진 잎은 가운데는 푸르고 가장자리는 붉은빛을 띤다. 우려내면 붉은빛이 도는 황색이 되며, 여러 번 우려내도 향과 맛이 변하지 않는다.

동정 오룡차 타이완에서 처음 생산한 차 종류가 바로 오룡, 즉 우롱차다. 중국에서 우롱차로 유명한 푸젠성에서 이주한 사람들이 만들어 품질도 매우 좋다. 차통만 열어도 진한 꽃향기가 풍겨 나올 정도로 향이 강렬하고 우려낸 차는 계수나무 꽃내음이 난다. 달고 부드러운 맛은 목 깊은 안쪽까지 넘겨지면서 진하고 그윽한 향이 오래 남는다. 차를 우려내면 밝은 황금색을 띠며, 우려낸 다음 남은 찻잎은 가운데가 진한 녹색이고 가장자리는 붉은 우롱차의 특색을 보인다. 청차에 해당한다.

무이 암차 무이산은 중국에서 가장 잘 알려진 명산이자 유네스코 세계 자연 유산으로도 지정된 이름난 관광지다. 아름다운 이 산 기슭에서 나는 모든 차를 무이 암차라 일컫는데, 푸젠성답게 모두 우롱차다. 대홍포, 철라한, 백계관, 수금귀, 소홍포, 육계, 수선 등이 포함되며 대홍포가 가장 비싸고 최상품이다. 대홍포는 무이산 협곡 바위틈에서 흘러나오는 샘물이 차나무에 흡수되어 깨끗하고 향이 깊다. 녹색이 반짝이는 자줏빛의 붉은 잎을 간직하는 차나무로 봄마다 붉게 물든 나무로 변한다. 이 모습이 붉은 도포를 쓴 것 같다 해서 대홍포라는 명칭이 붙었다.

말리화차 말리꽃은 영어로 재스민이기 때문에 말리화차는 재스민차로 더 잘 알려져 있다. 생산량이 많고 향도 훨씬 진한 겹꽃으로 만든 말리화차는 서양인들에게 매우 인기가 있다. 차와 꽃의 품질, 배합률, 생산 시기 등에 따라 등급이 나뉘며 제조 과정이 복잡하고 까다롭다.

3) 홍차

기문 홍차 안후이성의 기문에서 나는 독특한 홍차로, 단맛이 나며 신선하고 향기가 그윽하다. 끝이 뾰족하고 가는 모양으로 우린 찻물은 매우 붉은색이다. 향기가 오랫동안 지속되며 달콤한 장미꽃 향기가 있는 것이 특징이다.

4) 흑차

운남 보이차 대엽종의 찻잎을 이용하여 만든 윈난성의 후발효차이며, 예부터 약으로 이용할 만큼 건강차로 명성을 지니고 있다. 우리나라에서도 변비와 다이어트에 좋다고 알려져 여성들에게 사랑 받는다. 붉은빛의 진한 황색을 띠며 부드러우면서도 진하고 감칠맛 나며 여러 번 우려내도 처음의 향기와 맛이 변하지 않는다. 단단하기에 오래 두고 마실 수 있다.

몽정차 쓰촨성 몽산의 정상에서 재배하는 후발효 황차다. 당나라 때부터 청나라 시대까지 공식적인 차로 인정받을 정도로 향과 맛이 고급스럽고 뛰어나다. 은근히 달면서 맑은 향미를 지닌다.

군산 은침 후난성에서 악양현의 둥팅 호수 한가운데 위치한 군산이라는 이름의 섬에서 생산하는 황차다. 군산에서는 녹차를 주로 만들었으나 당나라 때부터는 황차를 만들기 시작했다. 청나라 때는 황실에 공납하던 매우 귀한 차다. 마오쩌둥이 좋아했던 차이기도 하다. 달면서 부드러운 맛과 상쾌한 향기를 지녔고, 밝은 등황색으로 우려진다. 잎의 모양은 곧고 가지런하며 백호 은침처럼 은빛 흰털이 있는 진한 황색이다.

천량차 1,000냥의 무게를 지녔다고 해서 붙여진 이름으로 둥근 원주 모양이다. 손으로 압축해 만든 다음, 대나무 잎이나 종려나무 잎으로 싸고, 다시 겉면을 대나무 자리로 싸서 운반하기 좋게 만들었다. 청나라 시대의 차로, 그 당시에는 여자 어른의 키와 몸무게에 견줄 만큼 크게 만들었다. 황실이나 몽고 귀족에게 판매했지만, 청나라 말기에 진상이 중단되면서 40년간 생산되지 않았다. 다시 만들어진 뒤에는 찻잎을 떡처럼 찧어 뭉쳐낸 전차 형태로, 포장을 줄이고 작은 크기로 소량 생산한다. 소엽종의 아주 어린

잎으로 만들어져 밀도가 높고 향기는 순수하고 맑으며 맛은 매우 짙으면서도 달고 부드럽다. 오래된 천량차일수록 맛이 깊어지며, 차를 마시면 성분이 전신으로 퍼져서 몸의 긴장을 풀어주는 효과가 있다.

2. 인도의 차

몇 천 년 전부터 인도인은 차를 약용으로 재배하고 마셨지만, 상업적이고 공식적인 차 생산은 중국에 비해 상당히 늦은 편이다. 18세기 후반, 중국에서 차 씨앗을 처음 들여오면서 차 생산 준비가 시작되었고 그 뒤 19세기 초에 영국인이 상업적인 재배와 생산을 본격화했다. 인도에서 생산되는 차는 99%가 홍차이고 따로 마시기도 하지만 대부분 우유와 카다몸, 계피 같은 향신료를 넣어 마신다. 차의 등급은 크기와 잎의 상태에 따라 홀 리프(Whole Leaf), 브로큰 리프(Broken Leaf), 팬닝 리프(Fanning Leaf: 풍선법에 따라 선별한 잎)와 더스트(Dust)로 분류된다.

또한 우리에게도 잘 알려진 인도에는 아삼, 다즐링, 닐기리가 3개 명차로 유명하며, 그 외에도 북부 벵골 차와 오리사 차가 잘 알려져 있다.

실론(Ceylon)은 인도 남부 끝자락에 있는 스리랑카에서 생산된 차를 일컫는다. 영국인 제임스 테일러가 차 산업을 시작했는데 차는 거의 대부분 수출한다. 모든 실론티는 사자 그림을 그려 넣어 스리랑카 차의 품질을 증명한다. 지형의 위치에 따라 업 컨트리(Up Country), 미드 컨트리(Mid Country), 로 컨트리(Low Country)로 차 생산지가 분류되며, 등급은 리프 그래이드(Leaf Grades)와 스몰러 브로큰 그래이드(Smaller Broken Grades)로 나뉜다. 홍차는 레몬향이 감돌며 청량감이 있고 녹차는 타닌도 많고 톡 쏘는 강한 느낌이 나면서 매우 풍부하다. 실버 팁스(Silver Tips)라고 불리는 은빛의 백차는 높은 가격만큼 귀한데, 소나무와 꿀 향이 감도는 섬세한 맛과 황금 구릿빛 색을 띤다. 다즐링, 기문 홍차와 더불어 세계 3대 홍차인 우바(Uva)와 딤블라(Dimbula)가 유명하다.

아삼(Assam) 북동부 브라마푸트라 계곡에서 재배되는 인도의 토속 차나무로 만든다. 맥아 향이 진하게 나며 타닌이 많고 상쾌하지만 매우 강해서 우유를 넣어 부드럽게 마시는 잉글리시 블랙퍼스트 티(English Breakfast Tea)로 사용된다. 인도 생산지 중 가장 많은 양이 나오며 고급 아삼은 '팁스(tips)'라 불리는 피지 않은 싹을 지닌다.

다즐링(Darjeeling) 중국에서 건너온 차나무에서 재배하여 산화를 덜 끝내고 만들기에 홍차라기보다는 우롱차에 가깝다. 연한 황금색의 매우 섬세하면서도 미묘하게 강렬한 차로 특히 히말라야의 높은 기슭에서 자라는 잎에서는 진한 사향과 더불어 달콤한 포도향이 난다. 다즐링 브로큰 오렌지 페코이(Darjeeling Broken Orange Pekoe)는 세계에서 가장 비싸게 판매되는 차 중 하나다. 다즐링은 홍차와 함께 녹차, 우롱차도 생산한다. 다즐링 차를 녹차와 배합한 다음 그린 카다몸과 정향, 다진 아몬드와 잣을 넣으면 카슈미르 차(Kashmir Tea)가 되는데, 매우 색다르고 이국적인 느낌이 든다.

닐기리(Nilgiris) 블루 마운틴(Blue Mountain)이라는 뜻을 지닌 인도 남부 고원 지대에서 생산하는 차다. 색이 진하고 향이 그윽하지만 맛이 깔끔해서 우유를 넣지 않고 즐기기에 좋다. 보통 오후에 즐기는 애프터눈 티(Afternoon Tea)로 팔리며, 다른 찻잎과 배합해서 티백용으로 흔히 사용된다. 최상급만 찻잎으로 판매한다.

3. 일본의 차

일본에서 생산하는 차는 모두 녹차이며, 우유나 설탕을 넣지 않고 마신다. 차 수확은 보통 5월부터 이뤄지며 어린잎을 따서 찐 다음 발효 과정을 거치지 않고 생산한다. 혼슈의 시즈오카 현이 가장 유명한 전통차의 고장이다.

료쿠차(綠茶: 녹차) 녹차를 부르는 말이다.
센차(煎茶) 일본 녹차의 80%가 센차다. 발효를 멈추기 위해, 찻잎을 따서 바로 증기를 가한 다음, 뜨거운 바람으로 말리면서 손으로 비벼가며 작고 가늘게 부순다. 증기를 가하면 색도 변하고 쓴 향도 없어져 편하게 마실 수 있다. 저렴한 가격의 가장 대중적인 일본의 녹차며 식사 전후뿐만 아니라 수시로 즐긴다.

녹차

교쿠로차(玉露: 옥로) 대나무로 그늘을 만든 다음, 빛을 차단해 영양을 충분히 공급해서 키운 고급 녹차다. 값도 비싸고 맛과 향이 강해서 적은 양을 마신다. 떫은맛이 적으며 매우 부드럽다. 특히 일본 토산품으로 인기가 많고 온천 지역에서 각 고장의 차를 주로 판다.

멧차(芽茶) 센차나 교쿠로차를 만들면서 새 싹을 가려내서 만든 차로 맛과 향이 강하며 카페인 등 자극 성분도 많다.

반차(番茶: 엽차) 고급 차들은 봄에 수확하지만 반차는 여름과 가을에 따서 오래된 큰 찻잎이나 줄기 부분으로 만든다. 등급이 낮아 가격이 싸기 때문에 저렴한 식당에서 주로 낸다.

호지차(ほうじ茶) 센차와 반차의 딱딱한 잎을 센 불에 쬐어 말린 것으로 카페인이 적고 깔끔하면서도 고소한 향이 난다. 맛은 다소 강하지만 소화에 좋아 인기 있다.

겐마이차(玄米茶: 현미차) 반차와 센 찻잎을 사용해서 만드는데 현미와 튀긴 쌀이 함유되어 있어 부담 없이 즐기는 건강차다. 제2차 세계대전 때, 식량 부족으로 생겨난 이후 일본인이 즐겨 마신다. 누룽지처럼 맛이 구수하고 입안이 깔끔해지는 느낌이 든다.

쿠키차(枸杞茶: 구기차) 찻잎과 나무 잔가지를 섞어 만든 것으로 다른 차보다 비교적 카페인이 적다. 열매를 달여서 만드는 우리나라의 구기자차와는 향미와 성분이 다르다.

마차(抹茶: 말차) 교쿠로와 같이 그늘에서 재배한 후 쪄서 말린 찻잎을 돌로 갈아 가루로 만든 차다. 일본 다도에서 가장 많이 사용되며 일본 떡이나 케이크 등의 요리에도 종종 쓰인다. 안쪽의 표면이 껄끄러운 마차용 사발이 필요하고 대나무로 만든 솔처럼 생긴 차선으로 마차를 풀어준다. 매우 진한 녹색이고 향미가 강하며 때론 거품이 생긴다.

코나차(粉茶: 분차) 차가 만들어지는 과정에서 떨어져 나온 가루를 모아 만든 것으로 주로 티백 형태로 판매된다.

고차(紅茶: 홍차) 홍차를 의미하며 레몬을 띄워 마시거나 우유와 설탕을 넣어 밀크티로 즐긴다. 보통 수입차를 사용한다.

4. 한국의 차

같은 동북아시아에 있지만 우리나라는 중국과 일본의 차 문화와는 매우 다르다. 불교의 영향 아래 있던 우리나라는 삼국시대에 중국으로부터 차를 전파받아 한때는 매우 즐겨 마셨지만, 조선시대에 유교의 강한 영향으로 불교가 쇠퇴하면서 차 문화도 함께 쇠퇴했다.

주로 찻잎을 즐기기보다는 건강에 좋은 자양강장 차 종류를 선호했는데 그 결과 지금까지도 인기 있는 한국의 대표적인 차는 인삼차, 생강차, 유자차, 쌍화차 등 자양강장 차 중심이다.

20세기에 들어오면서 전라도 지방에서 야생으로 자라던 차나무에 관심을 가지며 녹차 산업이 시작되었다. 중국이나 인도의 생산량에는 절대 미칠 수 없지만 차에 대한 연구로 현재는 우리만의 고유한 녹차들이 생산되고 있다. 전라남도의 보성과 구례, 경상남도의 하동, 제주도가 주요 산지다. 우리나라 녹차의 가장 큰 특징은 찻잎을 말리는 과정이 독특하다는 점이다. 햇볕이나 그늘에 말리거나 쪄서 말리는 다른 나라에 비해, 우리나라는 덖음 방식을 사용한다. 덖음 방식은 가마솥에 찻잎만 넣고 손으로 비비고 섞어 가며 물기를 말리는 것을 말하며 이 상태의 차를 부초차라고 한다. 물론 열을 가해 찌는 증제 방식을 사용하는 생산자도 있다.

1) 기본 재료에 따른 분류

약초나 한약재를 달인 차 인삼차, 생강차, 쌍화차, 십전대보탕차, 구기자차
곡류나 콩을 볶아 우려낸 차 보리차, 옥수수차, 결명자차, 율무차, 콩차
과일을 넣어 만든 차 유자차, 매실차, 대추차, 오미자차, 모과차

2) 녹차 잎의 수확 시기에 따른 분류

우전 곡우, 즉 4월 20일 전에 아주 어린 찻잎 순만을 따서 만든 차로 가격이 가장 비싼 고급 녹차다. 향미를 잘 느끼기 위해서는 물 온도를 50도 정도로 낮춰 우려내는 것이 좋다.
세작 곡우에서 입하경에 가늘고 고운 찻잎 순과 펴진 잎을 따서 만든 차다.
중작 입하 이후 잎이 더 자란 다음 펴진 잎을 따서 만든다.
대작 한여름에 생산하는 차다.

3) 잎의 모양과 생산지에 따른 분류

작설차 찻잎이 참새의 혓바닥을 닮았다고 하여 붙여진 이름이다.
죽로차 대나무의 이슬을 먹고 자란 차라는 뜻의 깨끗함을 강조한 차다.
반야차 오래전 조상들에게서 전통적인 방법을 전수받아 만든 차다.
유비차 유기농법으로 재배된다.
화개차 화개장터로 유명한 화개 지역에서 자라는 야생 녹차다.

4) 잎의 형태에 따른 분류

잎차 덖음차나 증제차와 같은 잎의 모양을 제대로 유지하고 있는 녹차다.
말차(가루차) 잎 차를 가공하는 도중에 갈아 가루 형태로 만든 녹차다.
떡차(병차) 잎을 찐 뒤 절구에 찧어 떡 모양으로 만들어 저장이 용이하도록 만든 차로, 발효가 진행되기 때문에 반발효차의 성격을 지닌다.
전차(돈차) 떡차를 엽전 모양으로 가운데 구멍을 뚫어 저장과 보관이 용이하도록 만든 것으로 중국 차 보관 방법으로 생산한 차다.

03 BEER

항상 곁을 지키는
친구 같은 음료

역사의 동이 트기 시작한 수천여 년 전, 메소포타미아의 어느 한곳에서 유목민들은 곡물을 심기 시작했다. 드넓은 평야 곳곳에는 채소와 과실, 곡식들이 천지에 널려 있고 들판에는 뛰노는 들짐승이 무수한데, 왜 굳이 농사를 지으려 했을까? 그들의 목적은 단 하나, 바로 양질의 곡물을 재배해 물과 섞어 빚은 뒤 맥주를 만드는 것이었다. 이러한 맥주 양조 과정은 각지에 흩어져 있는 사람들을 한곳에 모여들게 했고, 부락을 이루며 더 나아가서는 농촌 마을과 도시를 형성할 수 있는 인간 문명지를 만들어내는 부산물이 되었다.

이 이론은 세계적으로 유명한 맥주 전문가 마이클 잭슨의 주장이다. 맥주를 만들기 위해 정착해서 농사를 짓게 되었다는 사실에 역사학자들은 이의를 제기할지도 모르겠다. 맥주 애호가들은 역사적 근거와는

222

상관없이 그 옛날 누군가에게 감사하며 맥주를 열심히 마셨겠지만 말이다.

고대 그리스의 철학자 플라톤은 "맥주를 발명한 사람은 분명 현명한 사람일 것이다"라고 말했다. 그는 왜 하필 '현명(wise)'이라는 단어를 선택했을까? 맥주에 대해 공부하는 동안, 이 단어가 매우 적절한 표현이며 많은 의미를 내포한다는 사실을 알게 되었다. 세월의 흐름 속에서 발전을 거듭해온 음식은 대부분 연구를 통해 얻어지지만, 한편으로는 우연한 발견에서 힌트를 얻어 탄생하기도 한다. 맥주가 바로 그 대표적인 예다. 인간의 호기심에서 시작된 단순한 발견은 문명사회에 크나큰 영향을 미쳤다. 더군다나 맥주는 다른 발효 음료에 비해 영양 면에서도 월등히 높아 든든한 한 끼 식사로도 사랑받는다.

곡류로 만든 가장 오래된 발효주인 맥주에는 '마시는 빵(Liquid Bread)'이라는 애칭이 있다. 빵을 만드는 과정과 매우 흡사하고 기본 원료도 비슷하기 때문이다. 빵 만드는 요령이 생기기 훨씬 전에는 오트밀이나 다른 잡곡을 물과 함께 개어 오늘날의 포리지(Porridge)처럼 먹었는데 그 과정에서 자연스레 발효되면서 맥주가 탄생한 것이다. 물론 오랜 세월이 지나면서 더 다양한 종류의 맥주로 발전했지만 초기의 맥주는 알코올 성분이 있는 곡류나 다름없었다. 그래서 서양에서는 생 효모를 넣어 갓 구워낸 빵을 갓난아이에게 주지 않는다. 또 든든한 식사대용으로 맥주를 마시는 영국인이나 독일인도 꽤 많은데, 특히 영양가가 더 많고 옛 스타일인 에일(Ale) 맥주가 주를 이루는 영국에서는 더욱 그렇다.

맥주는 곡류로 만든 술이지만 탄수화물이 혈액순환 촉진이나 체온

상승에 이용되기 때문에 체내에 축적되는 일은 적다. 또 효모의 영향으로 맥주를 양조하는 동안 비타민이 증가해 비타민 A, B, D, E 등과 더불어 단백질, 유기산, 미네랄 등이 다량 함유되어 있다. 암 예방에 좋은 폴리페놀도 소량 들어 있고 라거(Lager)처럼 탄산이 들어 있는 맥주 스타일은 소변 배출을 도와 불필요한 노폐물을 몸 밖으로 빼주기도 한다. 흡수가 잘 되는 영양소가 다량 들어 있어 몇몇 유럽 국가에서는 회복기 환자의 식사용으로 이용하며, 철분이 많이 함유되어 있는 스타우트(Stout) 스타일의 맥주는 빈혈 환자들에게 처방전으로 쓰이기도 한다. 다만 맥주를 마실 때는 식욕이 좋아지므로 안주를 많이 먹어서 살이 찌는 것에 주의해야 한다. 근래에는 맥주가 피부에 좋다고 해서 맥주로 비누를 만들어 사용하기도 했다. 유럽에는 "맥주가 건강의 근원이다"라거나 "맥주를 마시는 것은 좋은 식사를 하는 것과 같다"라는 맥주와 건강의 상관관계를 가리키는 속담이 많다.

맥주는 어떻게 만들어지기에 술이면서도 이렇게 영양이 가득 들은 음료로 탄생한 것일까? 곡류로 만든 가장 오래된 발효주인 맥주는 물, 차와 함께 가장 사랑받는 음료수이자, 가장 보편적으로 소비되는 알코올이다. 맥주는 곡류의 맥아에서 얻은 당분을 발효하고 양조해 만드는데, 보리가 그 대부분을 차지한다. 유럽에선 밀로 만든 맥주도 상당수 있으며, 우리나라처럼 몇몇 아시아 국가에서는 쌀로도 만들고, 아프리카 케냐에서는 옥수수로도 만든다. 근래 들어서는 맥주의 맛을 개선하거나 원가를 낮춰 생산의 경제성을 높이기 위해 쌀이나 옥수수 전분을 첨가하는 양조장도 있다. 보리와 같은 곡류를 발아·건조시킨 다음 4~6주 뒤에 사용하는데, 곡물에 들어 있는 전분 또는 단백질을 당분이나 아미노산으로 쉽게 분해하는 기능을 한다.

곡류의 맥아가 효모 역할을 해 알코올을 생성한다면, 맥주의 특징 중 하나인 쌉싸래한 향을 결정짓는 것은 호프(Hops)다. 호프는 암수가 서로 다른 다년생 덩굴식물로, 양조용으로는 수정되지 않는 암그루만 사용하는데 종류가 30여 종이나 되기 때문에, 호프의 조화에 따라 맥주의 맛과 향은 무궁무진하게 달라질 수 있다. 오랜 전통을 자랑하는 맥주 양조장에서는 호프 이외에 허브와 과일을 이용해 향을 더하기도 한다. 호프는 톡 쏘는 쓴맛과 향이 있을 뿐만 아니라 잡균의 번식을 억제하고 신선도를 높여주며 탁한 것을 맑게 해주는 자연적인 방부제 역할도 한다. 또 담즙 분비를 촉진해 소화를 도우며 이뇨 작용을 원활하게 해준다. 우리나라에서는 맥주를 파는 바를 호프라고 부르는데 이는 호프(Hops)와는 다른 정원이라는 의미의 독일어 호프(Hof)에서 온 말이다.

곡류의 맥아와 호프는 맥주를 만드는 주요 원료이긴 하지만 실제 맥주의 순수한 맛을 결정지으면서 양질의 맥주를 생산하는 재료는 따로 있다. 바로 물이다. 물의 수질 성분에 따라 맑고 깨끗한 맛과 품질이 만들어지기 때문에 예전 맥주 양조자들은 물 맑기로 유명한 고장을 찾아다니며 양조장을 세워 맥주를 생산했다.

맥아, 호프, 물 같은 주요 재료 이외에도 맥주의 맛을 다양하게 만드는 요소는 많다. 열처리와 여과처리 같은 발효 방법, 양조자의 기술, 산지 등에 따라서도 달라지며 생산된 맥주의 색이나 농도 등으로 스타일이 달라지기도 한다. 하지만 맥주를 나누는 가장 기본적인 분류법은 효모의 발효 방식에 따른 것으로 크게 두 가지다.

먼저 상면 발효 맥주는 실온이나 그 이상의 고온에서 발효시켜 발효가 진행되면 효모가 윗면으로 떠올라 만들어진다. 알코올 도수가 높고 진하며 캐러멜향처럼 독특한 향미가 나는 것이 특징이다. 영국이나 아일랜드, 독일의 몇 지역에서 주로 사용하는 방식으로 진한 갈색의 에일이나 흑색의 스타우트가 대표적이다.

반면, 저온에서 만드는 하면 발효 맥주는 일반 발효가 진행되면 효모가 밑으로 가라앉기 시작해 순하고 산뜻한 맛의 맥주가 만들어진다. 전 세계 맥주는 대부분 하면 발효 방식으로 생산된 맥주며 라거나 필스너(Pilsner)가 여기에 속한다. 우리나라와 일본 같은 아시아와 미국에서는 하면 발효로 만든 톡 쏘면서도 순한 맛의 라거를 선호하며, 중북부 유럽이나 캐나다 등지에서는 상면 발효 맥주들이 더 인기 있다.

맥주의 발상지는 메소포타미아지만 유럽은 그 정통성이나 맥주의 질을 따져볼 때 단연 세계 최고다. 그중 정통성에 따라 세 곳으로 묶을 수 있는데, 독일과 체코, 벨기에, 영국과 아일랜드로 분류된다.

독일과 체코는 에일과 라거 스타일을 모두 가지고 있으며 밀 맥주도 상당수 발달되어 있다. 특히 현대사회에서 즐겨 마시는 맥주 스타일은 이 지역에서 확산되었다. 가벼운 농도에 갈증을 없애주는 탄산을 넣은 라거 스타일이 기름기 많은 이 지역 음식들과 잘 어울려 묵직한 에일 스타일보다 더 많이 생산된다.

시원하게 들이켜기 좋은 라거 스타일 맥주는 독일계 이민자들이 자연스레 미국으로 가져왔고, 우리나라와 일본에도 미국을 통해 퍼지게 되었다. 하지만 알코올 성분을 줄이고 가볍게 만드는 맥주를 선호하는 미국 때문에 라거 스타일 맥주들은 싱거운 맛과 향을 갖게 되었다. 그렇지만 독일·체코 지역에서 당뇨병 환자를 위해 개발한 다이어트 필스

(Diät Pils)라는 맥주는 당분을 줄이고 발효를 높인 드라이(Dry) 스타일로 일본에서 선풍적인 인기를 끌었다. 이후 가볍지만 톡 쏘는 개성을 지닌 드라이 맥주들이 속속 출시되었고, 이러한 이유로 일본 역시 맥주 강국으로 떠올랐다.

벨기에는 오랫동안 수도원 수도사들이 전해준 비법에 따라 만든 과일 맥주와 밀 맥주가 대표적이다. 산딸기, 체리, 바나나 등의 과일이나 고수, 바질 같은 허브를 첨가해 맥아와 함께 발효시킨 상큼한 향과 아름다운 색의 맥주들이 매우 독특하며 특히 쓴맛을 싫어하는 여성들에게 주로 사랑받는다. 우리나라에서도 고수와 오렌지 껍질이 들어간 밀 맥주 호가든(Hoegaarden)이 인기다.

영국과 아일랜드는 상면 발효의 원조국으로 탄산이 없고 진한 색과 짙은 농도 그리고 개성 있는 향미를 지닌 에일 맥주가 주를 이룬다. 이들 맥주는 실온으로 마셔야 진가를 더 잘 느낄 수 있으며, 영양 면에서도 매우 탁월하다. 특히 북부 영국과 아일랜드의 스타우트는 흑맥주라 불리며 세계적으로 인기를 모으는데, 빈혈 환자에게 아주 좋다.

필리핀, 싱가포르, 중국 같은 아시아와 캐나다, 멕시코 등지에서도 양질의 맥주를 생산하며, 유럽의 프리미엄 맥주들에 가까워지려고 노력 중이다. 더군다나 지난 세기 말부터 유행하기 시작한 마이크로 브루어리(Micro Brewery: 소형의 자가 양조장) 붐으로 더욱 맛있는 맥주가 속속 등장하고 있다. 우리나라도 우리 맥주의 품질을 개선하기 위해 다양한 시도를 한다는데, 무엇보다도 쌀로 만든 한국 전통 맥주인 막걸리가 전 세계에 퍼지면 좋겠다. 곡류인 쌀을 가지고 만드는 막걸리는 맥주 생산 방식과 흡사하며 서빙 방법 또한 맥주와 비슷하기에 표기도 라이스 와인이란 영어 표기 대신 라이스 비어(Rice Beer)로 정정해야 한다.

맥주를 서빙하고 따라 마실 때 가장 중요한 점은 천천히 따르는 것이다. 맥주캔이나 병 밑바닥에는 앙금이 있기 때문에, 잔 한가운데로 콸콸 따르면 깨끗함을 잃고 다소 탁하게 변하는 특성이 있다. 따라서 맥주를 잔에 따를 때는 잔을 살짝 기울인 다음, 잔 안쪽으로 서서히 흐르게 따르는 것이 좋다. 그러면 거품이 오랫동안 지속되는 맛있는 맥주를 마실 수 있다. 맥주 거품이 오래 지속될수록 고품질의 맥주이기 때문이다.

맥주를 마실 때는 먼저 향을 맡고 맥주를 입안에서 느끼는 것도 좋지만 제대로 즐기려면 끝맛에 더 신경 써야 한다. 목으로 넘기고 나서 남는 그 향미가 길수록 양질의 맥주임을 증명한다. 탄산이 있는 가벼운 맥주는 시원하게 냉장 보관해서 마시고, 에일이나 스타우트처럼 무게감이 있는 맥주는 실온에서 즐겨야 그 풍미를 더 잘 감지할 수 있다. 하지만 무더운 여름에는 약간 서늘하게 해서 마셔도 무난하다. 그리고 모든 맥주는 적당한 발효 기간이 끝나고 출시되면 빠른 시일 안에 마시는 것이 맛과 영양 모든 면에서 이롭다. 생맥주 전문점에서는 맥주를 끌어올리는 관이나 튜브를 자주 청소해서 찌꺼기가 끼지 않게 해야 더욱 싱싱하고 알싸한 맛의 맥주를 즐길 수 있다. 원료와 생산 방법이 양질의 맥주를 결정한다지만 맥주를 구입한 뒤 어떻게 보관해서 어찌 마시느냐에 따라 더 좋은 맥주를 즐길 수 있다.

맥주를 묘사한 최초의 기록은 약 6,000년 전에 나타난다. 갈대로 엮은 빨대를 이용해 커다란 그릇에 담겨 있는 맥주를 여러 명이 동시에 마시고 있는 사마리아인의 그림 판자가 그 역사를 증명한다. 그때 메소포타미아 문명인은 맥주를 '신의 음료'라 부르며 매우 신성시했다.

「길가메시(Gilgamesh)」 서사시에도 맥주의 발견으로 인간이 원시인에서 문명인으로 진화했다는 대목이 등장한다. 그 정도로 맥주는 그들 삶에서 중요한 위치를 차지했다. 이집트 상형문자에 적혀 있는 맥주 레시피를 보더라도 맥주의 오랜 역사와 그 중요성을 짐작할 수 있다. 메소포타미아에서 그리스로 넘어와 로마 제국에 의해 영국·독일 등 다른 유럽 지역으로 전파된 맥주는 와인과 마찬가지로 신에게 바치기 위해 만들다보니 유럽의 여러 수도원에서 그 전통 비법이 전수되었다. 특히 중세 때는 양조자 대부분이 여자였는데, 수도사들이나 전통 양조장에서 비법을 전수받은 아낙네들이 각 가정에서 맥주를 만드는 일이 허다했기 때문이다. 이로써 유럽의 맥주 양조장들은 규모는 작지만 특색 있고 전통 깊은 맥주를 많이 생산하게 되었다. 그러나 산업혁명 이후에는 규모가 큰 공장들이 설립되면서 대량 생산 체계로 변화를 맞기도 했다. 그럼에도 유럽의 정통 맥주는 무시되지 않았다. 오히려 마니아가 생기고 그 인기가 더욱 높아졌다. 미국과 캐나다, 오스트레일리아와 아시아에서도 유럽 스타일의 맥주를 만들기 위해 노력하는 회사들과 양조자가 더욱 많아지는 추세다.

현대에 이르러 맥주는 성별과 나이, 인종이나 계급을 막론하고 가장 보편적이며 인기 있는 술로 자리 잡았다. 고된 하루 일과를 마치고, 운동이나 무더위에 땀을 흘리고 나서, 배고플 때 식사대용으로 등 여러 상황에서 간편하게 마실 수 있는 친구 같은 술이 맥주다. 맥주는 단순히 마시는 음료수에 그치지 않고 정감을 나누는 교감제 노릇을 하기도 한다.

수많은 사람이 모여드는 10월 옥토버페스트(Oktoberfest) 같은 독일의 유명 맥주 축제에서부터 중국 칭다오와 일본 삿포로의 맥주 축제는 이미 세계적으로 잘 알려진 맥주 한마당이다. 영국이나 아일랜드의 펍 크롤(Pub Crawl: 술집 순례)이나 펍 퀴즈 나이트(Pub Quiz Night) 같은 정기적으로 행해지는 다양한 행사는 함께 맥주를 마시는 사람들에게 정겨움과 추억을 선사해주기도 한다. "맥주는 인간관계의 윤활유 역할을 한다. 그 맛은 쓰지만 마음을 여는 데는 묘약이다"라는 후쿠자와 유키치(福澤諭吉)의 말에서 맥주로 사람들이 모여 살게 되었다는 맥주 전문가 마이클 잭슨의 주장이 틀리지 않았음을 발견하게 된다. 맥주는 영양적으로나 사회적으로 훌륭한 역할을 톡톡히 해낸다. 그렇기에 맥주는 인가의 현명함이 담긴 술이라 할 만하다.

1. 맥주 용어

에비 비어(Abbey Beers) 강한 과일향이 나는 에일 맥주로 벨기에에서 상업적으로 생산되는 맥주다. 중세 수도원에서 유래되었는데, 요즈음에는 대규모 양조 회사들이 본떠서(혹은 라이선스를 받아서) 만들고 있다. 인터브루(Interbrew)사의 레페(Leffe)가 대표적이다.

에일(Ale) 에일 맥주는 상면 발효 효모를 사용해 실온에 가까운 온도에서 발효된 것이다. 하면 발효 효모로 낮은 온도에서 발효시키는 라거 맥주와 함께 맥주의 양대 가지를 이룬다. 고대 맥주가 처

맥주

음 만들어졌던 시절부터 전통적인 양조 방식 맥주이며, 현재는 영국에서 가장 많이 양조된다.

알트(Alt) 알트(Alt)란 독일어로 'old' 혹은 'traditional'이란 뜻이다. 상면 발효 방식에 고대 스타일의 맥주로 쓴맛이 난다. 구릿빛 아로마향이 있는 에일 맥주로, 뒤셀도르프를 포함한 몇몇 북부 독일에서 생산된다. 알코올 도수 4.5%의 평이한 맥주이지만 쓴맛이 강하다. 디에벨스(Diebels)와 슐로서(Schlosser) 등이 유명하다.

비에르 드 가르드(Biére de Garde) 프랑스 북서지방에서 만드는 상면 발효

맥주로 예전에는 농장에서 생산되었다가 요즈음은 본격적으로 큰 공장에서 만들어진다. 이 맥주는 중간 정도에서 강한 향이 나는 에일 맥주다. 보통 맥주와 같이 병입하기도 하지만 대부분 코르크마개에 철사로 봉한 샴페인 스타일 병입을 하곤 한다.

비터(Bitter) 쓴 호프 맛을 내는 영국식 맥주로 잉글랜드와 웨일스 지방의 펍에서 흔히 만날 수 있다. 이름처럼 그렇게 쓰지는 않고, 알코올 도수는 3~5%다. 전통적으로는 붉은빛이 나는 호박색이나, 더 연한 색의 맥주도 많다. 비터 맥주는 도수가 높을수록 Best 또는 Special이라고 하기도 한다.

블랙 비어(Black Beer) '검은 맥주'라는 뜻이지만, 스타우트가 아니라 동부 지방에서 생산되는 진한 검은색 라거 맥주다. 쿨름바크, 엘랑겐 등의 회사가 검은색에 가까운 진한 갈색맥주로 유명하고, 일본에서도 생산된다. 영국의 경우, 요크셔 지방에서 아주 강한 블랙 비어를 만들면서 레모네이드를 첨가하기도 한다.

복(Bock) 독일에서 유래한 라거 맥주의 일종으로 보리와 호프 상태가 가장 좋을 때 만들어지고 동절기 내내 숙성 과정을 충분히 거쳐 봄에 즐기는 맥주로 알려져 있다. 독일어 Bock은 염소란 뜻이며, 종종 병 라벨에 염소 머리가 그려지기도 한다. 검은색에 가깝지만 부드러운 맥주다. 알코올 도수가 높아지면 더블복(double bock=doppelbock), 트리플복(triple bock)이라고 표기하기도 한다. 살바토르 브랜드가 유명하다.

에일 계열의 맥주
파울라너

브라운 에일(Brown Ale) 다소 달콤한 갈색의 순한 에일 맥주다. 한때 영국 노동자들이 즐겨 찾는 맥주였으나, 요즈음에는 그 인기가 시들해졌다. 뉴캐슬 브라운 에일이 세계적으로 유명하다.

칠리 비어(Chilli Beer) 미국의 일부 양조회사에서 생산하는 멕시칸 고추맥주다. 심지어 고추를 병 속에 넣기도 하는데 멕시칸 요리와 잘 어울린다고 알려져 있다.

크림 에일(Cream Ale) 달콤하면서도 부드러운 금색 에일 맥주로 미국에서 만든다. 원래는 에일 맥주 양조자들이 필스너 타입 맥주를 만들려다가 나온 맥주다. 몇몇 크림 에일 맥주는 하면 발효 맥주와 혼합해 하이브리드 방식으로 만든다.

다이어트 필스(Diät Pils) 필스너 타입의 라거 맥주로 당분을 거의 제거한 맥주다. 본래는 당뇨병 환자를 위해 만들었지만 톡 쏘는 맛 때문에 드라이(Dry) 맥주의 원조가 되었다.

드라이(Dry) 1987년 일본 아사히 맥주 회사에서 개발했으며 옥수수나 쌀의 당분을 첨가하여 남는 찌꺼기 없이 완전발효시켜 만든다. 단맛이 적고 톡 쏘는 짜릿함과 함께 뒷맛이 깨끗하다. 미국에서는 버드 드라이(Bud Dry)가 인기를 얻었다.

둔켈(Dunkel) 전통 독일식 라거 맥주로 검거나 갈색이지만 맛은 부드럽다. 알코올 도수가 4.5% 정도며, 뮌헨(München 또는 Munich)에서 주로 생산된다.

프랑부아즈/프람보젠(Framboise/Frambozen) 프랑스어로 라즈베리(Raspberry), 즉 산딸기를 첨가한 람빅 타입으로 만들어지는 벨기에 과일 맥주를 말한다. 마치 핑크색 샴페인 같은 맥주로 연한색이며 과일향이 난다. 간혹 산딸기 시럽을 첨가하기도 한다. 최근에는 좀 더 다양한 과일맥주가 시도 되어 복숭아에서 바나나까지 사용한다.

헤페(Hefe) 독일어로 헤페는 '효모(yeast)'를 뜻한다. 즉 효모를 거르지 않아서, 병 바닥에 효모가 가라앉아 있는 맥주다. 다소 탁한 색이지만, 건강에 좋아 아예 흔들어 마시는 사람도 있다.

헬(Hell) 흔히 볼 수 있는 부드럽고 연한 금색의 라거 맥주를 가리키며 헬은 독일어로 '연한(pale), 가벼운(light)'이라는 뜻이다.

아이스 비어(Ice Beer) 1990년대 냉동기술의 발전으로 등장한 맥주로, 캐나다의 래배트 사에서 처음 만들었다. 현재는 버드와이저나 밀러 같은 대형 회사들도 생산하는데, 깨끗한 맛이 특징이며 젊은 층에게 인기가 좋다.

크릭(Kriek) 벨기에의 람빅 맥주로 2차 발효 시 체리를 첨가해 드라이한 과일맛과 깊은 색을 낸다. 람빅 맥주 본래의 신맛과 조화를 이뤄 만드는 수도원 방식이 전통 맥주로 매우 인기 있다.

라거(Lager) 상표 이름으로 친숙하지만, 사실 맥주의 큰 유형을 나누는 에일과 라거라는 용어로 쓰인다. 즉, 하면 발효 효모로 저온에서 발효된 것으로 다른 맥주보다 발효 기간이 조금 더 길다. 라거는 독일어로 '저장하다'라는 의미며, 영국에서는 보통 금색의 하면 발효 맥주를 총칭하기도 한다.

람빅(Lambic) 에일 맥주의 한 종류로 벨기에 브뤼셀에서 만들어지는 독특한 풍미의 맥주다. 발효 전 단계에서 뜨거운 맥아즙을 외부 공기에 노출해 외부의 야생 효모와 기타 미생물이 맥아즙 표면에 닿으면서 적당한 온도로 식어가며 동시에 발효된다. 이 과정을 거친 뒤 보통 2~3년 숙성 과정을 거쳐 상품화된다. 대략 30% 정도의 밀을 사용하는데 쌉쌀하면서도 부드러운 풍미가 독특하다.

라이트(Lite) 우리나라를 비롯해 미국과 캐나다 등 북미에서 가벼운 저칼로리 맥주를 가리키는데, 여성과 젊은 세대에게 인기가 있다. 오스트레일리아에서는 저알코올 맥주를 말한다.

로 알코올(Low Alcohol) 1980년대 이후 많은 대형 양조회사가 점차 강화되는 주류관련법에 대응하여 만들어내기 시작한 저알코올 맥주다. 일반적으로 2.5%의 맥주를 저알코올 맥주, 0.05~0.5%의 맥주를 무알코올 맥주(맥아음료)라고 한다. 알코올을 적게 만드는 효모를 사용하거나, 발효 기간을 단축시키는 방법으로 만들어낸다.

페일 에일(Pale Ale) 영국의 경우 페일 에일은 라이트 에일보다 강한 맥주를 말한다.

필스너(Pilsner) 체코의 플젠 지방(독일어로 필젠)에서 1842년에 처음 만들어진 맥주를 말한다. 하면 발효 형식으로 제조하며 세계에서 가장 즐겨 마시는 황금빛 라거 스타일 맥주의 총칭으로 꽃향이 나는 호프와 드라이한 끝맛이 조화된 특징을 보인다. 라거보다 다소 진하며 향이 더 깊다.

포터(Porter) 영국을 대표하는 맥주로 맥아즙의 농도가 진하고 호프를 많이 넣어 맛이 강하고 진한 흑맥주다. 스타우트보다는 약간 연한 색을 띤다. 처음으로 대형 맥주 공장에서 대량 생산된 맥주다.

프리미엄(Premium) 특별한 공정을 거친 것이 아니라 양질의 원료를 사용한 고급 맥주를 일컫는 통칭으로 네덜란드의 하이네켄이 대표적이다.

리얼 에일(Real Ale) 마이크로 브루어리 붐을 일게 한 CAMRA(Campaign for Real Ale)에서 인정하는 맥주로, 효모를 거르지 않고 저온 처리 살균도 하지 않은 전통적인 방식으로 제조하는 에일 맥주를 말한다.

샌디(Shandy) 맥주에 레몬향을 혼합하여 알코올 도수를 1~2도 정도로 낮춘 저알코올 맥주로 여성들에게 인기가 높다. 간혹 레몬즙 대신 소다를 넣어 칵테일처럼 마시기도 한다.

스타우트(Stout) 전통적인 에일 맥주 중 포터에 속하며 검게 구운 맥아와 다량의 호프를 사용해 만들어 검은색을 띠며 맛이 매우 진하다. 기네스(Guinness)가 가장 유명하며 기네스 스타우트의 경우 질소 가스를 사용하여 크림과도 같은 농도가 진하고 부드러우며 하얀 거품을 만들어준다. 보통 흑맥주라 불린다. 빈혈과 저혈압에 매우 좋으며 샴페인과 반반 섞어 만든 '블랙벨벳'이라는 유명한 칵테일도 있다.

슈퍼드라이(Super Dry) 보통 맥주보다 1도 높은 단맛이 거의 없는 담백한 맥주다.

바이스(Weiss) 여과 과정에서 맥주 안의 물을 얼려 여과함으로써 얼음 결정과 함께 남아 있는 찌꺼기를 걸러내는 방식으로 만든다. 알코올보다 물이 먼저 얼어 여과되므로 도수는 높아지지만 질감과 독특한 개운함이 있다. 독일의 아이스 복 맥주가 원조다.

바이젠비어/바이스비어(Weizenbier/Weissbier) 보리맥아 이외에 밀(Wheat)을 사용해 풍부한 거품과 흰색에 가까운 빛깔을 내는 독일의 유명한 맥주 스타일이다. 매우 부드럽고 고소하다.

PART 05

당신의 품격을
한층 높여주는,
테이블 매너&상식

01 TRUFFLE

땅 속에 숨겨진 검은 보물

우리 속담에 "시장이 반찬이다"라는 말이 있다. 아무리 진수성찬을 차려 놓아도 배고픔을 느끼지 않는 사람은 그 고마움을 모르지만, 그저 평범한 식사라 할지라도 허기진 상태에서는 음식의 가치마저 느낀다는 의미를 지닌 말이다. 스페인에도 이와 비슷한 말이 있다. 『돈키호테(Don Quixote)』의 작가 미구엘 데 세르반테스도 "배고픔이 최고의 소스다"라며 자신이 고생하던 시절을 돌이켜보는 한마디를 했다. 먹는 것은 인간이 살아가는 데 잠자는 것과 더불어 매우 중요한 행위이며, 삶을 지속하게 만드는 활력소다. 그러기에 인간은 매일 이 활력소를 충전하며 일상생활을 지속한다. 하지만 현대사회를 살아가는 인간이 기본적인 삶에만 만족을 느끼기에는 이미 우리 문화 수준이 높아져버렸다. 그래서 점점 더 많은 사람이 미식과 음식 문화에 관심을 갖고 탐구하게 된다.

예부터 미식가들은 어디에나 존재해왔다. 하지만 어디까지나 극소수 특권층에게만 허용된 사치에 불과했다. 미식의 세계는 무궁무진하며, 호기심을 불러일으키는 이야기도 많을뿐더러 폭넓은 지식 또한 쌓을 수 있다. 알아야할 것이 상당히 많지만 미식은 개인이 느낄 수 있는 감정의 정점에 있어 그만큼 경이로움과 행복을 느낄 수 있다. 미국의 정치가이자 과학자이면서 문화에도 지대한 관심을 가졌던 벤저민 프랭클린은 "먹는 것은 자신을 즐겁게 하기 위함이고, 입는 것은 남을 즐겁게 하기 위함이다"라고 했다. 맛있는 음식이 입안으로 들어가 온몸에 퍼질 때 느끼는 감정은 이 세상 그 누구보다 그 음식을 접한 당사자만이 온전하게 가질 수 있는 경험이라는 뜻이다.

세상에는 맛있는 음식이 무척 많다. 미식을 즐기려면 음식을 맛깔스럽게 요리해내는 실력도 중요하지만 기분 좋고 편한 분위기의 식사 공간도 소홀히 할 수 없다. 그리고 무엇보다 신선한 양질의 음식 재료가 결정적 요인이 된다. 하지만 진정한 미식의 세계에서 으뜸으로 치는 요소는 재료의 희소성이다. 재료가 얼마나 희귀하고 품질이 어느 정도의 등급을 갖느냐에 따라 값어치는 천차만별이다. 이런 음식을 먹는다는 것만으로도 세계 각국 미식가들의 호기심을 자극하게 된다.

동서양을 막론하고 진귀한 요리들은 상당히 많지만, 그 중에서도 거위간인 푸아그라, 철갑상어알 캐비아, 트러플로 불리는 송로버섯 이렇게 세 가지는 세계 3대 진미로 꼽히며 미식가들에게 각광받는다. 그 중에서도 특히 트러플은 가장 구하기 어렵다고 알려져 더욱 진가를 발휘한다.

초콜릿으로 만든 디저트 트러플과 철자가 같기 때문에 헷갈리기도 하는 송로버섯은 그 종류만 수백 가지에 이르지만 식용은 그리 많지 않다. 사람이 찾기는 어렵고 돼지나 개의 후각을 이용해야만 찾을 수 있는 희귀한 재료다. '땅 위의 흑진주' 트러플은 수십 세기 동안 세대를 넘어 우리를 매혹시켰다. 참을 수 없을 만큼 강렬하면서도 고혹적인 트러플의 향 때문만은 아니다. 미스터리로 남아 있는 트러플의 신비한 역사 또한 우리의 호기심을 자극한다.

밤나무, 떡갈나무, 개암나무의 뿌리 사이에 붙어 땅 속에 숨어 피어나는 트러플은 고대 이집트인이 생활했던 시대에 처음 발견되었다. 돼지가 땅 속을 파헤쳐 무언가를 먹고 건강해진 사실을 알게 된 한 농부가 같은 장소를 팠더니 그곳에 그윽한 향이 나는 버섯이 있었다. 아이를 가질 수 없던 농부가 그것을 먹자 무려 13명이나 되는 아이를 갖게 되었다. 이 신화에 따르면, 세상이 뒤집힐 만큼 날씨가 몹시 궂어 벼락이 땅을 강하게 치던 어느 날, 신이 인간에게 트러플을 선물로 보냈다고 한다. 인간은 트러플에 초자연적인 힘이 있다고 믿으며 즐겨 먹었다. 그리스인과 로마인도 육체와 정신에 영원한 건강을 제공한다고 믿고 치유 목적으로 애용했으며, 귀족들 사이에서는 트러플의 신비하고 이국적인 향과 맛에 이끌려 거위 지방에 싸서 먹는 것이 유행되면서 그 인기가 퍼져 나갔다.

중세 들어 트러플은 독특한 향기 때문에 인기는 고사하고 자취마저 감추게 되었다. 악마가 만들어낸 마녀의 음식이 향기를 풍기며 사람들을 유혹한다면서 교회를 중심으로 금기시했기 때문이다. 하지만 몇 세기가 지난 뒤 르네상스의 부흥과 함께 트러플도 다시 떠오르게 된다.

프랑스 왕 루이 14세는 트러플의 진가를 알아보고 유럽 최고의 음식으로 내세우며, 트러플 경작에까지도 힘을 쏟았다. 결국 재배에는 실패했지만 말이다. 19세기에는 경제적 풍요로움으로 유럽 식탁에서 트러플이 빈번하게 등장했고 생산량도 최고에 달했다. 그렇지만 제1차 세계대전이 끝난 뒤부터 1960년대까지 유럽 농촌과 숲이 황폐해지면서 생산량도 급격하게 줄어들었고 경제 사정도 악화되어 비싼 트러플은 동경의 음식으로 자리 잡게 되었다. 다행히 근래 들어 세계3대 진미로 다시 부각되면서 인기가 급상승하고 생산도 늘고 있다. 원산지인 프랑스, 이탈리아, 스페인과 크로아티아에서는 물론이고 세계적으로도 트러플의 진가가 인정받으며 우리를 현혹한다.

어렸을 때 긴 시간 유럽에 머물면서 요리와 음식 문화를 공부했지만 트러플을 맛볼 기회는 거의 없었다. 고작해야 스테이크 위에 얹힌 작은 조각이나 트러플 오일을 이용해 만든 파스타 정도만 맛볼 수 있었기에 항상 트러플에 대한 욕구가 있었다.

10년 전쯤, 그토록 동경해온 트러플의 향취를 마음껏 즐길 수 있는 일이 생겼다. 내게는 역사적이면서도 수치스러운 사건이다. 이탈리아에서 2년에 한 번씩 열리는 이탈리아 최고 와인 선발 대회에 심사위원으로 초대받게 된 것이 사건의 발단이다. 두 번째로 참석한 와인 대회는 트러플로 유명한 움브리아 지역에서 개최되었는데 때마침 트러플 수확이 한창이었다. 바쁘게 짜인 행사 일정으로 트러플 경매를 못 본 것을 아쉬워하고 있던 내게 뜻밖의 일이 일어났다. 행사 마지막 날, 그지역 시장님이 특별 오찬을 마련했는데, 식사 전 리셉션에서 트러플을 보게 되었다. 여러 나라에서 온 참석자들은 대부분 간단한 핑거 푸드와 함께 여러 가지 와인을 마시며 담소를 나누기에 바빴다. 물론 처음엔 나도 사람들 사이에서 나름대로 외교를 펼치고 있었다.

하지만 핑거 푸드가 차려진 건너편 테이블이 궁금해졌다. 서빙 하는 사람들이 가져다주는 것 말고 그들의 상차림도 보고 한두 개 집어 먹을 생각으로 발길을 옮겼다. 그런데 그 테이블로 가까이 갈수록 독특하고 진하면서도 묘한 향이 풍기기 시작했다. 곧이어 커다란 접시에 먹기 좋게 꼬치에 끼워놓은 작은 돌덩이처럼 생긴 생트러플이 눈에 띄었다. 계속 그 앞에 서서 몇 십 개를 먹었는지 모르겠다. 무례한 사람으로 찍혔는지 그 후에는 심사위원으로 초대받지 못했지만 그렇게 많은 생트러플을 원 없이 탐할 수 있었기에 내 행동이 후회되지는 않는다. 나도 모르게 그 향취에 취해 도에 어긋난 행동을 했으니, 트러플은 중세기 사람들이 말한 것처럼 악마가 만들어낸 마녀의 음식인지도 모르겠다.

식용 트러플의 종류는 여름에 수확 가능한 섬머 트러플, 중국이 원산지인 차이니스 트러플 등 몇 가지가 더 있지만, 절대 강자는 블랙 트러플과 화이트 트러플이다. 블랙 트러플은 프랑스 남서부 페리고르 지방의 이름을 따 페리고르 트러플이라 부를 정도로 프랑스 수확량이 세계의 50% 정도를 차지한다. 이탈리아와 스페인도 각각 20~30%의 수확량을 차지해 트러플은 대부분 유럽에서 생산된다고 볼 수 있다. 크로아티아와 슬로베니아 그리고 오스트레일리아 태즈메이니아 섬에서도 소량 발견된다. 주로 참나무 근처에서 자생하며 100그램 정도의 무게가 보편적이다. 늦가을인 11월에서 겨울인 1월까지가 제철이고, 가격은 크기와 질에 따라 다르지만 500그램에 20만 원에서 50만 원까지 거래된다. 우리의 자연 송이보다 향이 훨씬 강하며 균향의 꿉꿉함이 묘한 매력으로 다가온다. 생트러플은 사각사각한 워터 체스트넛(waterchestnut: 물밤)처럼 독특한 텍스처와 진한 향미가 있고 요리해 먹을 때는 부드러우면서도 씹히는 맛이 있으며 향이 더 강렬해진다.

더 진귀한 화이트 트러플은 크로아티아 이스트리아 반도에 위치한 모토반 숲과 미르나 강가를 따라 소량 생산되며, 주 생산지역은 북부 이탈리아 피에몬테 지역의 랑게다. 그 중에서도 알바라는 도시 주변의 숲을 따라 발견되는 화이트 트러플이 가장 유명하다. 검정 트러플보다 빨리 채집해서 10월과 11월이 제철이다. 300~500그램이 보통이며 참나무 말고도 개암나무, 포플러나무, 너도밤나무 주위에서도 발견된다. 껍질을 벗긴 알맹이는 흰 띠무늬가 있으며 연한 크림색이나 갈색이 난다. 화이트 트러플은 검은 것에 비해 향이 더 진하고 귀하며 크기도 훨씬 크기 때문에 보통 1킬로그램에 100만 원선에 거래된다.

크로아티아에서 발견된 1.31킬로그램짜리 화이트 트러플은 기네스북 기록에 올라 있다. 지금까지 가장 비싸게 팔린 트러플은 2007년 3억 원이 넘는 가격에 판매된 이탈리아산 트러플로, 마카오에 카지노를 소유한 홍콩의 레스토랑 주인이 구입했다. 트러플은 자생하는 나무도 한정되어 있고 육안이나 후각으로 발견하기 힘들어 보통 동물을 이용하는데, 예전에는 돼지가 주를 이루다가 요즘에는 개로 바뀌고 있다. 개들은 트러플향을 맡으면 그 향취에 취해 공중으로 날뛰는 데 비해, 돼지들은 코를 쿵쿵 대고 파먹으려는 습성이 있기 때문이다. 트러플이 이렇게 귀하다보니 많은 이들이 욕심을 내서 19세기 초부터 트러플 경작 실험을 여러 차례 했다. 그러다 마침내 19세기 말 프랑스 남부에 대규모 트러플 경작지가 조성되어 생산됨으로써, 가격 인하와 함께 일반 사람들도 쉽게 즐기는 음식이 된 적도 있다. 하지만 제1, 2차 세계대전을 겪으면서 트러플을 경작하던 농부들이 죽는 바람에 기술도 전수받지 못하고 경작지도 황폐해져 생산이 중단되었다. 최근 들어 다시 새로운 기술을 도입해 경작에 몰두하고 있으니 곧 우리 식탁에서도 트러플을 만나지 않을까 싶다.

트러플은 생산 지역에서 경매로 팔리는데 상인들이나 세계의 부호, 셰프들과 관광객들까지 몰려 진풍경을 이룬다. 그곳에는 직접 살 엄두는 못 내지만 그 향을 맡아 보려는 사람들로 북적인다. 보통 10월에서 11월에 발간되는 지역 신문이나 지방 소식을 전하는 뉴스를 보면 언제 어디서 경매가 열리는지 확인할 수 있다. 또 가끔 재미있는 기사거리를 읽을 수 있다. 거의 매년 신문에 오르내리는 트러플 관련 기사의 제목은 으레 '트러플 전쟁(Truffle War)'이라 쓰여 있다. 이탈리아 북부와 프랑스 중남부 국경에서 트러플이 주로 발견되기에, 개나 돼지를 따라 걷다보면 특별한 구분 없는 숲 속의 국경선을 넘기 마련이다. 그러다 보니 이탈리아인이 프랑스에서 희귀하고 값나가는 트러플을 가져올 수도 있기 때문에 마을 주민 사이에서 패싸움이 일어나는 경우가 종종 있다. 심지어 몇 년 전에는 싸움 끝에 살인도 일어났다는 기사가 월드 뉴스를 통해 보도되기도 했다. 이렇게 해마다 전쟁이라 불릴 만큼 격렬한 싸움이 동반될 정도로 애타게 찾는 송로버섯, 트러플의 인기에 의아해 하는 이들도 있다. 그렇지만 미식을 추구하는 이들이나 단 한 번이라도 그 향취에 빠져본 경험이 있는 사람들이면 누구나 이해 가능한 일이다.

19세기에『미식의 생리학』을 저술한 프랑스 판사이자 미식가 장 앙텔름 브리야 사바랭은 트러플을 '주방의 다이아몬드'라고 말했다. 요리사들에게 트러플은 다이아몬드겠지만, 미식가들에게 트러플은 마약이다. 구하기는 어렵지만 한 번 맛을 들이면 끊을 수 없을 만큼 중독되는 면에서 마약과 매우 흡사하기 때문이다. 하지만 트러플은 건강에도 좋고 무엇보다 오감을 만족시키며 강렬한 향과 풍미로 우리를 매혹 속에 빠뜨린다. 트러플이 구하기 쉽고 희소성이 없었더라면, 오랜 세월 많은 이들에게 극찬 받지 못했을 것이다.『어린 왕자』의 작가 앙투안 생텍쥐페리는 "사막이 아름다운 것은 어딘가에 샘이 숨겨져 있기 때문"이라고 했다. 그의 말을 조금만 빌리자면 '땅 속이 아름다운 것은 어딘가에 트러플이 숨겨져 있기 때문'이 아닐까.

미식가들의 입맛을 자극하는 대표적인 음식에는 트러플 외에도 캐비아와 푸아그라가 있다. 이 세 개의 재료를 가리켜 세계 3대 진미라 부른다.

1. 캐비아(Caviar)

캐비아는 철갑상어의 수정되지 않은 알을 염장 처리해 가공한 식품으로 살균한 저렴한 캐비아와 미식의 가치가 더 높은 살균하지 않은 프레시 캐비아가 있다. 요즘에는 여러 곳에서 캐비아를 생산하지만, 원래는 아제르바이잔, 이란, 러시아와 구소련 연방에 둘러싸인 카스피 해 연안에서 잡히는 야생 철갑상어의 알만 캐비아로 불렸다. 현재 러시아에서는 야생 철갑상어 생산은 금하고 있다. 철갑상어를 양식하면서 상업적인 브랜드도 많이 나와 스페인과 프랑스, 미국 등에서는 높은 수익을 올린다. 대중적인 음식을 만들 때는 가격이 저렴한 연어알이나 송어알, 럼프피시알을 사용하는 경우도 종종 있다.

캐비아

캐비아는 원산지, 크기, 색, 농도, 맛에 따라 품질이 결정되며 가격 또한 이에 따른다. 상급은 1킬로그램에 900만 원에서 최상급은 2,000만 원을 웃돌기도 한다. 요즘은 조리법이 발전하고 다양해져서 먹는 방법도 여러 가지지만, 전통적으로는 블리니(blini)라는 메밀가루에 이스트를 넣어 반죽해 구워낸 팬케이크와 함께 먹으며 계란을 곁들이기도 한다. 또 얼음 위에 놓인 캐비아를 숟가락으로 떠서 엄지손가락에 올려놓고 혀로 핥아 먹기도 한다. 이때 숟가락은 상아나 자개, 순금으로 만든 것을 쓰며 은으로 만든 숟가락은 맛을 떨어뜨리니 사용하지 않는 것이 좋다.

벨루가(Beluga) 가장 최상급으로 희소성이 있는 만큼 가격도 비싸다. 알이 완두콩 정도로 크고 부드러우며 은빛이 도는 회색에서 검은색을 띤다.
골든 스터렛(Golden sterlet) 작은 철갑상어에서 생산한 알로 벨루가만큼 귀하며 향미도 특출나 한때 러시아, 이란, 오스트리아 황제에게 공납했다.
오세트라(Osetra) 회색에서 브라운색을 띠며 중간 크기로 고소한 맛이 난다.
세브루가(Sevruga) 네 개의 최상급 캐비아 중에서 가장 저렴하다. 알이 작고 회색이며 향과 맛이 진하다.

2. 푸아그라(Foie Gras)

푸아그라는 거위나 오리의 간에 지방을 더해 생산한 음식이다. 보통 작은 농가에서 생산하는데, 오랜 전통과 역사 그리고 품질을 이어오기 때문에 상업적인 수준은 매우 높다.

푸아그라

프랑스에서 거의 80%가 생산되며, 헝가리와 불가리아가 15%, 미국과 캐나다는 2%, 그 외에 중국과 기타 국가에서도 생산된다. 헝가리의 거위간은 리바마이(libamaj)라 하는데, 프랑스의 거위간과 견줄 정도로 품질이 뛰어나다.
푸아그라는 지방 함량에 따라 A, B, C 세 등급으로 나뉜다. 지방 함량의 차이로 일반 거위나 오리의 간과는 매우 다른 맛과 텍스처를 지닌다. 버터의 고소함과 풍부한 향, 부드러운 맛이 느껴진다. 기름진 맛과 텍스처에는 레드 와인을 곁들이는 경우가 많지만, 부드러운 텍스처와 짠기가 있는 맛은 달콤한 화이트 와인을 곁들였을 때 훨씬 맛있게 느껴진다. 특히 푸아그라 최고 산지인 프랑스 페리고르 지방에서 생산되는 소테른느(Sauternes), 몽바지약(Monbazillac), 오 몽트라벨(Haut Montravel), 코트 드 몽트라벨(Cotes de Montravel) 같은 디저트 화이트 와인이면 더욱 환상적이다.

헝가리의 거위간은 그 나라의 대표 스위트 와인인 토카이(Tokaji)와 함께 먹는 것이 일반적이다. 푸아그라와 함께 내는 소스나 가니시 역시 달콤한 맛이 나는 사과, 배, 자두, 베리류 과일이 제격이며 야채를 설탕이나 달콤한 포트와인을 넣고 캐러멜화한 것도 알맞다. 푸아그라는 흔히 상큼한 샐러드나 바삭하게 구운 빵과 곁들이거나 소고기 스테이크, 양고기 스테이크, 구운 오리 가슴살 요리 같은 육류와 즐긴다. 트러플과도 절묘하게 조화를 이룬다. 가공 푸아그라는 유리병이나 캔에 담아 판매하지만 생푸아그라는 냉동 팩이 아닌 이상 원산지 이외의 나라에서는 먹을 수 없다.

푸아그라 앙티에르(Foie Gras Entier) 간을 통으로 만든 것이며 조리해 시판되는 것과 생으로 시판되는 것이 있다. 프레시한 생간이 가장 고급이다.

푸아그라(Foie Gras) 여러 조각의 간을 붙여 하나의 큰 조각으로 만든 것이다.

블록 드 푸아그라(Bloc de Foie Gras) 확실하게 조리 과정을 마치고 압착해 꽉 짠 형태를 갖춘 것으로 푸아그라가 98% 이상 들어 있어야 한다. '아베크 모르소(avec morceaux)'라는 단어가 포장에 표시되어 있는 경우에는 30~50% 이상의 푸아그라 조각이 포함되어야 한다.

파르페 드 푸아그라(Parfait de Foie Gras) 75% 이상의 푸아그라를 넣은 가공식품이다.

무스 드 푸아그라(Mousse de Foie Gras) 50%의 푸아그라가 들어간 가공식품으로 텍스처는 발라 먹기 좋을 정도로 가장 부드럽다.

파테 드 푸아그라(Pate de Foie Gras) 50%의 푸아그라가 들어갔으며 가장 하급으로, 매일 먹는 보편적인 가공식품이다.

테이블에서 처음 시작하는 교양

십 몇 년 전 요리학원과 식문화학교를 마치고 와인 공부에 심취해 있을 때 영국에서는 음식이나 와인 애호가 동호회가 유행이었다. 나도 WSET(Wine & Spirit Education Trust)를 다니면서 알게 되어 가입한 동호회 몇 군데 중에 프랑스 론 지방을 대표하는 샤토네프 뒤파프 와인 클럽 멤버로 활동한 적이 있다. 여러 동호회 중 이 클럽은 유난히 부유층이 많았으며 연령대도 꽤 높아서, 당시 20대였던 나는 귀여움을 독차지할 수 있었다.

이 모임의 주목적은 두세 달에 한 번씩 유명 식당을 골라 프랑스 정찬과 함께 샤토네프 뒤파프 와인을 즐기며 공부도 하고 사교 모임도 하는 것이었다. 나는 사교와 인맥 관리에는 별 관심이 없었고, 그저 다른 클럽에 비해 더 맛있는 음식을 먹을 수 있다는 점에 만족스러워 할 뿐이었다. 아무리 몇 년 동안 요리를 배우고, 길지는 않았지만 요리사로 레스토랑에서 일했으며, 일 년간 세계 음식 문화 수업을 받았다 하더라도 어린 나에게 프랑스 정찬 요리는 어려운 과제였다. 아주 가끔 친구들과 즐기는 5코스의 프랑스 정찬 요리와는 너무나도 다른 새로운 세계였기 때문이다. 다행히 프랑스어를 할 수 있어 메뉴를 익히거나 이해하는 데 별 무리가 없었다 하더라도 식사를 즐기는 그 긴 과정은 눈치를 살펴가며 앞사람과 옆 사람을 모방할 수밖에 없었다.

내 앞에 놓인 메인 접시 양쪽으로 길게 줄지어 있는 커트러리(Cutlery: 식사 때 사용하는 포크나 나이프 같은 집기류)들에서부터 접시 오른편에 놓인 여러 종류의 잔을 보고 있노라면 식탐이 많고 대식가인 내게는 음식 행렬의 기쁨과 더불어 실수 없이 제대로 식사를 마칠 수 있을까 하는 우려 가득한 걱정이 교차하곤 했다. 샤토네프 뒤파프 와인 클럽의 디너는 보통 짧게는 7코스, 길게는 12코스의 프랑스 정찬으로 이뤄졌다. 말 그대로 오트 퀴진 자체인 셈이다. 서너 차례 모임에 참여하며 반복 학습을 하고 나니, 적응력 빠른 내게 정찬은 더 이상 문제가 되지 않았다. 그래도 여전히 오트 퀴진을 처음 접했을 때를 떠올리면 지금도 가벼운 떨림과 함께 그 당시 실수했던 창피함 때문에 얼굴이 상기된다.

제일 처음 경험했던 샤토 드 라 네르스(Chateau de la Nerthe: 샤토네프 뒤 파프 지역 중 하나인 와이너리이자 성 안의 레스토랑) 정찬 때 있었던 일이다. 30명 정도가 전세 관광버스를 타고 도버 해협을 건너 프랑스의 샤토네프 뒤파프 지역 호텔에 도착해 짐을 풀었다. 작은 마을이다 보니 도시에서 볼 수 있는 큰 호텔이 없어 작은 호텔 여러 곳에 나눠 묵게 되었다. 나는 세계음식문화학교인 리스 스쿨(Leith's School)을 함께 다닌

바바라라는 친구와 그림같이 예쁘고 아담한 호텔에 묵게 되었다. 첫날부터 느낌이 매우 좋았다.

늦은 밤에 도착해 본격적인 일정은 다음 날 오전에 포도밭과 와이너리를 둘러보는 것부터 시작했다. 식탐이 많은 나는 와이너리에서 제공하는 모든 샘플 와인을 홀짝홀짝 마셔댔고, 붉게 달아오른 얼굴로 일정을 따라 열심히 쫓아다녔다. 나중에 안 사실이지만, 원하지 않으면 일정대로 참석하지 않아도 되었고, 늦가을이지만 햇볕이 따사로운 프랑스에서는 점심식사 후, 특히 무리하게 마신 뒤에는 낮잠을 반드시 잤어야만 했다. 하지만 나와 바바라는 들뜬 마음에 본전이라도 뽑을 심산으로 한시도 쉬지 않고 첫날부터 무리하게 강행군을 했다.

저녁 무렵, 8시 정찬에 맞춰 묵고 있는 호텔로 가서 급하게 드레스로 갈아입고, 수줍음이 많은 영국인 바바라와 함께 샤토 드 라 네르스로 향했다. 그곳에는 이미 이브닝 드레스와 정장 차림을 한 회원들이 모여 아페리티프(Aperitif: 식욕을 돋우는 식전주)를 마시며 유쾌하게 대화를 나누고 있었다. 오전부터 많은 양의 와인을 마신데다가 피로가 온몸을 감싸고 있었음에도 첫 정찬인 그 자리가 긴장되어 별감각이 없었던 것 같다. 일단 서빙 된 아페리티프를 마시니 맛나고 달콤한 와인 칵테일에 바로 취기가 올라 시끄러운 종달새처럼 말이 많아지기 시작했다.

30분쯤 뒤부터 지정된 자리에 앉아 드디어 꿈에 그리던 프렌치 오트 퀴진의 향연을 만끽하게 되었다. 나는 예나 지금이나 자리에 앉으면 메뉴를 꼼꼼히 살피는 습관이 있는데, 그날도 정찬이 시작되기 전부터 메뉴를 들여다보며 군침을 삼키고 있었다. 처음 나오는 요리는 아뮤즈 부슈(Amuse Bouche: 소량의 예쁜 맛보기 요리)였다. 정확하게 뭐였는지는 기억나지 않지만 매우 화려했고 맛이 환상적이었으며, 한입에 쏙 들어갈 정도로 작았다.

　아침과 점심식사를 든든하게 챙겨 먹었음에도, 밤 9시가 다 된 시각이니 배가 많이 고팠는지 취기로 수다스러워지고 용기가 충천한 나는 큰소리로 "애걔~ 아무리 정찬이라도 양이 이게 뭐야?"라고 말했다. 정찬을 할 때는 다른 사람에게 방해될 정도로 크게 말하거나 식사 중간에 전화를 받거나 담배를 피우는 것 모두 예의에 어긋나는 행동이다. 물론 정찬 막바지에 이르면 취기가 오른 사람들 때문에 처음보다 시끌벅적거리는 경우가 종종 있기는 하지만 말이다.

　정찬에 참석한 회원들이 "저 재잘거리는 동양 여자애는 누구야?"라고 생각할 즈음 에피타이저가 서빙 되었다. 오트 퀴진 정찬에서 에피타이저는 차가운 것과 따뜻한 것 두 가지가 차례로 나온다. 차가운 에피타이저는 보통 생선이나 해산물이 주재료로 사용되며, 고기나 야채와 치즈를 이용해 뜨거운 에피타이저가 나온다. 맛보기 요리인 아뮤즈 부슈보다는 좀 더 양이 많으며 음식의 프레젠테이션 또한 환상적이다. 식욕을 솟아나게 하면서도 하나의 예술작품 같은 느낌을 준다. 일반적으로 에피타이저가 서빙되는 순간 나열되어 있는 커트러리를 사용하기 시작하며 매칭 와인이 제공된다. 커트러리는 음식의 성격에 따라 포크와 나이프를 동시에, 포크와 숟가락을 함께, 숟가락 또는 포크만 사용해야 하는데, 이런 정찬 코스 경험이 적은 이들에겐 상당히 곤욕스럽다. 그 당시 나도 주위 사람들을 슬금슬금 훔쳐보며 따라 하기 바빴으니까 말이다. 대체로 포크를 왼손에, 나이프를 오른손에 가볍게 쥐고 음식을 먹으며, 국물이 있는 요리는 숟가락으로, 면이나 밥 같은 곡류 요리는 포크와 숟가락을 함께 사용한다.

맨 처음 서빙 되는 아뮤즈 부슈는 대부분 작은 숟가락이나 작은 포크로 먹는다. 때로는 독특한 도구가 테이블에 놓이기도 한다. 바닷가재나 게 같은 해산물을 즐길 때 사용하는 기다란 꼬챙이도 있고, 달팽이나 조개류의 껍질을 잡고 먹을 수 있게 집게가 놓이기도 한다. 음식은 대부분 일반 포크와 나이프를 사용해서 먹지만, 생선류는 부서지는 것을 막기 위해 나이프 날이 뭉뚝하고 포크의 갈래가 적다. 로스트나 스테이크 같은 구운 고기용 커트러리는 포크와 나이프 모두 날카로운 편이다. 이 모든 커트러리는 앞에 놓인 접시를 중심으로 양쪽으로 펼쳐져 있는데 맨 가장자리 것부터 하나씩 사용한다.

이날 정찬에 나온 와인은 모두 샤토 드 라 네르스로, 그들이 그해에 수확한 햇포도로 만든 와인에서부터 15년 이상 숙성된 최상의 와인까지 선보였다. 각각의 에피타이저 특색에 맞춰 두 가지 와인이 동시에 서빙되었다. 내 오른편 위쪽에는 물 잔을 포함해 적어도 7~8개 잔들이 유리성처럼 빽빽하게 늘어서 있었다. 손에 버터를 바른 듯 항상 잘 깨뜨리고 부수는 내게는 너무나도 위험한 상황이었다. 게다가 앞서 언급했듯이 어느 정도 취기가 올라 있었다. 어떤 커트러리를 어떻게 집어야 할지 눈치를 보며, 나오는 음식에 감탄도 하고, 메뉴를 훑어보며, 무슨 와인과 어떤 음식이 눈앞에 펼쳐지는지도 확인해가며 바쁘게 식사하고 있을 때 두 번째 실수를 해버렸다.

조심한다고 신경 쓰며 손을 와인잔에 뻗었는데, 마치 볼링 핀처럼 아니 도미노의 연속 반응처럼 내 앞의 잔들이 꼬리를 물고 연속으로 넘어졌다. 깨진 유리잔과 엎질러진 와인이 빳빳하고 곱게 깔린 하얀색

린넨 테이블클로스를 망쳐놓고 말았다. 망친 것은 테이블클로스만이 아니었다. 넓은 행사장이 내 실수로 아수라장이 돼 버렸다. 테이블 위의 유리성이 무너져 내림과 동시에 내 심장도 쿵 내려앉으면서 취기가 싹 가셨다. 'Sorry'와 'Pardon'을 연달아 내뱉으며 서빙을 담당하던 종업원들과 함께 어떻게든 정리를 도와주려 애쓰는 내 얼굴빛은 린넨처럼 하얗게 변해 있었다. 정리와 세팅까지 다시 말끔하게 마치고 나서야 우리 테이블에 배정받은 여덟 명은 정찬에 열중할 수 있었다.

이런 우여곡절 끝에 나는 샤토네프 뒤파프 와인 클럽 영국 동호회에서 유명해졌다. 하지만 모든 일은 삼세판이라고 했던가. 내 실수는 결국 한 번을 더 보태 세 번을 채웠다.

세팅을 다 마치고 나니 긴장감은 더욱더 극에 달해 어떤 행동과 무슨 말을 해야 할지 머릿속이 백지장 같았다. 그때 수프가 서빙 될 순서였고, 수프를 서빙하기 전에 따끈한 빵이 내 왼편에 있는 작은 접시 위로 놓였다. 나는 아무 거리낌 없이 오른편 접시 위에 놓인 빵을 집어 들고 조금 떼어 먹은 다음 같은 테이블에 앉은 일곱 명에게 미소 띤 얼굴로 "이 빵 정말 맛있네요. 따뜻하니 드셔 보세요"라고 했다. 나의 천연덕스러운 행동과 모두 나의 부주의함을 눈치 챈 탓에 우리 테이블에 앉은 일곱 명은 자신의 오른편에 놓인 빵을 집어야 했다. 몇 분이 지난 뒤 수프가 테이블에 올라왔을 때야 나는 이 상황을 파악했다. 서양 상차림에서 빵은 왼편에 놓인 것, 음료는 오른편에 놓인 것을 취해야 한다는 사실을 분명 학교에서 몇 차례 배웠는데도 또 실수하다니. 그날 밤 나는 말도 못할 만큼 말괄량이였다.

다행히 나와 내 친구 바바라를 제외한 나머지 여섯 명은 적어도 50

대는 되어 보이는 나이 드신 분들로 인자하고 유머 감각이 있어서였는지 내 실수를 이해해주고 넘어갔다. 그 중 스티브로 기억되는 백발의 아저씨가 "행동을 거꾸로 해보는 것도 간혹 도움이 되지. 새로운 아이디어를 떠올리게 되니까"라며 내가 무안하지 않도록 분위기를 이끌어 주었고 다른 분들도 장단을 맞춰주어 다시 화기애애한 분위기가 이어졌다.

요리와 와인이 몇 차례 내 오감을 만족시킬 때쯤 뜬금없이 빙과가 나왔다. 허브를 얼려 만든 쌉싸름하면서 개운한 셔벗이었는데, 메인 요리가 나오기 직전 여태까지 즐긴 요리들의 맛을 잊고 드디어 주 요리의 향연에 집중하라는 의미로 서빙 된다.

메인 요리로는 주로 고기가 나오기 때문에 미리 고기의 익힘 정도를 알려야 한다. 메인 요리를 먹은 뒤에는 담백한 샐러드로 입가심을 하고 치즈 코스가 이어진다. 각각의 접시에 치즈가 여러 개 얹어 나올 때도 있지만, 간혹 치즈 보드(cheese board: 다양한 치즈 덩어리로 구성된 치즈 쟁반)가 나올 때도 있어 신중하게 고려해서 원하는 치즈를 양에 맞게 선택하는 것이 현명하다. 치즈의 향미가 너무 강해서 여태껏 즐긴 음식 맛에 대한 좋은 느낌이 사라질 수도 있기 때문이다. 특히 유럽에서는 지역마다 고유의 치즈를 생산하므로 우리가 평소에 접하는 치즈들과는 매우 다른 느낌으로 다가온다. 어찌되었건 치즈 코스에는 일반적으로 그날 정찬에서 가장 훌륭한 와인이 서빙 된다. 맛있는 디저트가 연이어 나오고 차나 커피 또는 디저트 와인이 서빙 되고 나면, 드디어 오트 퀴진 정찬은 끝을 맺게 된다.

이날 처음 경험한 정찬 디너는 저녁 8시경에 시작해 새벽 3시까지 이어졌다. 맛있는 음식과 환상적인 궁합의 와인들 그리고 유쾌한 대화가 있었기에 그 오랜 시간을 지루해 하지 않고 보낼 수 있었다. 일반적으로 식사할 때 자리를 뜨는 것은 무례한 일로 여겨진다. 식사 중에는 가급적 자리를 지키는 것이 좋지만 디저트가 서빙 될 때쯤에는 화장실을 가거나 흡연을 할 수 있고 다른 이들의 테이블이나 좌석으로 옮겨가 자유롭게 이야기를 나누는 것도 허용 돼 약간의 여유를 가질 수 있다. 디저트라는 말은 프랑스어인 데세르에서 유래했는데 이 말의 어원은 데세르비르(desservir), 즉 '깨끗이 치우고 다시 서빙하다'라는 뜻이 있기 때문에 다소 자유로운 행동을 해도 괜찮다.

지금까지의 이야기는 테이블 매너나 와인 매너 강의를 할 때면 빼놓지 않고 들어가는 내용이다. 정찬 코스를 처음 접하는 사람이라면 누구나 범하기 쉬운 실수이기에 나에게는 부끄러운 과거이지만 훌륭한 교육 자료로 쓰인다. 요즘에는 비즈니스 활동을 비롯한 여러 모임에서 서양의 정찬 식사 자리에 참석할 기회가 잦아지고 있다. 우리 문화도 아닌데 식사 예법을 모르는 것은 당연한 일이다. 무지한 상태에서 익숙하지 않은 예법을 따라야 할 때, 몇 번의 실수는 결코 창피한 일이거나 흠이 되지는 않는다. 그렇지만 중요한 식사 자리에서의 실수는 큰 손해로 이어질 수 있으므로 식사 예법을 어느 정도 익히고 가는 것이 좋다.

프랑스 정찬에 대한 향수는 서구 문화에 익숙한 우리나라 사람들에게는 일종의 로망과 같은 것일 수 있다. 단지 맛있는 음식을 먹는 것에 만족하기보다 그 나라의 예법과 예절을 배워 실천한다면 처음 만나는 상대방에게도 좋은 인상을 줄 수 있다. 어쩌면 진정한 교양인의 시작은 테이블 끝자락에서 시작되는 걸지도 모르겠다.

1. 서양 정찬 메뉴

정찬 중 샐러드 요리

포멀 풀 코스 디너(formal full course dinner), 즉 서양 정찬 코스 식사는 5, 7, 8, 10, 12코스 정도로 요리를 구성해낸다. 물론 공식적으로 알려진 정찬 중 가장 긴 코스는 21가지 코스 정찬이지만 이는 매우 드문 경우다. 이런 오트 퀴진 정찬에는 반드시 실버웨어(silverware: 은으로 만들어진 커트러리들)가 놓이며 글래스웨어(glassware: 유리잔 종류)도 크리스털로 준비한다. 또 음식에 어울리는 와인과 음료 그리고 기타 알코올이 서빙된다. 테이블과 테이블클로스, 꽃꽂이나 촛대 같은 소품들도 제대로 갖춰야 하며, 서비스를 담당하는 사람들도 베테랑으로 구성된다. 그리고 정찬에 참석하는 이들은 그날의 드레스 코드(dress code: 파티나 행사 콘셉트에 맞게 갖춰 입는 복장)에 맞춰 가는 것이 첫 번째 매너이자 에티켓이다.

메뉴 용어(영어-프랑스어-이탈리아어순)

식전주 aperitif−aperitif−aperitivo

맛보기 음식 appetizer－amuse gueule 또는 amuse bouche－stuzzichino

1st 코스 first course, starter－hors d'oeuvre－antipasto

빵 bread－pain－pane

수프 soup－soupe－zuppa

2nd 코스 second course－entree－primo piatto

빙과 sherbet－sorbet－granite 또는 sorbetto

메인 코스 main course－roti－secondo piatto

샐러드 salad－salade－insalata

치즈 cheese－fromage－formaggio

후식 dessert, pudding －entremets, dessert－dolce, dessert

커피 coffee－café－caffe

차 tea－the－te

와인 wine－vin－vino

고기 meat－viande－carne

생선 fish－poisson－pesce

아이스크림 ice cream－glace－gelato

최상의 21가지 코스 메뉴

Amuse bouche 또는 Amuse gueule

Second Amuse bouche

Caviar

Cold Appetizer

Thick Soup 또는 Potage

Thin Soup 또는 Consomme

Shellfish

Antipasto

Pasta

Sorbet 또는 Intermezzo

Quail

Wild Mushroom

Beef

Green Salad

Puffed pastry filled with herbed mousse

Cheese

Dessert 또는 Pudding

Ice Cream

Nuts

Petit Four

Coffee 또는 Tea

입에서 풍기는 향긋한 조화

"맛있는 음식을 먹으려는 것은 신에게 조금 더 가까이 가기 위함이다."

수많은 사람들이 미식에 대한 예찬론을 내놓으며, 더 맛있는 음식을 더 많이 경험하고 싶어 한다. 음식은 우리 생활에서 허기를 달래는 큰 역할을 하지만 인간은 배고픔을 채우는 데서 만족하지 않고, 맛있는 음식을 갈망하며 살아간다. 더 맛있고, 더 보기 좋은 음식을 위해 힘들게 재료를 구하는 것도 마다하지 않는다.

음식을 먹을 때 올바른 식재료를 선택하거나, 조리법을 제대로 사용하면 음식의 맛은 더욱 살아나게 마련이다. 게다가 그에 어울리는 술이나 음료를 곁들인다거나 음식 재료들끼리 조화를 이룬다면 금상첨화다. 이렇게 서로 어울리는 음식을 찾아내서 조화를 이뤄 최상의 맛을 얻어내는 것을 '마리아주(Mariage)'라고 한다. 마리아주는 매리지, 즉 결혼이란 의미를 지닌 프랑스어다. 결혼 전과 결혼생활을 하는 동안 서로 융화가 되는 궁합이 매우 중요한 것처럼 음식 간의 조화로운 궁합도 중요하다. 궁합에 맞춰 음식을 먹게 되면, 그 맛과 만족도는 배가 되어 미식의 세계에 욕구가 당기는 식도락가들에게는 매우 유용한 팁이 된다.

10여 년 전, 우리나라로 돌아와서 가장 많이 한 일은 와인 강의다. 와인 붐이 일었던 시기라 기업인들을 대상으로 한창 강의를 많이 다녔다. 어느 날 한 기업체에서 임직원들을 위해 마련한 강의에 나가게 되었다. 여느 때와 마찬가지로 준비한 강의를 하는데 수업에 전혀 관심 없는 태도로 앉아 있는 한 사람이 유독 눈에 거슬렸다. 수업이 끝나고 질의응답 시간에 그에게 수업에 참석한 이유를 물었다. 그는 여전히 불손한 태도에 볼멘소리로, 회사의 강요 때문에 할 수 없이 듣는다고 했다. 소주와 폭탄주 외에는 안 마신다는 말을 덧붙이며 말이다. 가끔 있는 일이었기에 그 일은 이후 내 기억에서 지워졌다.

그런데 놀랍게도 4년쯤 지나서 그 학생을 다시 만났다. 같은 회사에서 다시 와인 강의를 하는 시간에 그는 맨 앞줄에 자리 잡고 필기까지 해가며 열심히 내 강의를 들었다. 이유인즉, 그가 몇 년 전에 와인 수업을 하찮게 들어서 잊지 못할 큰 실수를 하게 되었다는 것이다. 임원으로 승진하는 직원들을 대상으로 테이블 매너 강의를 마련해준 회사의 의도와 달리 수업을 제대로 듣지 않은 그에게 주요 고객의 접대가 맡겨진 것이다.

그 고객은 와인은 잘 모르지만 마시는 것은 매우 좋아해서 식사 자리에 와인을 주문하게 되었다. 그때 주문한 와인이 너무 고가라서 일생에 한 번 마셔볼까 말까 하는 샤토 페트뤼스(Chateau Petrus)였다. 와인 리스트를 읽어보지도 않고 이름이 익숙한 와인을 주문한 그 고객과 소주파였던 그는 가격을 확인하지도 않고 와인 한 병을 다 비웠다고 한다. 회사 법인카드로 계산하면서 예산의 열 배 이상 나온 계산서를 보고 종업원과 실랑이를 벌인 뒤에야 자신의 무지함을 깨달았으며, 다음 날 회사 상사의 호된 꾸지람을 듣고 나서 다시 와인 강의를 찾아 들으리라 결심하게 되었다고 했다.

이후 개인적으로 와인 강의를 몇 번 찾아 듣고, 다시 내 강의를 들을 기회가 되었다며 모범 학생으로 변해 다시 만나게 되었다. 그분은 나에게 실수에도 겁내지 말고 다시 도전하라는 교훈을 주었다. 실수하는 순간을 두려워하기에 시도조차 하지 않으려는 사람이 많다. 그렇지만 관심이 없어서 몰랐던 것, 경험하지 못해서 모를 수밖에 없는 수많은 것을 우리는 실수를 통해 습득한다. 와인이나 테이블 매너처럼 쉽지 않은 음식 매너도 마찬가지다. 조금만 관심을 가지고 들어보면 문화인으로 거듭날 수 있는 길은 분명히 있다. 19세기 미국의 작가이자 미술 공예 운동의 옹호자였던 앨버트 허바드가 "살면서 저지를 수 있는 가장 큰 실수는 실수할까봐 계속 걱정하는 것이다"라는 말을 했지만, 약간의 상식을 겸비하면 그런 걱정은 하지 않아도 된다.

음식을 먹으면서 술을 적당량 곁들이면 소화를 돕고 분위기도 돋우는 효과가 있을 뿐 아니라 맛을 극대화하고, 몸의 균형과 영양까지 고려할 수 있다. 하지만 술에 따라 맞는 음식이 다르므로 음식과 와인 궁합에 대한 상식이 필요하다.

각각의 술은 저마다 특성이 있어 일일이 궁합을 다 맞추기에는 어려움이 따른다. 그래도 기본적으로 지켜야 하는 몇 가지 규칙을 신경 쓴다면, 어렵지 않게 맞출 수도 있다. 수분과 비타민이 많고, 칼로리가 낮으며, 기름기가 적으면서도 자극이 덜한 음식이 대부분 우리 몸에 도움을 준다. 과일과 야채처럼 비타민 C가 풍부하고 수분 또한 다량 들어 있는 음식을 섭취하면 이뇨 작용을 통해 알코올을 몸 밖으로 내보내며, 술로 열이 오르는 것을 막아주기 때문이다. 낮은 칼로리에 기름기가 적은 음식은 몸 안에 축적되는 지방을 억제하며, 너무 맵거나 짜거나 자극이 많은 음식은 위나 장에 산을 더하게 되어 통증을 유발하므로 피하는 것이 좋다.

세상에는 소주, 막걸리, 맥주, 위스키, 사케, 칵테일 등 우리를 유혹하는 술이 많지만 모두 와인에 비해서는 그나마 쉽게 음식 궁합을 맞출 수 있다. 왜 유독 와인은 다른 술에 비해 짝짓기가 어려울까? 그 이유를 찾으려면 와인의 특성부터 간단하게나마 살펴봐야 한다.

세상에서 제일 오래된 술인 와인은 포도즙을 발효시켜 만든다. 포도가 지니는 자연적인 성분으로 설탕이나 효소, 산을 첨가하지 않아도 화학 반응이 일어나 발효가 된다. 완성된 와인을 병에 담아 출하했음에도 와인은 지속적으로 숨을 쉬며 숙성되기 때문에 살아 있는 유기체라고 할 수 있다. 와인은 만들 때 사용되는 수백 가지 포도 품종, 생산자의 기술 방식, 해마다 변하는 기후와 지형에 따라 성격이 달라지면서 셀 수 없을 만큼 무수한 종류로 나뉜다. 더군다나 생산 지역에 따라 각각 다른 등급과 법규가 존재하며 각각 다른 언어로 표기되어 있으니 와인에 접근하기란 쉽지 않다.

물론 와인 상식에 대한 이해 없이도 즐길 수 있으며, 그렇게 하는 이들도 많다. 부담감을 가지면 그만큼 즐길 여유가 없기 때문에 서서히 즐기면서 자연스레 습득하는 것이 정석이다. 그렇기는 하지만 사업상 또는 지위에 따라 와인 매너나 테이블 에티켓이 필요한 이들은 바쁜 사회생활 속에서 오랜 시간을 들이며 와인 상식을 습득하기가 만만치 않다. 그럴 때에는 이와 관련된 책을 참고로 하거나 두세 시간 기본 강의를 듣는 것만으로도 조금은 체면을 세울 수 있다. 와인 상식을 알기가 쉽지는 않지만 두려움 때문에 시도조차 하지 않는다면 '신의 물방울'인 와인의 세계를 경험하지 못할 것이다.

손님을 접대하거나 지인들과 식사 자리에서 와인 한두 병쯤 주문하는 것이 보편화되고 있는 요즘, 가장 좋아하는 음식과 제일 맘에 드는 와인을 시키는 것이 간단하고 편한 방법이다. 하지만 간혹 그 둘이 서로 맞지 않아 식사를 망치거나 더 맛나게 즐길 수 있는 기회를 놓치기도 한다. 정석으로 따지면 음식도 배우고 와인까지 배운 다음 마리아주를 해야 하지만, 앞으로 열거하는 내용만이라도 참조한다면 최상의 만찬을 위해 훌륭한 팁을 얻을 것이다.

우선 음식과 와인의 마리아주에서는 기본 수칙 세 가지만 지키면 된다. 음식의 재료, 소스 그리고 조리 방식에 따라 지니게 되는 특성을 와인 스타일에 대입하면 된다. 세 가지 기본 수칙 중 가장 중시되는 것은 이것이다.

무게감

음식과 와인 둘 다 가벼운 것과 무거운 느낌이 드는 것이 있다. 무거운 음식은 묵직한 헤비 보디(Heavy Bodied) 와인과 가벼운 음식은 라이트 보디(Light Bodied) 와인과 맞춘다. 좀 더 쉽게 설명하자면 같은 주재료인 닭고기로 만든 요리라도 물에 삶아 소금을 찍어 먹는 담백한 닭백숙은 가벼운 느낌의 음식이고 감자, 당근 등의 야채와 함께 간장, 고춧가루 등의 양념이 강하게 들어간 닭볶음탕은 훨씬 무거운 음식이 된다. 닭이라는 같은 재료도 닭백숙은 미디엄 보디(Medium Bodied)의 화이트 와인과 잘 어울리고, 닭볶음탕은 미디엄이나 헤비 보디의 레드 와인과 매칭 하는 것이 더 좋다. 무게를 고려할 때는 소스의 무게감이 주를 이루기에 대체로 소스의 맛과 색이 강하면 와인도 강한 것이 잘 맞으며, 소스가 적거나 없을 때는 주요 식재료의 특성에 맞춰 와인을 선택한다.

향의 깊이

사실 입안에서 느끼는 맛의 무게만 고려해서 와인을 선택하더라도 50% 이상 성공한다. 그럼에도 더 극대화된 시너지 효과를 내기 위해서는 음식과 와인에 담긴 향을 무시할 수 없다. 음식이 무겁다 해서 향이 다 무겁거나 강하지는 않으며, 그 반대로 가벼운 음식에 속하지만 향이 짙은 음식도 허다하다. 예를 들어 진한 봄내음 물씬 풍기는 봄나물도 그렇고, 고수와 생강, 향신료가 듬뿍 들어간 태국의 얌운센(Yam Wun Sen) 같은 샐러드도 매우 가벼운 음식에 속한다. 이럴 때는 라이트 보디의 화이트 와인이나 레드 와인이 맞지만, 향이 다소 풍부한 와인을 선택하는 것이 더 맛있게 즐기는 방법이다.

맛의 균형

음식과 와인 각각은 맛이 분류되어 있다. 가장 강조된 맛에서, 서로 어울리거나 보할 수 있는 짝을 찾아 매칭하면 조화로운 식사를 할 수 있다.

먼저 단맛을 살펴보자. 단맛에는 과일처럼 달큰한 맛과 초콜릿 케이크처럼 매우 단맛이 있다. 와인 역시 미디엄 스위트(Medium Sweet)와 스위트(Sweet) 두 가지가 있다. 단맛의 당도에 따라 같은 당도 수준으로 매칭하면 균형 잡힌 맛을 더 잘 느낄 수 있다.

다음은 신맛이다. 초무침이나 비네그레트(Vinaigrette: 식초를 사용한 샐러드 드레싱) 또는 감귤 종류의 산도가 많은 과일즙을 이용한 음식에는 산도가 좀 더 강한 와인을 선택하는 것이 좋다. 와인이 음식에 비해 상대적으로 맛이 약하기 때문에 강한 향을 고르지 않으면 와인의 맛이 잘 느껴지지 않는다. 산도가 높은 와인은 대부분 추운 지역에서 생산된 것들이 많으며, 북부 이탈리아와 북부 독일이 강세다.

궁합 찾기가 가장 어려운 맛은 짠맛이다. 여태까지 조화를 맞춘 같은 계열 찾기에서 벗어나야 한다. 음식이 짜다고 와인마저 짠 것을 고르면 맛없는 식사가 될 뿐 아니라 먹을 수도 없다. 우리가 국이나 찌개를 끓이면서 간이 짜면, 보통 남은 재료를 더 넣거나 물을 부어 싱겁게 조절한다. 또 하나의 비법은 설탕을 조금 첨가해 짠맛을 잡아주는 것이다. 바로 이 방법을 활용해, 짠 음식을 먹을 때는 반대로 달콤한 미디엄 스위트 와인을 고르는 것이 최상의 궁합이 된다. 이탈리아의 생햄인 프로슈토(Prosciutto)를 먹을 때는 보통 달콤한 무화과나 멜론을 곁들이고, 카나르 아 로랑주(Canard a l'orange)처럼 소금을 발라 구워낸 오리 통구이에 오렌지소스를 곁들이는 요리들을 보면 알 수 있다. 푸른곰팡이가 피면서 숙성하는 블루치즈(Blue Cheese)들도 오래 숙성하기 위해 소금을 많이 넣는 편이다. 부드러운 텍스처와 짭짜름하면서도 구린 블루치즈를 즐길 때 그와 같은 느낌의 와인을 찾게 되면 서로 강한 맛이 부딪치면서 눈살을 찌푸릴 만한 맛이 나온다. 그래서 마찬가지로 짠맛이 나는 블루치즈들 역시 달콤한 와인을 매칭 한다. 프랑스의 대표 블루치즈인 로크포르(Roquefort)는 소테른 같은 스위트 화이트 와인과, 세계에서 가장 유명한 영국의 블루치즈인 스틸턴은 달콤한 포트와인과 오랫동안 궁합을 맞춰온 사이다.

위의 세 가지 수칙을 알아두면, 그나마 쉽게 마리아주를 선택할 수 있지만 더 세밀하게 따지면 매우 복잡해진다. 사실 각각의 식재료가 지닌 특성, 조리 방식, 독특한 소스들도 변수가 되기 때문이다.

세 가지 수칙 외에 꼭 짚고 넘어가야 할 몇 가지만 더 확인해보자.

와인의 타닌은 껍질째 발효시킨 레드 와인 중 미디엄에서 무거운 와인들이 지니는 특징이다. 생선이나 계란과 곁들일 경우 비린내가 심해지며 쇠맛이 나니 피하는 것이 좋다. 소금기가 강한 짠 음식과 함께 마실 경우에는 쓴맛이 심하게 나니 주의한다. 몇 년 전 생선전을 먹으면서 집에 남아 있던 타닌이 많은 레드 와인을 마신 적이 있다. 혼자 먹으려니 새로 와인을 따기에는 부담스러워서 미리 따 두었던 와인에 전을 안주삼아 함께 마셨는데, 그때 강한 충격으로 남은 비린내를 지금도 잊을 수 없다.

또한 기름기가 많은 튀긴 음식도 주의해야 한다. 우리도 튀김이나 부침개를 많이 먹으면 속이 느끼해지면서 탄산음료나 김치 국물이 생각난다. 이럴 때 와인을 골라야 한다면, 산도가 높은 와인을 선택해 기름기를 잡아주는 것이 현명하다.

마지막으로, 불의 향이 나는 음식이다. 훈제향이 강하거나 직화로 구워내는 음식은 불의 향이 강해 와인을 매칭 할 때 스모키한 느낌이 들어 있는 것으로 고르면 서로 향미를 돋워줌과 동시에 풍미가 사라지는 것을 방지한다. 스모키한 와인들은 주로 오크(Oak: 참나무)통에서 숙성한 와인으로 화이트와 레드 모두 가능한데 보통 보다가 강한 편이다.

새롭게 익혀야 하는 낯선 나라의 문화나 에티켓은 어려서부터 자연스럽게 익힌 습관에 비해 어렵게 다가온다. 우리에게 익숙하지 않기 때문에 더욱 조바심이 나 체면을 구길까 걱정하는 것은 당연한 이치다. 동양에는 승패병가지상사(勝敗兵家之常事)라는 전쟁에서의 실수를 교훈 삼는 말이 있고, 영국에는 사회과학철학자 칼 포퍼 경이 남긴 "실수에서 무언가를 배울 준비가 되어 있을 때만이 우리는 진보할 수 있다"라는 명언이 있다. 동서양 모두 누구나 겁을 내는 실수에 대해 격려하는 글이 있는 걸 보면, 어렵거나 두렵다고 포기하지 않고 새롭게 도전하는 것은 인간만이 가진 또 하나의 장점이 아닐까 싶다. 실수는 실패가 아니라 성공으로 가는 과정이다. 식사 자리에서의 실수를 두려워하기보다는 한 번의 실수를 거울삼아 노력한다면 어떤 테이블에서도 누구에게나 매력적으로 다가갈 수 있는 계기가 될 것이다.

1. 와인의 분류

1) 맛

드라이(Dry) 산도가 많이 느껴지는 달지 않은 와인이다.
스위트(Sweet) 당도가 있는 달거나 달콤한 와인이다.

2) 색상

화이트(White) 청포도로 만드는 백포도주
로제(Rose) 적포도로 만드는 핑크색 와인
레드(Red) 적포도로 만드는 적포도주

3) 보디

라이트(Light) 알코올 도수가 비교적 낮고 텍스처가 가벼운 와인을 뜻한다.
미디엄(Medium) 가장 많은 분포도에 해당되는 중간 보디 와인이다.
헤비(Heavy) 알코올 도수도 높은 편이며 텍스처나 짜임새가 묵직한 와인이다.

4) 지역

올드 월드(Old World) 와인의 역사가 오래된 유럽 지역으로, 프랑스, 이탈리아, 독일, 스페인, 포르투갈과 그 밖의 동서 유럽을 의미한다.

뉴월드(New World) 와인 생산의 신흥 국가들로 오스트레일리아, 뉴질랜드, 미국, 칠레, 아르헨티나, 남아프리카공화국 등이 대표적이다.

5) 생산 방법

스틸(Still) 일반 와인

스파클링(Sparkling) 이산화탄소로 기포가 발생하는 발포성 와인

포티파이드(Fortified) 발효하는 과정 또는 발효 후에 브랜디 같은 알코올이 높은 술을 첨가해 만드는 주정 강화 와인

2. 와인의 스타일

1) 화이트 와인

자제된 향의 드라이 화이트 와인(unoaked neutral dry white) 트레비아노(trebiano)와 가르가네거(garganega) 품종으로 만든 대부분의 이탈리아 화이트 와인과 뮈스카데(muscadet)와 실바네르(sylvaner)로 만든 대부분의 와인이 속한다. 가볍고 상큼해서 해산물의 은은한 향을 잘 살린다.

과일향의 드라이 화이트 와인(unoaked fruity dry white) 남프랑스, 이탈리아, 스페인처럼 남부 유럽과 칠레, 오스트레일리아처럼 기후가 비교적 따뜻한 곳에서 주로 생산되며, 샤르도네(Chardonnay)와 세미용(Semillon)으로 만든 화

화이트 와인

이트 와인이다. 간혹 샤블리 지역같이 기후가 서늘하지만 양조 기술이 좋아 오크통 숙성을 거치지 않아도 과일향이 풍부한 와인도 있다.

오크통 숙성에 우아한 향미의 드라이 화이트 와인(elegant oaky dry white) 프랑스 그라브 지역의 화이트 와인이나 샤블리의 고급(grand cru나 premier급) 와인, 부르고뉴 지방의 샤르도네로 만든 와인, 미국의 소비뇽 블랑(sauvignon blanc)으로 만든 와인, 뉴월드의 샤르도네로 만든 와인이 여기에 해당된다. 전 세계에서 가장 인기 있는 화이트 와인 스타일이다.

오크통 숙성에 향미가 강한 드라이 화이트 와인(rich oaky dry white) 대부분의 뉴월드 샤르도네로 만든 화이트 와인으로 특히 오스트레일리아 와인이 대표적이다. 풍부한 열대과일, 꿀, 버터의 향이 짙다. 스페인이나 이탈리아의 토스카나, 남프랑스의 와인도 여기에 해당된다. 또 오스트레일리아의 토스트향이 나는 세미용으로 만든 와인도 있다.

꽃이나 향신이 강한 드라이 화이트 와인(aromatic flowery or spicy dry white) 게뷔르츠트라미너(Gewurztraminer), 뮈스카(Muscat), 피노 그리(Pinot Gris), 리슬링(Riesling)이 주요 포도 품종이다. 알자스 대부분의 와인, 오스트리아의 리슬링, 남부 독일의 와인, 헝가리의 와인, 뉴월드의 리슬링으로 만든 와인 등이 해당된다.

풀향이 강한 드라이 화이트 와인(aromatic grassy dry white) 뉴질랜드와 프랑스 루아르 지방의 소비뇽 블랑으로 만든 와인이 속하며, 세계적으로 인기가 치솟자, 칠레, 남아공, 헝가리, 남프랑스에서도 소비뇽 블랑으로 만드는 와인이 늘고 있다.

미디엄 스위트 화이트 와인(medium sweet white) 산도도 어느 정도 들어 있어 새콤달콤한 맛과 향을 지닌다. 독일의 와인이나 알자스 와인이 많다.

스위트 화이트 와인(sweet white) 매우 단 와인들이며, 귀부를 만드는 곰팡이가 포도껍질에 자라면 포도 내의 수분을 증발시켜 당도가 높아지면서 탄생된다. 만드는 과정에서 공이 많이 가므로 가격이 비싼 와인이 많다. 프랑스의 소테른, 헝가리의 토카이, 알자스와 독일이 대표 생산국이다. 또 독일과 캐나다에서 만드는 아이스와인(Eiswein)이나 반건조 포도로 만든 이탈리아의 비노 산토(vino santo)나 레시오토(recioto) 와인도 있다.

2) 레드 와인

타닌이 적고 가벼운 레드 와인(light low tannin red) 햇포도로 만든 보졸레 누보(Beaujolais nouveau), 보졸레 지방의 대부분 와인, 숙성을 안 시키거나 짧은 숙성 기간을 거친 와인이 해당된다. 이탈리아의 바르돌리노(Bardolino)와 발폴리첼라(Valpolicella)가 유명하며, 스페인의 라 만차(La mancha), 나바라(Navarra), 발데페나스(Valdepenas) 와인도 있다.

중간 보디의 레드 와인(medium weight red) 올드 월드, 즉 유럽에서 생산된 대부분의 와인과 비교적 서늘한 뉴월드의 와인이며, 레드 와인 상당수가 이 분류에 해당한다. 특히 피노 누아르(Pinot Noir) 품종으로 만든 와인이 많다.

향이 꽉 찬 강한 레드 와인(spicy blockbusters) 오크 숙성을 한 대부분의 와인이며, 특히 남부 유럽이나 뉴월드 와인이 해당된다. 레드 와인을 좋아하는 초보자들이 강하게 풍겨져 나오는 이 분류의 와인에 쉽게 매료되는 편이다.

우아한 고급 레드 와인(elegance on a grand scale) 부르고뉴와 보르도의 클래식 와인들, 오스트레일리아와 캘리포니아의 카베르네 소비뇽(cabernet sauvignon)으로 만든 최상급 와인, 이탈리아의 수퍼 투스칸(Super Tuscan) 와인과 고급 바롤로 와인, 스페인 리오하의 상급 와인이다. 고가며 오래 숙성해서 마시는 데 장점이 있다.

3) 로제 와인

레드 와인처럼 적포도로 만들며, 원하는 색을 얻기 위해 중간 생산 과정에서 껍질을 빼서 만든다. 드물지만 간혹 적포도와 청포도를 섞어 만들기도 한다. 로맨틱한 느낌이 드

레드 와인

는 와인이다.

미디엄 스위트 로제 와인(medium sweet) 포르투갈산 마테스, 프랑스 루아르 지방의 로제 당주(rose d'anjou)가 유명하고 캘리포니아의 화이트 진판델 (White Zinfandel)은 선홍색이 감도는 청포도로 만든 로제 와인이다.

드라이한 로제 와인(dry) 스페인과 남프랑스에서 생산되며 로제 와인이 대부분 이 범주에 해당한다. 론 지방의 타벨과 프로방스의 코트 드 프로방스 (cote de provence)가 대표적이다.

4) 스파클링 와인

샴페인(Champagne) 프랑스 상파뉴(Champagne) 지방에서 전통 공법으로 만든 기포가 들어 있는 발포성 와인을 의미한다. 샤르도네(Chardonnay), 피노 누아(Pinot Noir), 피노 뫼니에르(Pinot Meuniere) 이렇게 세 가지 품종으로만 생산한다. 블랑 드 블랑(Blanc de Blanc)은 샤르도네로만 만든 것이며, 블랑 드 누와(Blanc de Noir)는 적포도로 만들어 샴페인의 화이트색을 낸 것이다.

스파클링 와인(Sparkling wine) 상파뉴 지방을 제외한 프랑스와 유럽 여러 나라에서 생산된 발포성 와인과 오스트레일리아, 캘리포니아, 뉴질랜드 등 신대륙에서 만든 발포성 와인을 뜻한다. 독일의 젝트(Sekt), 이탈리아의 스푸만테(Spumente), 스페인의 카바(Cava)가 유명하다.

샴페인이나 스파클링 와인에서 맛을 표기할 때는 드라이(dry)와 스위트 (sweet) 대신 다음의 단어들로 표시한다.

엑스트라 브뤼(Extra Brut) 매우 날카로울 정도로 산도가 강한 발포성 와인. 0~6g의 당도.

브뤼(Brut) 가장 마시기 좋은 발포성 와인의 상태로 산도와 당도가 알맞아 대부분의 샴페인과 스파클링 와인이 이 정도의 상태로 생산된다. 0~15g의 당도.

엑스트라 섹(Extra Sec) 살짝 단내가 감지되는 드라이한 와인이다. 12~20g 의 당도.

섹(Sec) 달달한 느낌의 드라이한 산도가 있는 와인이다. 17~35g의 당도.

드미 섹(Demi-Sec) 새콤달콤한 와인이다. 35~50g의 당도.

두(Doux) 단맛이 더 강한 와인이다. 50% 이상의 당도를 갖는다.

5) 포티파이드 와인

알코올을 첨가해 주정을 강화한 와인으로, 대부분 달콤하거나 매우 달며, 몇몇은 드라이하다. 드라이한 포티파이드 와인은 보통 아페리티프(Aperitif: 식욕을 촉진하는 술)로 식전에 마시고, 일반적인 포티파이드 와인은 디저트 용 와인으로 식후에 주로 마신다. 스페인의 셰리(Sherry), 포르투갈의 포트(Port)와 마데이라(Madeira) 그리고 이탈리아의 마르살라(Marsala)가 유명하며, 그 밖에는 오스트레일리아와 캘리포니아의 와인도 있다.

KI신서 4636

미식가의 도서관

1판 1쇄 발행 2013년 2월 7일
1판 7쇄 발행 2017년 10월 12일

지은이 강지영
펴낸이 김영곤 **펴낸곳** (주)북이십일 21세기북스
출판사업본부장 신승철
출판마케팅팀 김홍선 최성환 배상현 신혜진 김선영 박수미 나은경
출판영업팀 이경희 이은혜 권오권 홍태형
디자인 표지 윤정아 **본문** 윤정아 정란
홍보기획팀 이혜연 최수아 김미임 박혜림 문소라 전효은 백세희 김세영
출판등록 2000년 5월 6일 제406-2003-061호
주소 (우 10881) 경기도 파주시 문발동 회동길 201
대표전화 031-955-2100 **팩스** 031-955-2151 **이메일** book21@book21.co.kr

(주)북이십일 경계를 허무는 콘텐츠 리더

21세기북스 채널에서 도서 정보와 다양한 영상자료, 이벤트를 만나세요!
장강명, 요조가 진행하는 팟캐스트 말랑한 책수다 '책, 이게 뭐라고'
페이스북 facebook.com/21cbooks   블로그 b.book21.com
인스타그램 instagram.com/21cbooks   홈페이지 www.book21.com

© 강지영, 2013

ISBN 978-89-509-4593-0 03900
값은 뒤표지에 있습니다.